抗日堡垒

杨靖宇密营红色基因释读

东北抗联精神区域红色资源课程开发研究

李广 王美琦 杨俊丽 等著

齐鲁书社
·济南·

图书在版编目（CIP）数据

抗日堡垒：杨靖宇密营红色基因释读：东北抗联精神区域红色资源课程开发研究 / 李广，王美琦，杨俊丽著. -- 济南：齐鲁书社，2023.3
ISBN 978-7-5333-4675-1

Ⅰ. ①抗… Ⅱ. ①李… ②王… ③杨… Ⅲ. ①革命传统教育－研究－中国 Ⅳ. ①D642

中国国家版本馆CIP数据核字(2023)第052239号

责任编辑：李　珂
责任校对：赵自环　王其宝
装帧设计：亓旭欣

抗日堡垒：杨靖宇密营红色基因释读

——东北抗联精神区域红色资源课程开发研究

KANGRI BAOLEI YANG JINGYU MIYING HONGSE JIYIN SHIDU

李　广　王美琦　杨俊丽　等著

主管单位	山东出版传媒股份有限公司
出版发行	齊魯書社
社　　址	济南市市中区舜耕路517号
邮　　编	250003
网　　址	www.qlss.com.cn
电子邮箱	qilupress@126.com
营销中心	（0531）82098521　82098519　82098517
印　　刷	日照日报印务中心
开　　本	880mm × 1230mm　1/32
印　　张	12.75
插　　页	4
字　　数	268千
版　　次	2023年3月第1版
印　　次	2023年3月第1次印刷
标准书号	ISBN 978-7-5333-4675-1
定　　价	78.00元

2017年度国家社会科学基金重大项目
“日本对华精神侵略民间史料收集、整理与研究”
（项目批准号：17ZDA206）

2022年山东省主题出版重点出版物选题

前 言

2014年2月27日，第十二届全国人民代表大会常务委员会第七次会议将每年的9月3日确定为“中国人民抗日战争胜利纪念日”。2015年9月3日，习近平总书记《在纪念中国人民抗日战争暨世界反法西斯战争胜利70周年大会上的讲话》中指出：“弘扬伟大的爱国主义精神，弘扬伟大的抗战精神，万众一心，风雨无阻，向着我们既定的目标继续奋勇前进。”我国以立法形式肯定了中国抗战胜利日的重要历史地位，扩充了纪念活动开展的法理依据。作为抗战精神的重要组成部分，东北抗联精神激励着东北民众与穷凶极恶的日本侵略者进行艰苦卓绝的斗争，创造了中华民族反抗外来侵略历史的奇迹。这种强大的精神动力历久弥新，支撑东北人民迎难而上、攻坚克难，加快东北老工业基地振兴步伐。

2020年9月3日，在纪念中国人民抗日战争暨世界反法西斯战争胜利75周年座谈会上，习近平总书记从天下兴亡、匹夫有责的爱国情怀，视死如归、宁死不屈的民族气节，不畏强暴、血战到底的英雄气概与百折不挠、坚忍不拔的必胜信念四个方面阐释了伟大抗战精神，高度概括总结了抗战精神的主要内涵，奠定了东北抗联精神内涵的理论基础，也为东北抗联精神研究指明了方向。在抗日战争等重要时政热点的推动下，东北抗联、抗联精神等相关研究成为东北近代史研究的热点领域。基于东北抗联历史的重要性，着眼于东北抗联精神开展跨学科研究也成为挖掘与传递东北抗联精神时代价值的重要研究范式之一。本书在硕士研究生王美琦的学位论文基础上进行扩充，通过跨学科视角，在梳理日本对华教育侵略、伪满奴化教育、东北抗联史实的基础上，探索如何通过教育彰显红色资源价值，试图通过开发区域红色课程资源，实现东北抗联精神红色课程资源的综合价值，推动东北抗联精神红色基因薪火相传，永放光芒。

信念如磐，白山黑水除敌寇。1931 年，“九一八”事变爆发后，当时的南京国民党政府采取不抵抗政策，导致东北三省主要城镇被日军占领。在民族危亡之际，中国共产党号召群众进行武装抗日。部分爱国东北军、各阶层群众、救国会、自卫军、大刀会、红枪会等纷纷进行武装抗日，它们被统称为东北抗日义勇军。1933 年，在“一·二六”指示信中，中国共产党首次提出在东北组织全民族的抗日统一战线策略。党组织积极团结各阶层抗日力量，收编并改造各种义勇军，先后成立了东北人民革命军第一军至第六军，这些军队成为坚持东北抗日游击战争的中坚力量。从 1936 年初到 1937 年 10 月，在中国共产党的领导下，东北人民革命军与其他抗日武装相继改编为东北抗日联军第一至第十一军，为适应抗日游击战开展需要，之后东北抗日联军各军按照活动范围先后被编组为三个路军，分别为新成立的中共东南满、吉东和北满省委所领导。这些抗日武装力量在自然条件异常艰苦的情况下，坚持爱国主义信念，在白山黑水之间抗击日军。面对日军毒辣的侵略手段和严寒的天气，抗日联军被迫转入白山黑水中，进行分散的游击战。在中国抗日历程中，东北抗日联军坚持抗战时间最久，条件最为艰苦，虽然面临艰难挫折，但他们从未放弃与日军进行抗争，是因为他们在中国共产党的领导下怀着保卫家国、取得民族独立和解放的坚定信念，坚定的信念支撑他们与日寇进行殊死斗争。

视死如归，满腔热血沃中华。即使面临牺牲，东北抗联战士们也毅然决然同日寇死战到底，这些抗联英雄为全国抗战的最后胜利建立了不朽功勋。从 1931 年“九一八”事变到 1945 年中国抗日战争取得胜利的 14 年间，东北抗联不停辗转于东北的白山黑水、林海雪原之间，开辟了全国最早、坚持时间最久的抗日战场，为中国抗日战争胜利与世界反法西斯战争胜利作出了重大贡献。杨靖宇率领抗日部队冒着零下四十度的严寒，用树皮、枯草和棉絮充饥。面对如此恶劣的条件，抗日战士视死如归，浴血奋战，依然坚定地同数倍于自己的敌人顽强搏斗。东北抗联以超越人类极限的忍耐力克服了罕见的困难，他们的抗日斗争延缓了日军掠夺东北资源的步伐，牵制了日军力量，配合关内抗日战争直至战争取得胜利。东北抗联战士怀着视死如归、宁死不屈的民族气节，将满腔热血洒在深山野林、冰天雪地，谱写了东北抗联惊天地、泣鬼神的雄壮史诗。

薪火相传，矢志书写新篇章。东北抗联精神是中华民族弥足珍贵的红色资源与红色基因，是实现中华民族伟大复兴的重要精神源泉。因此要大力弘扬东北抗联精神与抗联事迹，赓续红色血脉，将东北抗联精神融入当下中国特色社会主义建设过程中，取得加快东北全面振兴的新突破，使东北抗联精神历久弥新、薪火相传。进行东北抗联精神区域红色课程资源开发是用好宝贵红色资源的重要实践途径。通过红色教育、革命传统教育、爱国主义教育，将东北抗联精神刻在中华民族的基因里；通过红色课程构建，让中国特色社会主义建设的接班者在先辈热血抛洒的沃土上汲取精神力量，为实现中华民族伟大复兴的中国梦写下奋斗不息的生动注脚。

李　广

2022 年 6 月

课题组探访杨靖宇密营

课题组成员与密营工作人员在杨靖宇密营入口合影

蒿子湖密营纪念馆吴艳滨馆长为课题组讲解杨靖宇

抗日联军司令部遗址与青松灶

课题组成员参观东北抗日联军蒿子湖密营纪念馆

临江小学校长与教师向课题组介绍该校的红色教育课程

课题组成员走进临江小学红色课堂

课题组成员与临江小学教师进行课后深入研讨

课题组成员参观临江小学校园文化墙

课题组成员参观临江小学特色课程教室

目录

绪 论

红色资源蕴涵着厚重的红色基因，是革命先辈们坚定理想信念的重要体现，折射了革命先辈的伟大精神与坚定信仰，承载着底蕴深厚的革命史、卓绝艰辛的斗争史、鼓舞人心的英雄史，是国家民族发展的历史养料和珍贵财富。将红色资源融入教育课程，有助于红色资源发挥更大价值。在开发红色课程资源方面，爱国主义教育基地具有不同于学校的独特资源优势。这为红色资源课程的开发提供了良好的基础条件，同时也对基地的红色资源课程开发提出了新的挑战。因此，为了更好地实现传承革命历史、弘扬革命精神的伟大目标，探寻爱国主义教育基地区域红色资源课程开发模式，寻找课程开发新思路与有效建议成为当前的重要任务。

一、研究背景及价值

无论是对东北抗联历史与东北抗联精神的研究，还是对东北抗联精神区域红色资源课程开发的研究，其前提都离不开一定的历史和社会发展背景。近些年，红色革命历史与红色文化不断受到重视，红色教育伴随着社会发展和红色传承的渐强音走进生活、走进课堂。历史的积淀基础与时代的传承使命均是本研究的重要支撑。此外，东北抗联精神区域红色资源课程开发研究兼具重要的理论意义与实践意义。

（一）红色资源研究背景

1. 时代背景

习近平总书记曾指出，历史是最好的教科书①，中国革命历史是最好的营养剂②，多重温这些伟大历史，心中就会增加很多正能量。红色资源作为一种重要的历史资源，它承载着中国共产党光荣的革命历程，同时也蕴含着丰富的教育资源，是树立正确世界观、人生观和价值观的重要且鲜活的教材。中共中央、国务院于 2019 年印发《新时代爱国主义教育实施纲要》，其中指出，在新时代加强爱国主义教育，有助于振奋民族精神、凝聚全民族力量，在现如今全面建成小康社会与实现中华民族伟大复兴的中国梦的决胜时期有着重要而深远的意义。2016 年，教育部等十余部门印发《关于推进中小学生研学旅行的意见》，提出要针对不同学段进行研学课程开发，将研学课程纳入中小学的教育教学计划之中。由此，红色研学作为研学课程的重要类型之一进入到大众视野，爱国主义教育基地以及各红色教育场馆的红色研学课程的开发与实施也受到高度关注。教育基地具有不同于学校的独特资源优势，这为红色

---

① 习近平．论中国共产党历史［M］．北京：中央文献出版社，2021：7.

② 习近平：中国革命历史是最好的营养剂［J］．传承，2013（09）：4.

课程的开发提供了良好的基础条件。可以说，基地开发的红色教育课程是学校红色教育的重要补充，且这一红色教育新方式越来越受到重视。

红色资源不仅是我们国家民族的精神至宝，更是当代青年价值观培养以及爱国主义情怀养成的一剂良方。随着社会发展向前，人们的人生观、价值观等都呈现出多元化的发展势态，与之相随的，是当前人们的信念意识乃至血液中的红色基因也面临着被稀释的考验。无论是从国家政府角度还是从民族与国家未来发展来看，红色资源的有效开发与利用将成为新时代爱国主义教育发展的重要议题，有效利用红色资源传承红色精神成为重中之重。根植红色基因、培养红色情怀是红色资源独具的时代使命，因此，充分开发与利用已有红色资源，将红色资源转化为课程是发挥红色资源教育价值的重要途径。

2. 历史基础

从 1931 年“九一八”事变爆发，到 1945 年抗日战争取得最终胜利，这十四年间日本侵略者对中国展开强烈进攻，侵略意图愈加明显，给中华儿女带来了深重的苦难。但在极其艰苦的条件下，中华儿女仍旧顽强斗争，勇敢实现了中华民族的涅槃重生，最终迎来了战争的胜利，实现了民族解放。可以说抗日战争的胜利是标志着中华民族由衰败走向复兴的重要转折。在这一持久且惨烈的抗战历程中，东北地区的抗日斗争为全国抗日战争的胜利作出了重大贡献。东北作为一个具有光辉革命传统的地区，历经十四年抗战。这期间，东北地区民众同侵略者展开了殊死搏斗，其中涌现出了无数战地事迹与英雄故事，伟大的东北抗联精神也随之孕育而生。东北抗联精神作为与延安精神、井冈山精神等同样重要的精神财富，在继承与弘扬革命精神方面具有重要意义与价值。历史车轮驶过必将留下印记，经历了十四年的风雨，东北地区不仅孕育了伟大的东北抗联精神，还留下许多抗战遗址遗迹以及诸多文献史料，它们汇聚成了多种形式的红色资源。因此，东北地区具有独特的历史基础和得天独厚的资源优势，这为东北抗联精神红色资源课程开发提供了良好基础。

（二）红色资源研究价值

红色资源蕴含着厚重的红色基因，是革命先辈们理想信念的重要折射，承载着底蕴深厚的革命史、卓绝艰辛的斗争史、鼓舞人心的英雄史，是国家民族发展的历史养料和珍贵财富。从某种意义上来说，研究红色资源关系到国家前途与民族未来，如何科学地开发和利用红色资源成为新时代发展背景下的重要课题。这一研究课题兼具重要的理论与实践价值。

理论层面，本研究从历史发展的角度出发，厘清东北抗联精神红色资源的发展脉络，掌握红色资源的概念内涵、本质属性，探究其红色基因所在，提炼东北抗联精神红色资源的教育价值，力争促进红色资源研究朝着综合性方向发展。本研究基于先行研究成果与实践调查，对个案教育基地区域红色资源课程开发的实践进行分析，最终提出有效开发策略，以求实现理论与实践的统一，促进红色资源课程开发朝着科学的方向发展。

实践层面，首先，区域红色资源课程的开发与建设有利于红色文化、红色基因的传承与弘扬，有助于记载红色资源、保护历史。其次，红色资源课程开发与建设能够完善红色资源课程开发体系，提高红色资源利用效率，提升红色课程品质，有效促进红色文化与红色精神的传承。最后，红色资源课程开发与实施有利于促进学习者历史认知、价值认知的形成，使其树立正确的理想信念、强化坚定的爱国意识，并且愿意付诸行动，躬身力行，成为为人民谋幸福、为民族谋复兴的坚定践行者。

二、红色课程资源开发研究现状

梳理先行研究、积累相关研究成果是本研究深入进行的前提。本研究从红色资源、课程开发模式以及东北抗联精神三个切入点对相关文献进行了整理与综述。这些成果主要涉及红色资源、东北抗联精神的基础概念、特征与价值，以及红色资源用于教育教学的相关研究等。此外，本研究还对典型课程开发模式进行了梳理，这不仅有助于把握研究现状，而且也为本研究打下了扎实的理论基础。

（一）红色资源的相关研究

近些年，随着国家以及政府对红色资源的高度重视，红色资源不仅在学术领域而且在社会生活中的影响都愈加广泛。红色资源的相关研究起步于21世纪，2002年谭冬发和吴小斌发表的名为《“红色资源”与扶贫开发》的文章中，作者最早提出“红色资源”这一概念，并对其含义进行了细致阐述。此后，学术研究者纷纷从自身立场出发，立足不同角度，采用不同的研究方法，分别从概念界定、内涵把握、特征本质以及功能价值等方面对红色资源进行了综合且全面的科学讨论。此外，一些学者还对红色资源的现实意义及其重要作用进行了较为深入的研究。整体来看，红色资源相关研究已经取得了一定学术成果。

1. 关于红色资源的概念、内涵

学术领域从不同视角对红色资源的概念、内涵进行了界定和研究。谭冬发、吴小斌（2002）最先从广义和狭义两个方面对红色资源进行了讨论，认为广义上的“红色资源”是指从所有能顺应历史、弘扬爱国主义精神的革命活动中凝结而来的精神和人文景观；狭义上的“红色资源”是指第二次国内革命战争、抗日战争、解放战争期间中国人民在共产党的领导下抵抗外敌、浴血奋战形成的历史痕迹和精神瑰宝。① 李实（2005）认为在广义层面，“红色资源”是于全世界的共产主义活动中产生的，包括价值观念和准则、政治理论与道德观念等，也包括承载这些精神产物的物质总和；在狭义层面，“红色资源”可理解为解放战争和社会主义建设中形成的崇高精神和物质载体的总称。②

徐艳萍（2008）也从广义、狭义角度对“红色资源”做出定义，她将广义上的红色资源归纳为无形、有形、物质和文

① 谭冬发，吴小斌．“红色资源”与扶贫开发［J］．老区建设，2002（07）：44-45.

② 李实．准确认识“红色资源”的丰富内涵［J］．政工学刊，2005（12）：23.

化四种资源类型，并对这四种类型进行阐释。她认为狭义上的红色资源是指在共产党的领导下，中国人民在战争时期和革命时期英勇向前、追求发展的进程中形成的革命精神和革命历史的载体，以及遗留下来的革命遗址、标志物等。①

与上述学者不同，一部分学者认为对红色资源的界定不存在广义、狭义之分，应该从物质与精神两个层面对红色资源概念进行剖析界定。关于“红色资源”的概念内涵，耿琪（2006）认为红色资源是中国共产党领导全国各族人民于革命斗争与建设实践过程中形成的革命精神以及革命精神的载体，红色资源包括物质和精神两种，物质层面是指革命历史遗迹、纪念馆等，精神层面的红色资源是指在中华民族发展的历史进程中逐渐形成的伟大民族精神。② 另外，郭晓平（2005）认为“红色资源”的主体在于精神，主要是指以物质载体形式呈现出来的精神内涵。③

2006年以来，红色资源的相关研究引起了人们越来越多的关注，在学术领域也取得一定进展。吴清江、戴淑雯（2009）指出红色资源包括两种形态，即物质与精神形态，并且认为物质是载体，精神是主体，提出红色资源的主体是附着

---

① 徐艳萍．利用红色资源加强青少年革命传统教育［J］．当代青年研究，2008（05）：23-26.

② 耿琪．“红色资源”——加强和改进大学生思想政治教育的新亮点［J］．吉林商业高等专科学校学报，2006（02）：1-3.

③ 郭晓平．“红色资源”的主体是精神［J］．中华魂，2005（02）：58-59.

在其物质形态上的“精神”。① 张泰城、肖发生（2010）认为红色资源是一种以物质、信息和精神三种形态表现出来的资源，是精神资源、文化资源、政治资源、历史资源相结合的产物。同时他还提出了一些新观点，例如将红色资源内涵外延至革命道路、革命文化、革命精神等。② 张颢（2012）认为“红色资源是中国共产党领导中国各族人民在争取民族独立和解放的长期革命实践中以及在社会主义革命、建设、改革实践中所形成的伟大革命精神及其载体”③。

总体来看，目前学术界对“红色资源”内涵界定的研究呈现出多样性，虽然尚未形成权威的定义，但不少学者已经从不同视角给出了界定。即使现有研究对红色资源的内涵界定不尽相同，但整体上也形成了比较一致的观点，即认为红色资源是中国共产党领导中国人民于革命、建设以及改革时期所形成的精神及其物质载体的总和。

2. 关于红色资源的特征、价值

当前学术领域主要从红色资源的本体功能、价值以及资源含义等角度来对红色资源进行总结与评价。李振东、王姣艳（2007）从三个方面概括了红色资源的特点，认为红色资源本

---

① 吴清江，戴淑雯．红色资源开发研究［J］．井冈山学院学报，2009，30（02）：19-23.

② 张泰城，肖发生．红色资源与大学生思想政治教育［J］．教学与研究，2010（01）：72-77.

③ 张颢．红色资源的功能探析［J］．社科纵横，2012，27（07）：5-7.

身真实生动，具有较强感染力；红色资源丰富，表现形式多样；红色资源具有与时俱进和价值永久的特征。[①] 郭晓平（2005）从红色资源的形成角度认为红色资源具有实践性、创新性特征，他还从红色资源的价值属性进行研究，认为红色资源具备理论性、时代性和广泛性等特征。[②] 刘虹和陈世润（2008）在研究红色资源的本质特征时认为红色资源具有政治主导性、科学展示性、服务性。[③] 张长虹（2015）指出红色文化资源具有强化党员干部革命传统教育的功能，并且能够助力青少年的爱国情感培养。[④] 刘经纬、高博文（2020）指出红色资源具有引导功能、示范功能、塑造功能以及教育功能。[⑤]

随着研究的深入，红色资源的价值研究也成为研究热点。王员、曾绍东（2005）认为新形势下将红色资源运用到思想品德教育中，对一定程度上解决思想品德教育资源来源、充实方法论具有重大的价值和独特的优势。[⑥] 刘争先（2006）则认为

---

① 李振东，王姣艳．当前大学生红色教育中存在的主要问题及对策［J］．甘肃农业，2007（10）：53-54.

② 郭晓平．“红色资源”的主体是精神［J］．中华魂，2005（02）：58-59.

③ 刘虹，陈世润．红色资源：当代思想政治教育的有效资源［J］．教育评论，2008（03）：7-10.

④ 张长虹．充分发挥红色文化资源的育人价值［J］．红旗文稿，2015（12）：23-24.

⑤ 刘经纬，高博文．大学生思想政治教育红色资源利用研究［J］．思想政治教育研究，2020，36（05）：103-105.

⑥ 王员，曾绍东．论红色资源在思想道德教育中的运用［J］．党史文苑，2005（04）：75-77.

红色资源具有历史价值、经济发展价值、文化传播价值和政治教育价值，开发和利用红色资源并发挥其价值不是单一化的，而应该是综合化的社会工程。[①] 郭宪鹏、舒毅彪（2014）讨论了红色资源的时代价值，认为红色资源对党在新时期提升执政能力与水平方面具有重大价值。[②] 张红英、何志敏（2020）从政治性、革命性、先进性、发展性与人民性等方面分析了红色资源在价值引领和推动社会发展方面的巨大价值。[③]

红色资源作为革命历史遗存的重要资源，其独有的历史特征是不可忽略的重要特质。充分认识红色资源的特征与价值，有助于深化红色课程资源的开发。综上可以看出，红色资源的特征和价值，既体现在社会、文化方面，也体现在政治、历史方面。红色资源是兼具推动思想教育、促进社会发展、产生文化影响等作用的综合性资源。

3. 红色资源应用于教育教学的相关研究

红色资源是革命基础理论、革命先进经验以及伟大革命精神的凝结，其教育功能主要体现在能够提升社会综合素养、道德水平，在一定程度上可以造就一个时代的精神风貌。汪立夏（2010）认为红色文化资源能够为大学生思想政治教育提供本

---

① 刘争先．红色资源的价值及开发运用原则探析［J］．当代经理人，2006（21）：1386-1387.

② 郭宪鹏，舒毅彪．红色资源的时代价值［J］．福建省社会主义学院学报，2014（04）：73-77.

③ 张红英，何志敏．论红色文化的基本特征及其当代价值［J］．毛泽东思想研究，2020，37（05）：127-134.

源性资源和文化根基，为大学生提供价值观引导。红色文化资源对开展大学生思想政治教育具有重要意义。① 王春霞（2018）指出，在新时代的背景下，要充分发挥红色资源在优化认知、固化信念、活化行动等方面的重要作用。② 李军（2019）对红色资源进课堂的德育价值进行了探讨，认为区域红色资源进课堂既是传承红色基因的时代诉求，也是立德树人的重要保障。此外，他还提出区域红色教育资源进课堂范式——“整合—呈现—阐释”。③

利用红色资源开展教育教学的相关研究成果也呈现出多样性，但目前红色资源课程开发尚未形成固定开发范式。基于这种现实情况，一些学者逐渐侧重研究红色资源在不同学段的课程与教学中的利用情况，讨论其教育价值。例如，刘党英（2006）提出红色教育是当前大学生思想政治教育的重要路径，红色革命纪念地是大学生思想政治教育的重要场所。④ 彭庚（2011）从地方课程的视角研究了红色文化资源课程开发，他认为要充分利用地方资源为课程开发提供资源，学校需要依托

---

① 汪立夏．红色文化资源在大学生思想政治教育中的价值及实现——以江西省高校红色文化教育进校园为例［J］．思想教育研究，2010（07）：54-57.

② 王春霞．论红色文化资源在大学生思想政治教育中的功能定位及实现路径［J］．思想理论教育导刊，2018（05）：132-135.

③ 李军．区域红色教育资源进课堂的德育价值与实践逻辑［J］．中国教育学刊，2019（12）：72-75.

④ 刘党英．红色教育：大学生思想政治教育的创新途径［J］．信阳师范学院学报（哲学社会科学版），2006（02）：16-18.

地方红色资源加强课程建设。他强调了红色资源课程开发意识的重要性，建议通过筛选资源、加强课程建设以达到红色资源开发与红色课程开发的同步发展。① 李树荣（2022）从小学德育校本课程开发视角讨论了红色资源的利用路径，详细分析了利用红色文化资源进行德育校本课程开发的途径与方式。② 韩小桐、陈玉玲（2019）认为中小学是开展红色教育、传承红色基因的重要阵地。为提升学生红色素养，使学生更好地传承红色基因与红色精神，需要将红色教育与中小学生的德育相融合，把各学科涵盖的红色基因自然地融入课堂教学中。③

红色资源转化为红色课程资源具有重要意义，其转化途径与方式成为当前学术界关注的重点。关于红色资源如何转化为教育资源，匡胜、陈胜华（2009）提出了红色资源开发利用的新模式，建议要将历史事件视为“点”，将历史的发展脉络视为“线”，将各种革命教育纪念地视为“面”，将受众作为开展教育的“纲”，立足于本地资源特色展开红色教育。④ 占毅（2011）认为高校必须加强红色教育教学资源的整合，将高校红色教育教学资源连成线、形成片、结成网，最大限度地发挥

---

① 彭庚．红色地方课程资源的开发：基于重庆红色资源的思考［J］．西南农业大学学报（社会科学版），2011，9（08）：211-214.

② 李树荣．基于红色文化资源的小学德育校本课程开发研究［J］．新课程，2022（03）：15.

③ 韩小桐，陈玉玲．中小学校传承红色基因的路径探究［J］．新课程研究，2019（02）：38-40.

④ 匡胜，陈胜华．拓展红色资源　创新教育模式［J］．井冈山学院学报，2009，30（01）：15-18.

“红色效应”，加强当代大学生革命传统教育，增强他们的爱国情感。①

整体来看，利用红色资源开展教育教学相关研究主要集中在探讨红色资源融入教育的价值、作用方面，红色资源在大学生思想政治教育中的价值尤为受到关注。一部分学者就红色资源融入思想政治教育、历史教育等方面提出了具体路径建议。但红色资源融入课程相关研究尚处于初步阶段，研究成果相对较少，尚未形成红色资源课程开发范式。

4. 红色资源课程开发存在的困境

目前，红色教育理论研究在深度、广度以及系统性等方面尚存不足，因此，在实际教学应用中也不可避免存在一定困难。王炳林、张泰城（2016）提出在利用红色资源开展红色教育活动过程中不能忽视实践体验，这是开展红色教育活动的重要环节。② 陈海燕（2011）认为高校红色教育的主要困境表现为：教育内容吸引力的缺乏降低了大学生的接受程度；陈旧单一的教育途径严重影响了整体教育成效；红色教育力量缺乏整合会导致红色教育内容转化为理想信念的教育过程中出现一定的弱化和偏颇。③ 周士权、高翔莲（2022）通过对武汉地区部

---

① 占毅．高校红色教育教学资源整合探究［J］．思想教育研究，2011（07）：53-55.

② 王炳林，张泰城．高校红色文化资源育人发展报告 2016［M］．北京：人民出版社，2017：12-17.

③ 陈海燕．高校红色教育的机理分析与对策研究［J］．思想教育研究，2011（02）：73-76.

分大学生红色研学情况进行调查，发现当前红色研学中存在不少问题，该研究基于红色研学存在的现实问题，从加强顶层设计、依托红色资源、加强过程管理、重视资源整合与建设网络载体等方面提出切实可行的策略。①

薛平军（2005）认为红色文化研究热对红色教育研究具有一定的指导性，但当前高校文化热仍存在有组织无活动、有形式无内容、有学习无体会、有过程无结果等问题。② 龙海平（2009）指出当前大学生红色教育存在熏陶不足、形式陈旧和操作性不强等问题。③ 王洪春、徐群（2021）等人提出红色资源的开发利用必须坚持教育本位，该研究通过剖析当前红色资源开发存在的不良现象，指出选择红色资源开发利用策略时要回归红色资源开发利用的本来目的，即红色教育本位。④

综上，尽管红色教育研究已经取得不少成果，但红色资源课程开发仍存在一些问题，主要表现在教育对象比较单一，不能发挥红色资源全方位育人的价值；红色教育主题局限于小学思想品德教育和大学红色教育，忽略了红色资源的跨学科与综合性特征；红色课程开发停留于表层，缺乏能使受教育者深度

---

① 周士权，高翔莲．新时代大学生红色研学现状分析［J］．学校党建与思想教育，2022（04）：72–74.

② 薛平军．“四有四无”：高校红色文化热存在的问题［J］．政工研究动态，2005（22）：9.

③ 龙海平．大学生红色教育存在的问题、原因与对策［J］．文教资料，2009（02）：208–210.

④ 王洪春，徐群，赵东来．红色资源开发利用必须坚持教育本位——对几种不良现象的剖析［J］．毛泽东邓小平理论研究，2021（11）：25–30.

学习的课程。因此，加强对红色资源的整合与规划，开发面向多主体的红色课程是全面发挥红色资源教育价值的重要途径。

（二）课程开发模式的相关研究

20 世纪以来，学术界逐步深化对课程开发理论的研究，不少学者提出了系统性的课程开发理论。泰勒的目标模式、斯腾豪斯的过程模式、劳顿的情境模式以及施瓦布的实践模式等成为课程开发的一般模式。课程开发模式是基于现实实践，经过严密的理论思考与不断深入研究探索而形成的。课程开发模式的形成过程中吸纳了不同领域的理论思想，例如教育学、哲学、管理学与社会学等领域的理论思想，从而在不同领域的理论基础上形成了多种课程开发实践范式。课程模式的革新与发展带有一定的继承性和批判性，不同的模式存在不同的价值取向，也存在一定的局限性。因此，认真审视并思考不同的课程开发模式对红色课程资源开发研究具有重要意义。

1. 泰勒的目标模式

泰勒目标模式受到实证主义哲学和行为主义心理学的影响，课程目标的确立被认为是课程开发的重要依据与核心。泰勒目标模式的提出以查斯特和博比特的思想为基础，即“泰勒原理”。泰勒目标模式将评价引入课程开发过程，提供了一个课程研究范式。在课程目标确定上，泰勒将社会哲学和心理学作为选择教育目标的筛子，并且给出了选择学习经验的五条一般原则；泰勒认为课程目标主要来源于对学习者本身的研究、校外社会生活需要以及学科专家的意见。因此，专家和学生也是课程开发的重要参与者。此外，泰勒的目标模式虽然强调了教师参与的重要性，但提议教师不要过早加入课程开发。从课程开发整个过程来看，课程开发程序目标包括四个阶段，分别是课程目标的确定、课程内容的选择与组织、课程实施与课程评价。① 目标模式将评价引入课程开发过程，完善了课程开发的程序，对于提高教育教学过程的计划性、可控性具有重要作用。但该模式作为直线式的课程开发系统忽视了课程开发的过程性与实践性，导致以目标为导向的课程开发带有机械、封闭的特点。

2. 斯腾豪斯的过程模式

斯腾豪斯对 20 世纪 70 年代确立的过程模式进行了详细分析与批判，并提出新的课程开发模式——过程模式。斯腾豪斯主张课程开发应该重视过程，而不是目的，需要在详细陈述程序原则与过程的基础上开展教育活动，在实践中对陈述进行不断修正、改进。过程模式反对课程目标的预先设定，认为教育活动的价值是体现在教育活动过程中，并强调知识的内在价值。“过程模式的特征是不以事先确定好的、由仔细分解一般目的而得出的目标系统作为课程编制的依据，而是关注整个课程（包括教学）展开过程的基本规范，使之与宽泛的目的保持一致。”② 过程模式引进了“程序原则”，即过程模式的课程目标重在表述教育活动课程产生的各种学习结果，并将此作为

① 泰勒．课程与教学的基本原理［M］．施良方，译．北京：人民教育出版社，1994：51-53.

② 施良方．课程理论：课程的基础、原理与问题［M］．北京：教育科学出版社，1996：172-173.

课程开发的依据。[1] 这里的课程目标可以理解为一种思想的指导。过程模式认为学生应参与课程开发，强调要尊重儿童的心理发展与实际状况。另外，斯腾豪斯注重教师对教育活动的重要作用，认为教育的进步离不开教师的参与。过程模式没有像目标模式那样直接指出课程开发的步骤，而是提出了“过程模式的一般规则”，即学生和教师针对存在争议的问题进行共同讨论；处理具有争议的问题时，教师要保持中立者身份，使课堂成为学生的论坛，不能以教师身份对学生施加任何影响；当遇到具有争议的研究，解决办法是共同讨论，而不是直接将结论传达给学生；在结论上应该尊重观点的多样性，无须达成一致；教师需要对学生学习的质量提供保障。[2] 过程模式强调课程内容选择要立足教育过程中各学科领域的原理、方法或概念，较之目标模式，过程模式更加强调“非预设性”，注重学生的主体性，强调课程开发的过程性。但该模式也存在一定弊端，即课程开发各个阶段存在一些不确定性。

3. 劳顿的情境模式

情境模式被认为是兼有目标模式与过程模式特点的课程开发理论，其最大特点在于具有较强的灵活性和适应性，是当代

---

① 郝德永．课程研制方法论［M］．北京：教育科学出版社，2000：153.

② See Elliot，J. A. A Curriculum for the Study of Human Affairs：the Contribution of Lawrence Stenhouse［J］．*Journal of Curriculum Studies*，Vol. 15，No. 2：112.

具有影响力的课程开发理论之一。[①] 劳顿批判之前的课程开发模式脱离社会实际，将原本儿童、知识、社会等课程开发起点转移至对社会文化的关注。他认为课程的起点较为广泛，并且提出情境课程开发模式的三个理论基础，即哲学、社会学以及心理学。[②] 情境模式关注社会文化的同时也注重学习者的身心发展程度，劳顿认为课程开发要考虑两个问题，首先是要具备一定基础概念的铺垫，其次是需要尊重不同阶段儿童思考问题的差异。基于“文化分析”理论形成的课程开发模式不可避免地需要思考“如何选择文化”，因此，劳顿提出了建立在文化分析基础上的课程开发程序，其流程具体包括五个阶段：第一，哲学层面的准则。通过对社会文化进行哲学分析，确定教育目的、知识的价值与结构。第二，社会学层面分析。通过对社会现实各方面分析确定教育实现的社会职责、目的与手段。第三，文化的选择。在上述阶段的基础上进行文化要素的选择。第四，心理学理论的应用。在课程文化选择总体框架确定后，运用心理学理论对课程进行编排、组织。第五，课程计划的形成。按照顺序与阶段组织课程材料，安排课程进度。[③]

斯基贝克在对具体学校情境进行微观分析基础上建构了学

---

① 郝德永．课程研制方法论［M］．北京：教育科学出版社，2000：188.

② 劳顿．课程研究的理论与实践［M］．张渭城，环惜吾，黄明皖，等译．北京：人民教育出版社，1985.

③ 顾书明．论作为校本课程理论源流的几种课程模式［J］．教育理论与实践，2003（23）：55-58.

校本位的课程研制模式，认为校本课程研制是促进学校获得真正发展的最有效方式。[①] 基于学校课程内外因素分析形成的课程开发模式包括分析情境，确定目标，设计方案，解释与实施，检查、评价、反馈和重建五个步骤，学校可以几个步骤同时进行，也可以从一个步骤着手。总体来看，情境模式注重课程与学生、环境的联系，反对脱离社会现实与学校具体情境的课程开发方案，提高了课程的灵活性，对校本课程开发实践与理论建设更具有适应性。但该模式使课程蒙上"适应论"阴影，导致课程开发容易走入"头痛医头，脚痛医脚"的误区。

4. 施瓦布的实践模式

施瓦布提出课程开发一般都在"寻求一般性的原理和复杂的模式，寻求既定的秩序和不变的因素"[②]。施瓦布将传统课程开发研究视为"理论的"，而他提出课程开发研究应该是"实践的"，他反对偏重理论倾向的课程开发，认为课程开发应该充分考虑实践的要素，决策过程应该具有具体、个性、情景化特点，课程设计要广泛参与，使各个课程要素实现协调。实践的课程开发研究目的是增强教学情境中解决实际问题的能力，实践的内容是具体的、特定的，且受环境影响的。实践的课程开发研究问题源于实际实践活动中的问题或困境。其研究方法论不是受某种指导性原理控制，而是更多地采用"审议"

---

① 施良方．课程理论：课程的基础、原理与问题［M］．北京：教育科学出版社，1996：35-41.

② Schwab，J. J. The Practical：A language for curriculum［J］．*School Review*，No. 79，1971.

的程序。在该实践模式中，课程的基本要素包括学科内容、学习者、环境和教师，四个要素在课程开发中承担不同角色，并相互作用。学科内容指以教材形式呈现的内容，这些内容只有满足学习活动现实要求并与其他要素形成互动关系才具有课程意义。学生与教师都是课程开发的主体，课程开发要全面考虑学生的身心与实际情况，教师在课程开发中也具有重要意义。环境蕴含丰富的课程资源，是学生发展、成长的情境，情境的多样性与不确定性一定程度上增加了课程的复杂性。在上述四个课程要素构成的课程生态系统中，学科内容、学习者、环境和教师的互动成为课程开发和实施的基本形态。

此外，实践模式的课程开发是以“课程审议”的方式进行的。课程审议主体在构成上兼具集体特征与教育特征，这样才能充分深刻理解和恰当全面地判明具体的情境与问题。课程审议主体主要由校长、教师、学生、学科专家、心理学家、社会学家以及社区代表等组成。课程审议的重点工作在于协调平衡课程基本要素。课程审议可以视为“课程开发主体通过对教育实践具体问题进行审视和评议，达成关于课程的一致性观点、意见和策略的课程开发活动”①。

综上，任何一种课程开发模式都是通过某一个视角来对课程开发这个复杂过程进行理论解释，每种课程开发模式都有其独特价值意义。由于这些模式并非采取整体视角进行研究，因此，每种模式都存在一些不足之处。尽管如此，这些模式都从

---

① 有宝华．综合课程论［M］．上海：上海教育出版社，2002：193.

某一视角对课程开发进行了理论阐释，这些模式之间存在着明显的互补关系。因此，在课程开发实践过程中，要对不同模式进行统整，取长补短，充分发挥不同模式的独有优势，使开发出的课程在最大限度上满足学生发展需求，实现立德树人的根本任务。

（三）东北抗联精神的相关研究

学术领域对东北抗联精神的研究始于21世纪初期，整体来看，东北抗联精神研究缺乏系统性，且大多集中于纪念抗日战争胜利的时间节点。“八年抗战”到“十四年抗战”的抗战史观改变，提升人们对东北民众艰苦奋战抵御日寇的关注力度。在学术研究领域，东北抗联的作用也随之受到关注，东北抗联的地位和东北抗联精神的影响力也随之提高。由此，东北抗联以及东北抗联精神的相关研究也不断增多，研究领域不断拓宽，研究主题不断深化，研究成果呈现大幅增长趋势。

1. 东北抗联精神的内涵与产生的背景

学术领域对东北抗联精神的内涵研究相对丰富，但对东北抗联精神界定的研究与表述显示出一定差异。张洪兴（2010）在《东北抗联精神》一书中对东北抗联精神的内涵进行界定，认为东北抗联精神表现为国际主义精神、艰苦奋斗精神、不畏牺牲精神、英勇战斗精神和爱国主义精神。① 刘信君（2015）针对东北抗联精神的内涵进行了讨论，认为东北抗联精神的内涵主要体现在四个方面，分别为：矢志不渝、忠贞报国的爱国

---

① 张洪兴．东北抗联精神［M］．沈阳：白山出版社，2010：42-53.

主义精神；前赴后继、视死如归的革命英雄主义精神；克服困难、百折不挠的艰苦奋斗精神；休戚与共、团结战斗的国际主义精神。① 陈松友、吕路军（2016）将东北抗联精神概括为崇高的理想信念、艰苦奋斗精神、爱国主义精神、团结合作精神和不畏牺牲精神。② 关捷（2015）指出东北抗联精神是民族魂的一部分，其内涵应包括天下兴亡匹夫有责的中华国魂、不畏强暴血战到底的英雄气概、百折不挠坚忍不拔的必胜信念、机智勇敢战略指挥的创造精神和视死如归宁死不屈的民族气节。③ 张冰（2018）在其研究中将东北抗联精神划分为五个方面，分别为国家兴亡国民有责的爱国主义精神、恪守理想坚定信念的革命自信精神、克服困难百折不挠的艰苦奋斗精神、坚忍不拔宁死不屈的英勇牺牲精神和生死相依并肩作战的团结战斗精神。④ 虽然学术研究领域对东北抗联精神内涵的界定尚未统一，但其基本内涵都包含了爱国主义精神、艰苦奋斗精神、英勇牺牲精神、伟大革命精神等主要内容。

一些学者对东北抗联精神的形成条件进行了探究。王冬（2015）认为东北抗联精神的形成包括三个因素，一是中国共

---

① 刘信君．再论东北抗联精神——抗战胜利70年后的评述［J］．社会科学战线，2015（06）：83-89.

② 陈松友，吕路军．东北抗联精神融入大学生思想政治教育的必要性及路径［J］．思想理论教育导刊，2016（10）：140-143.

③ 关捷．东北抗联精神的丰富内涵［N］．中国社会科学报，2015-09-08（8）.

④ 张冰．对高校思想政治教育融入东北抗联精神的思考［J］．东北师大学报（哲学社会科学版），2018（05）：63-67.

产党的坚强领导，二是东北地区军民具备优秀的品质，三是东北特殊的斗争环境。[①] 管玄同、吴祖鲲（2015）指出东北抗联精神是东北革命历史的精神产物，并且认为东北抗联精神的形成以东北民众的革命斗争实践为基础。[②] 贺文焘（2016）将东北抗联精神的形成归于多种因素条件：其形成的首要条件是中国共产党的领导，内在条件是东北抗联军民的优秀品质，文化条件是中华民族的优秀传统文化，自然条件是东北地区独特的自然环境。[③]

2. 关于东北抗联精神的历史地位、价值

关于东北抗联精神的历史地位研究，学术界达成一致观点，认为东北抗联精神不仅是中华民族艰苦抗战历史的重要体现，还是民族精神不可忽略的重要组成部分。同时，东北抗联精神还具有传承性与发展性，是实现中华民族伟大复兴的重要精神源泉。张洪兴（2010）认为弘扬东北抗联精神对于贯彻落实科学发展观、实现小康社会的奋斗目标与振兴东北老工业基地具有重要的时代意义。[④] 谷曼（2015）从实践角度对东北抗联精神进行了深入阐释，认为继承并弘扬东北抗联精神对肩负起捍卫国家核心利益的神圣使命，坚定不移地坚持中国共产党

---

① 王冬．东北抗联精神及其当代价值［J］．世纪桥，2015（08）：4-5.

② 管玄同，吴祖鲲．东北抗联精神的历史地位及其实践价值［J］．桂海论丛，2015，31（6）：110-113.

③ 贺文焘．东北抗联精神融入高校思想政治教育研究［D］．长春：吉林大学，2016：6-7.

④ 张洪兴．东北抗联精神［M］．沈阳：白山出版社，2010：81-90.

的领导，凝心聚力、攻坚克难、夺取中国特色社会主义新胜利等具有重要作用，这是东北抗联精神的实践价值体现。[①] 庄严（2014）认为弘扬东北抗联精神是新的历史条件下实现中国梦的重要力量。[②] 郑晓亮（2015）认为弘扬东北抗联精神能够坚定走中国特色社会主义道路的理想信念、坚定践行社会主义核心价值观的正义人生、为实现中华民族伟大复兴注入精神营养，对坚定走中国特色社会主义道路意义重大、影响深远。[③]

3. 东北抗联精神应用于教育教学方面的研究

利用东北抗联精神资源开展教育教学的相关研究主要集中于东北抗联精神融入教育教学的意义以及路径方面。肖震（2011）指出要用抗联精神对青少年进行理想信念教育，这对青少年建立正确的价值观、良好的人生观以及世界观具有重要作用。此外，他还指出了将东北抗联精神红色资源融入青少年思想道德教育的具体途径，这些途径包括关注国民教育、将革命传统教育融入全过程中，在社会实践活动中加强红色资源的应用，加强红色资源、红色教育与学校教育的联系等。[④] 陈松友、吕路军（2016）对东北抗联精神内涵和东北抗联精神的时

---

① 谷曼．论东北抗联精神的实践价值［J］．长白学刊，2015（03）：109-113.

② 庄严．弘扬伟大东北抗联精神［N］．人民日报，2014-09-18（07）.

③ 郑晓亮．东北抗联精神与民族伟大复兴——纪念中国人民抗日战争暨世界反法西斯战争胜利70周年［J］．新长征，2015（06）：28-31.

④ 肖震．将东北抗日联军精神作为红色革命资源来加强青少年思想道德教育［J］．世纪桥，2011（03）：74-76.

代价值做了细致阐述。此外，他们还指出要将东北抗联精神充分融入思想政治理论课堂教学，融入校园文化，融入新兴媒介以扩大东北抗联精神的传播力，融入社会实践以扩大其影响力。① 邹安祺、刘奇梅（2015）认为东北抗联精神不仅对国家当前的发展具有深远意义，而且对大学生爱国主义教育以及青少年马克思主义者的培养同样具有深刻的指导意义。② 朱晓迪、张云霞（2019）提出，要将东北抗联精神融入大学生思想政治教育，因为这是弘扬抗联精神的有效途径，也是提升大学生思想政治教育效率的有力措施。③ 周敬东（2019）在对东北各地利用红色教育资源组织教学的现状进行调研的基础上，分析了东北抗联教育课程体系建设的现状，提出了构建东北抗联教育课程体系的基础条件，构建了东北抗联教育课程体系建设的基本框架，强调要从教师和学员两方面规范和保障课程体系的建设与实施。④

综上，利用东北抗联精神开展教育活动的教育对象主要是青少年群体、大学生群体和高校青年教师，教育主题多以思想政治教育、历史教育为主。东北抗联精神应用教育教学的研究

① 陈松友，吕路军．东北抗联精神融入大学生思想政治教育的必要性及路径［J］．思想理论教育导刊，2016（10）：140-143.

② 邹安祺，刘奇梅．东北抗联精神与高校青年马克思主义者培养［J］．长春师范大学学报，2015，34（11）：7-10.

③ 朱晓迪，张云霞．东北抗联精神对高校思想政治教育的启示［J］．产业与科技论坛，2019，18（13）：136-137.

④ 周敬东．对东北抗联教育课程体系建设的研究与思考——以杨靖宇干部学院为例［J］．通化师范学院学报，2019，40（12）：82-87.

主要集中在分析东北抗联精神融入教育的价值、途径，以及东北抗联精神相关课程建设等几个方面，而聚焦东北抗联精神课程开发的相关研究不多。因此，加大对东北抗联精神课程开发的研究力度，有助于开创红色教育新局面，促进东北抗联精神薪火相传，实现其育人价值。

三、红色资源课程开发理论基础

坚实的理论基础是红色资源课程开发的必要前提。本研究以杨靖宇密营为案例，探索东北抗联精神区域红色资源的课程开发。在进入研究现场之前，梳理共生理论、泰勒现代课程理论与建构主义学习理论是红色资源课程开发研究的前提，可为探究东北抗联精神红色资源课程开发提供方向引领与理论支撑。

（一）共生理论

“共生”源于生物学概念。在生物学领域，广义的共生概念于 1879 年被德国真菌学家德贝里提出，他认为共生是不同生物密切生活在一起。这一概念的提出引起生物学界的广泛关注。共生现象是自然界普遍存在的现象，这种现象在植物学上表现为某种植物在单独生长情况下植株机能较弱，与其他植株或其他植物共同生长时却可以表现出较强的机能。这是植物之间的共生促进现象。20 世纪中叶以来，许多学者提出共生并不只是生物学现象，同时也是普遍的社会现象。于是共生理论开始应用于社会科学研究领域，主要用于看待人类社会中的政治、经济、文化等关系。这一理论有助于深刻理解、把握这些关系的客观性，促进这些关系的优化与转变，以实现社会的可持续发展。随着共生理论不断融入社会科学领域，学界对“共生”的研究愈加深入，他们除了对共生理论进行理论建构，还将其应用于教育、经济、文化等领域的具体实践中。将共生理论与方法引入课程教学、学校发展等具体教育领域，通过共生视角审视教育实践中的各种问题，能够促进不同教育要素关系优化，推动教育可持续发展。

本研究基于共生理论视角，分析了区域红色课程资源开发过程中不同要素之间的关系。红色资源作为重要教育资源，在红色教育、爱国主义教育等方面具有独特的优势。但仅仅依靠“原始”红色资源孤立地开展教育活动并不能最大程度发挥红色资源的教育价值。通过红色资源课程开发、旅游开发、项目开发等途径，将原始红色资源进行多维转化，其教育辐射范围、教育影响力也得到大幅度增加。红色资源是红色课程的重要内容来源，开发红色课程是传承红色资源、实现红色教育目标的重要途径。在红色课程开发过程中，共生理论作为区域红色资源课程开发的重要理论依据，能够协调红色课程资源开发不同要素之间的关系，形成红色课程资源开发共同体，推动区域红色资源转化为全面育人的课程。

（二）泰勒现代课程理论

泰勒的目标模式作为课程编制和开发的主导范式至今仍发挥着重要指导作用。虽然目标模式遭到一些批判，但它在课程开发领域的权威地位依然无法动摇。本研究依据目标模式对案例区域红色资源课程开发进行分析，探寻杨靖宇密营红色课程开发的基本流程。

泰勒吸收了博比特和查特斯的课程理论思想，提出了课程开发的基本程序即“泰勒原理”。其代表作《课程与教学的基本原理》被誉为“现代课程理论的圣经”。这本书于1949年出版，是泰勒在芝加哥大学任教期间为其开设的一门课程编制的课堂讲授提纲，目的是为学生在进行课程编定、开发过程中提供有效指导。这本书主要阐释了研究课程与教学的基本原理，不仅为现代课程研究提供了基本范式，而且为课程开发实践提供了理论基础。此书的“导言”部分阐述了该书编制的目的，即试图阐明一种用于观察、分析和诠释教育机构的课程与教学计划的基本原理。① 泰勒在该书提出了制定任何课程与教学计划都必须回答的四个基本问题：

第一，学校应力求达到何种教育目标？

第二，要为学生提供怎样的教育经验，才能达到这些教育目标？

第三，如何有效地组织好这些教育经验？

第四，如何才能确定这些教育目标正在得以实现？

以上四个基本问题构成“泰勒原理”的基本内容，也构成课程编制、开发的四个基本阶段或步骤，即确定教育目标、选择学习经验、组织学习经验、评价教学结果。泰勒原理还规定了教育目标的三个重要来源以及两个过滤器。三个教育目标的来源分别是：对学习者本身进行研究，明确学习者的需求；

---

① 泰勒．课程与教学的基本原理 英汉对照版［M］．罗康，张阅，译．北京：中国轻工业出版社，2008：1-2.

对校外生活进行研究，考量社会的需要；研究学科功能和作用并听取学科专家建议。通过教育哲学与学习心理学两个过滤器筛选并选择合适的教育目标。（图 0-3-1）泰勒原理为课程开发设计提供了基本导向与理论逻辑架构。因此，本研究将泰勒现代课程理论作为区域红色资源课程开发的理论基础，探究杨靖宇密营红色资源课程开发的现实样态与实践活动。

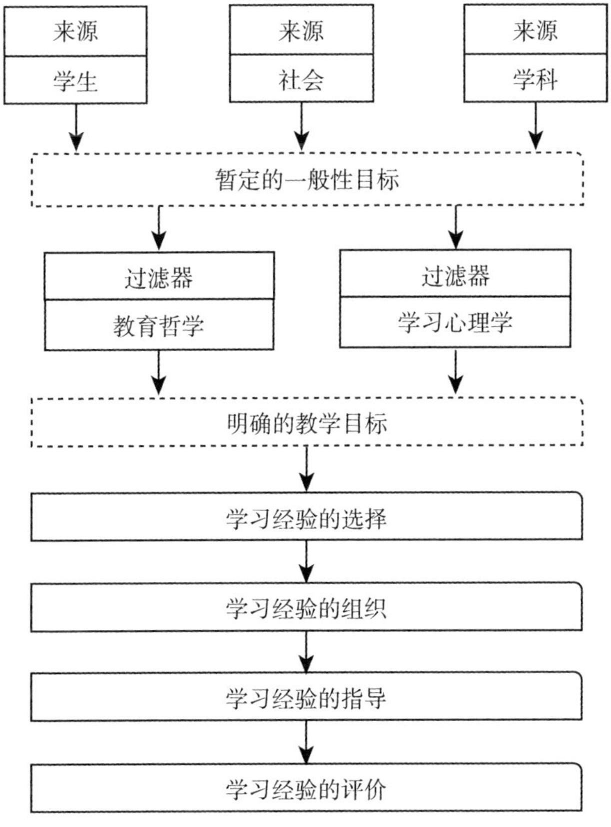

图 0-3-1　泰勒现代课程原理

（三）建构主义学习理论

建构主义学习理论是继行为主义与认知主义以来更贴近学生认知规律的哲学理论。基于建构主义理论的学习是学生在原有经验的基础上构建新经验的过程。建构主义学习观认为，知识不是由教师向学生传递，而是通过建构意义而获得。这个过程中的学生不是被动的信息接收者，而是主动的意义建构者。建构主义强调学习者的主动建构，要求学习者主动建构知识而非被动接受知识。建构主义学习理论提出了理想学习环境的几个关键要素，主要包括情境学习、协作学习、会话以及意义建构等。情境学习指的是在真实学习情境中，学习者通过与外界环境发生联系，在已有经验基础上进行新的经验建构的过程。真实情境能够高效调动学习者的积极性、引导其完成知识的意义建构；协作学习是指教师与学习者、学习者与学习者之间的协作有助于学习进程的推进，学习者与周围的环境进行交互有助于学习者加深对学习内容的理解；会话是学习过程中的重要环节，是鼓励学习者积极参与的重要途径与手段；意义建构不仅是学生学习的最终目标，也是课程开发的重要目的，还体现了对学习者主体地位的尊重。

建构主义学习理论对东北抗联精神区域红色资源课程开发具有借鉴参考意义。其中，情境建构、学生主体、协作学习以及教学互动等观点对区域红色资源课程开发具有重要指导作用。在区域红色资源课程开发过程中要体现学习者中心观，在课程学习中帮助学习者建构新的知识经验。区域红色资源具有鲜明的情境性，基于实物的真实学习环境有助于激发学习者的联想思维，促进学习者将新知识与已有知识经验建立关联，完善学习者的认知结构。与学校传统的固定教育方式不同，基于红色资源开发的课程多数属于学校特色校本课程或地方课程，课程的呈现形式多以活动体验、参观讲解为主。红色教育主要是对学习者的情感、认知、价值观等进行恰当的引导和塑造。因此，在红色资源课程开发时要着眼于学习者的需求，丰富学习者的学习方式，加强互动环节的设计，开发出有助于学习者主动建构意义的红色课程。

四、研究问题与研究方法

红色资源课程开发是开展红色教育的重要抓手，是赓续红色血脉、传承红色基因的重要途径。中国东北蕴含丰富的红色资源，其中东北抗联精神是中华民族重要的红色资源之一，承载着众多革命人物与革命事迹，为开展红色教育提供珍贵的资源。因此，本研究在梳理东北抗联精神产生的历史背景基础上，明确东北抗联精神红色资源的历史价值与时代价值，探讨东北抗联红色资源课程开发模式，建构东北抗联精神开发模式。

（一）研究问题

1. 核心问题

本研究的主要研究问题为：探究东北抗联精神红色资源课程开发逻辑，基于杨靖宇密营红色资源课程开发现状建构区域红色资源课程开发模式。

2. 具体问题

第一，探究东北抗联精神形成的逻辑理路。

本研究首先梳理日本对华教育侵略的历史史实，聚焦日本在中国东北实施的奴化教育，揭露日本在中国东北实施教育侵略的罪证及其隐秘逻辑。然后梳理东北抗日联军的抗日斗争历程，探究东北抗日联军的卓越贡献及其历史价值与时代价值。通过梳理日本对华侵略的罪行与中国东北抗日联军英勇抗日的历史，明确东北抗联在中国抗日进程中的重要地位，为阐释东北抗联精神的重要价值意义奠定历史基础。

第二，东北抗联精神区域红色资源课程开发呈现的现实样态。

通过对杨靖宇密营进行实地调研，调查密营红色资源开发状况与红色教育开展情况。在对东北抗联精神区域红色资源课程开发价值、内涵等形成整体、系统把握的基础上，把握杨靖宇密营红色资源分布情况与杨靖宇密营基地红色教育开展情况，分析基地红色课程实施现实样态。

第三，个案教育基地利用区域红色资源进行课程开发的实践探索。

基于实地调研，对个案红色教育基地红色资源课程开发与实践进行素描，重点分析个案教育基地利用区域红色资源进行课程开发的完整流程，对课程开发流程、组织实施等环节进行分析，构建区域红色资源课程开发模式。

第四，个案基地红色资源课程开发的理论提升与实践策略建议。

通过对个案教育基地的区域红色资源课程开发实践进行探索，提炼出区域红色资源课程开发的步骤，构建区域红色资源课程开发模式。通过对基地东北抗联精神红色资源课程开发案例进行分析，总结区域红色资源课程开发的基本策略。

（二）研究方法

基于上述研究问题，本研究以文献研究法、个案研究法与田野调查法为主要研究方法，并辅以访谈和观察法展开研究。

1. 文献研究法

文献研究法包括文献调查与文献分析，是指通过搜集文献、鉴别文献、整理文献，在对文献进行分析研究过程中对研究对象逐渐形成科学认识的一种方法。狭义上的文献包括以文字、符号为展现形式的资料，主要以文字资料为主。广义上的文献在文字资料外还包括图像、视频、音频、实物等记录知识的一切载体。本研究通过查阅档案馆、图书馆的相关书籍，收集整理与本研究有关的文字资料，如抗日战争历史、日本侵华史、抗联英雄人物相关传记等，同时收集博物馆、各大电子数据库中有关东北抗联红色资源开发利用的文献资料，详细了解红色资源开发研究情况，为本研究打下坚实的理论基础。另外，在分析上述文献资料的基础上，研究者深入个案基地进行实地考察，踏访东北抗联遗址遗迹，收集东北抗联真实影像资料，夯实文献基础，增强研究的真实性与可信度。

2. 个案研究法

个案研究法也称个案调查法，是将某一研究对象看作一个整体，对其现象、特征、过程进行深入研究的方法。个案研究的对象可以是个人，可以是社会群体或团体组织，也可以是一个事件。个案研究首先要求研究者要最大程度收集资料，还原研究对象整体与真实的研究情境，对研究问题形成深入全面的认识。个案研究过程中需要结合访谈和观察等具体研究方法对研究个案进行细致全面的了解，对复杂情况或现象给出翔实完备的描述，全面把握个案的现实情况以及发展历程。在对个案进行全面分析的基础上，讨论个案在特定情境之下表现出的样态与内在性质，继而聚焦研究问题给出具体判断、推理，最终得出研究结论。

基于东北抗联精神区域红色资源课程开发这一研究问题，本研究选择吉林省桦甸市杨靖宇密营爱国主义教育基地作为典型个案。研究对个案教育基地的历史变革、资源开发利用等情况进行了全面梳理。在具体研究问题方面，研究者进入教育基地现场收集相关资料，并对收集到的资料进行描述、分析，阐释杨靖宇密营爱国主义教育基地利用区域红色资源进行课程开发的完整过程。研究选取了该教育基地与企业共同开发的研学课程、基地与学校协同教育的课程案例作为分析对象，挖掘该教育基地利用区域红色资源进行课程开发与建设的策略与实施特色，为其他区域红色资源课程的开发与利用提供实践指导。

3. 田野调查法

田野调查法又被称为现场研究或实地调查法，这一研究方法主要应用于自然、社会科学研究领域，隶属于人类学范畴。任何通过参与现场研究进行的调查都可以被称为“田野研究”或者“田野调查”。田野调查法应用领域十分广泛，包括人类学、民族学、文学等，主要通过参与、观察等方式对田野资料进行收集和记录，这个过程中研究者和被研究对象处于同一环境。研究者在参与过程中以第一视角获得研究的一手资料，这在很大程度上保证了研究资料的客观性和准确度，为研究结论的客观性提供保障。

本研究依托国家社科重大项目，对杨靖宇密营爱国主义教育基地进行田野调查，进入研究现场获得第一手研究资料。通过深入红色资源课程开发与实践现场，走进红色课程课堂，调查个案教育基地红色资源的开发利用现状，收集区域红色资源课程开发的相关资料。在收集资料过程中还辅以访谈法和观察法。

访谈法作为社会科学研究的常用方法，是通过研究者与被研究者的“对话”来收集资料的研究方法。通过访谈可以充分了解受访者的经历与感受，厘清受访者对研究主题的理解认识。在收集杨靖宇密营红色课程开发流程及实施效果相关资料时，本研究采用访谈法对课程开发者、课程实施者和课程学习者三类主体进行访谈。通过访谈了解个案教育基地红色资源课程开发相关信息以及课程实施效果、影响，并根据访谈内容进一步深化研究。

在访谈对象的选取方面，本研究重点选取了个案教育基地区域红色资源课程相关的课程开发者（管理者、教师等）、课程实施者（教师、讲解员等）以及课程参与者（学生）作为访谈对象。其中，包括个案教育基地管理者 2 人，教师 5 人，学生 6 人。基地的管理者与教师参与了课程从开发到实施的全过程，对其进行深入细致的访谈不仅可以深入了解这一过程，同时可以通过访谈交流了解个案教育基地关于区域红色资源利用和课程建设、基地发展等方面取得的成就与现存困境。另外，对课程参与者的访谈有助于客观、多维度地掌握课程实施的真实效果，对区域红色资源课程实践情况形成较为全面的了解与认识，为区域红色资源课程开发策略的提出提供基础素材。

在访谈提纲的编制方面，本研究将个案教育基地课程开发与实施的程序作为主要维度。针对课程开发者的访谈，提纲划分为三个维度，分别是基地红色资源开发总体情况、区域红色资源课程实施状况和基地红色资源课程的发展与成效；课程实施者主要是实施具体教学的教师（讲解员），针对实施者的访谈主要从红色资源理解、课程开发与实施过程和课程呈现效果三方面设置访谈问题；对课程参与者，主要从对红色资源的理解、参加红色资源课程的感受和课程评价与建议三个维度设置访谈问题。

观察法是一种常用的资料收集方法，研究者需要在一定科学理论的指导下，运用科学方法对研究对象的各个方面进行观察。观察法是为了洞悉事物的本质与规律，是获得直接感知经验的基本方法。本研究对杨靖宇密营爱国主义教育基地红色资源课程开发实践进行现场观察，主要在课程实施过程中观察红色教育课堂中学生呈现出的具体样态。

五、研究创新点

（一）研究视角的创新

在研究视角方面，本研究基于历史学与教育学相融合的跨学科视角探索东北抗联精神区域红色课程资源的开发。首先，本研究以日本对华教育侵略、伪满奴化教育以及东北抗联史实的客观梳理为逻辑起点，为课程资源开发提供历史事实依据。然后，基于历史事实探究并深度还原东北抗日联军与东北抗联精神形成的历史逻辑，对东北抗联精神进行深度阐释，凸显东北抗联精神红色资源课程开发的重要价值。最后，本研究选择杨靖宇密营为个案，从教育学视角探讨如何通过课程资源开发更好地继承东北抗联精神的红色基因，赓续红色血脉。

从研究内容来看，本研究具有鲜明的历史学科性质。因此，本研究将研究主题放在纵向的历史时间视域与横向的历史事实客观场域中进行分析与思考。在历史梳理过程中，研究遵循历史学研究中的导向型方法原则，以历史唯物主义和辩证唯物主义为指导，遵循“史由证来，证史一致”“史论结合，论从史出”的史学研究原则。

从研究结果来看，本研究又具有鲜明的教育学科特征。本研究以杨靖宇密营红色资源课程开发为个案，研究者通过现场调研、访谈等方法深入田野调查，探究红色课程资源开发的重要价值。基于现场调研展现东北抗联精神红色资源课程开发的现实样态，基于个案基地课程开发现状进行课程开发模式建构与案例分析，从红色资源课程开发价值定位、原则、路径以及开发体系的完善等层面对区域红色资源课程开发提出具有参考价值的策略与建议。

（二）研究内容的创新

近年来，随着国家对红色精神传承与红色教育的愈加重视，红色历史与红色资源从不同角度走进大众视域，融入社会生活。红色资源具有强大的教育价值，尤其在爱国主义教育、价值观养成等方面具有不可替代的作用。现有研究多聚焦红色资源的教育价值以及利用途径，少有研究探索红色资源如何融入课程、如何进行红色资源课程开发。一些红色资源课程化研究多关注思想政治教育，忽视了红色教育的多样性。从课程类型来看，红色课程多是校本课程，开发主体是学校，专门研究爱国主义教育基地或博物馆红色资源课程开发的成果较少。

相较于学校，爱国主义教育基地、博物馆、纪念馆等典型红色教育机构在红色资源持有方面具有极大优势。但囿于一些因素，这些机构在红色资源课程开发方面显示出一定的不足。本研究采用跨学科研究视角，在对日本教育侵略、伪满奴化教育、东北抗联历史进行梳理的基础上，探究杨靖宇密营爱国主义教育基地的红色资源课程开发。本研究创新选择以教育基地为开发主体的红色课程资源开发个案，探究基地如何进行红色课程建设，丰富红色教育方式，以发挥区域红色资源对地域发展的重要价值。

（三）研究过程的创新

在研究过程方面，研究者在进行基础资料收集与整理时，多次进入杨靖宇密营进行调研。通过亲历红色教育基地、深入课程实施个案现场，研究者在真实的教学情境下感受红色资源课程的实施样态，加深了对个案密营开展教育情况的了解。通过现场访谈与观察，研究者与课程开发的主体人员进行交流沟通，了解课程开发的完整流程以及课程开发的理念与策略。本研究的研究过程具有鲜明的实践性与现场性，保证了研究的真实性与丰富性，一定程度上避免了文本资料的单一与空洞，鲜活地再现了杨靖宇密营红色课程资源开发的完整过程。

第一章

教育侵略：日本侵华的隐秘阴险手段

日本侵华战争给中华民族造成前所未有的巨大灾难，不仅体现在政治、经济、军事上，思想文化上的侵略更是摧残了中华文明与中华民族的意识形态。日本的教育侵略充当了重要的侵略工具，对中国教育事业造成了极大的破坏，战后“又被日本右翼势力处心积虑地用来歪曲历史、美化侵略战争、美化殖民统治”①。而教育侵略行动的产生与发展都有其内在逻辑和运行机制，完善日本教育侵略史实资料搜集，深入剖析日本教育侵略行动，是正视历史真相所需，也是进一步发展我国教育事业所需。

完善日本对华教育侵略史料的收集整理，可以丰富日本侵华的史料证据，还原日本对华教育侵略的历史真相，分析日本教育侵略的内在逻辑目的，揭示日本侵略罪行。在此基础上进

① 宋恩荣，余子侠．日本侵华教育全史 第一卷［M］．北京：人民教育出版社，2005：6.

行的客观分析，可进一步更正国内国际对日本侵华殖民统治地区教育行动和教育性质的歪曲认知。日本侵华教育史在中日学界多年仍具有很大的研究意义，因为这既是我国学者捍卫民族尊严的责任使命，即通过传播阅读思考，提升爱国情怀，增强民族凝聚力，痛定思痛吸取教训，努力建设具有中国特色的、具有民族特性的教育事业，也是中日两国维护和平，在教育上共同交流进步、迈向未来的历史认知根基所在。

本章主要介绍了日本对华教育侵略的背景、行动、主体和内在逻辑。第一部分以时间为线索，介绍从幕府统治到侵华战争时期日本对华侵略的社会背景，尤其是思想文化方面的计划和行动，同时阐述中国在相应时期的社会状况，以求从全方位知悉影响日本对华教育侵略计划和实施的外部因素。第二部分论述日本对华教育侵略的行动脉络，日本侵略者先是巩固日本国民侵华观念和培养“笔部队”等侵略工具，然后对中国殖民统治地区民众思想进行“日化”和“奴化”，再对日本国内和中国殖民统治地区思想“双向严控”，这揭露出日本教育侵略的极端性。第三部分介绍日本教育侵略的主体“文化人”，讲述其如何通过鼓吹反华侵华理论和创作有关侵略扩张的作品，对日本国民的思想意识形态进行塑造，为日本侵华提供理论和精神支撑。第四部分揭示了日本教育侵略的隐秘逻辑，即以传统信仰为依托合理化侵略、以“民族拯救”为借口正义化侵略、以“大东亚共荣”为目标美化侵略，其对华的精神侵略渗透着日本民族扭曲的思维逻辑。第五部分揭示了日本对华教育侵略的目的，即无论是通过直接的还是隐蔽的手段对中国人民的思想和肉体进行“奴化”和摧残，其最终目的都在于企图灭亡中华民族，侵占中华大好河山。

一、日本对华教育侵略意图演化

（一）幕府时代对华二重矛盾

1603 年，日本建立德川幕府，开启幕府实际统治时期。德川幕府先后五次发布“锁国令”，对国内外的交流往来进行严格限制。1633 年至 1639 年，德川家康发布命令，禁止日人与外国来往，不许日人出航至朝鲜以西或琉球以南；禁止武器输出；经济上拒绝与外国贸易往来，除了荷兰仅允许中国商船赴日贸易；视西洋人为蛮人，严禁基督教传教活动及天主教徒来日本。[①] 中国此时正处在明末清初，即封建君主专制达到顶峰的时期。明中后期，宦官专权、党争四起，但倚仗前代君主对外征战、对内巩固的强盛国势，仍残喘数十载。1618 年后，后金（清）从东北地区大举向关内进攻，加之农民起义，明朝覆亡，清朝统治建立。康、雍、乾三帝励精图治巩固帝权、管制地方疆域、发展生产、实行文化专制，缔造了大清辉煌盛世。但随之而来的是内部吏治危机和反清斗争继起，外部西欧、日本等列强早已对中华产生觊觎之心。[②] 这一时期，日本对中国的态度是既充满怀疑蔑视，又心生畏惧。日方虽不愿承

---

① 戈登．现代日本史：从德川时代到 21 世纪［M］．李朝津，译．北京：中信出版社，2017：27.

② 张帆．中国古代简史［M］．北京：北京大学出版社，2001：321-371.

认中华“天朝上国”地位，但仍重视保持同中国的联系。

与此同时，日本正时刻注意中国动向。一是睥睨中华传统文明，形成自身的日本民族精神。如幕府时代形成崇尚“忠君、节义、廉耻、勇武、坚忍”思想，结合儒学、佛教、神道教，形成日本“武士道”精神。二是搜集情报，以窥视清政府统治成效。如1673年，“三藩之乱”爆发，战事席卷大半个中国，消息很快传至日本，大老、老中等幕府高层齐聚一地听取林春常的解读。[①] 又如1721年，中国砂糖的主要产地之一台湾爆发朱一贵起义，新井白石听闻后即预言当年砂糖价格必将上涨。[②] 但当得知清军交通、马匹、武具、兵书等充盈情况，日本统治者又心存畏惧。三是企图自视为台湾和琉球的宗主国。在16世纪末期，丰臣秀吉就曾假借入侵明朝属国朝鲜以征服大明王朝，试图建立以日本为中心的华夷秩序；日本建立的“大君外交体制”，目的是让朝鲜入贡、琉球称臣；对台殖民统治模式不仅要领土占有，更要思想入侵，“为了台湾成为真正的日本领土，就要把台湾人日本化”[③]。这一时期，日本对台野心勃勃，但对中国大陆一时不敢轻举妄动。

（二）明治维新后蔑华观

1868年明治天皇建立新政府，日本开始“明治维新”。明

---

① 林春胜，林信笃．华夷变态［M］．东京：东洋文库，1958：68.

② 宫崎道生．新井白石の洋学と海外知識［M］．东京：吉川弘文馆，1973：265.

③ 齐红深．日本侵华教育史［M］．北京：人民教育出版社，2002：124.

治维新是一场自上而下式的革命，日本“废藩置县”并建立近代官僚制度，提出“富国强兵”，进行经济改革和工业建设，并废除武士阶级，实行“四民平等”，从基层改革军队，大量征兵并加强军队战斗力、向士兵灌输忠君思想，这为对外扩张奠定了军事基础。①

日本统治者也在加紧国民意识形态的塑造，包括学习西方教育体制，建立义务教育制度，并加强忠君教育。明治天皇颁布《教育敕语》，意图把忠孝道德统一于皇权，应用于日本军国主义扩张中，促使忠君思想的普及和合法化。此外，西方列强希望保持在日特权和排斥日本加入帝国主义行列的态度，实则加强了日本侵略扩张、加入帝国主义阵营的决心，日本逐渐形成“脱亚入欧”的民族心理。②

中国此时已经历鸦片战争，开始了被列强瓜分的屈辱历史。至1894年中日甲午战争前，清政府已和西方列强签订了众多不平等条约，中国的领土主权面临严重威胁。清政府一方面在领土问题上寻求妥协自保，一方面开始兴办洋务运动，以期通过学习西方技术和发展经济来维护自身的腐朽统治。列强的侵略和清朝的腐朽也激起了中国人民的反抗，各地爱国运动此起彼伏，在反对日本侵略中，中国人民开始探寻本国的社会症结和未来出路。

---

① 戈登．现代日本史：从德川时代到21世纪［M］．李朝津，译．北京：中信出版社，2017：92-117.

② 胡学雷．身份建构与利益转变——明治维新后日本身份变化的建构主义分析［J］．东北亚论坛，2002（02）：62-65.

此阶段，日本一面鼓动国民维新，强大经济和军力，免受西方列强欺压，一面打算向西侵占朝鲜、占领中国。日本在“天皇谕告”（1868）中宣称其要“开拓万里波涛，布国威于四方”①。受西方殖民思想影响，日本意图在台湾建立殖民地，并开始有所行动。1871 年，中国因中日“琉球纷争”拒绝赔偿日本，日本于 1874 年在台湾发动侵略战争，虽未取得有效进展，但获得了中国赔偿，客观上助长了日本蔑视中国的风气。②

日本思想家福泽谕吉的对华思想理论，对当时的日本统治者和民众产生了巨大而深远的影响。他于 1883 年提出“中国历史停滞论”，评价中国“将二千余年前尚处于蒙昧未开时代之古圣人语录，定为管束人间言行之万世不易之规则，政治主义、社会组织，有史以来未尝进行一次局部性改革”③。其于 1885 年发表《脱亚论》，宣扬对外扩张的思想言论：“我国不可犹豫，与其坐等邻邦之进步而与之共同复兴东亚，不如脱离其行伍，而与西洋各文明国家共进退。对待支那、朝鲜之办法，不必因其为邻邦而稍有顾虑，只能按西洋人对待此类国家之办法对待之。”④

---

① 信夫清三郎．日本政治史 第二卷［M］．周启乾，吕万和，熊达云，译．上海：上海译文出版社，1988：157.

② 戈登．现代日本史：从德川时代到 21 世纪［M］．李朝津，译．北京：中信出版社，2017：114.

③ 福泽谕吉全集 第 9 卷［M］．东京：岩波书店，1960：23-24.

④ 福泽谕吉．脱亚论［N］．时事新报，1885-03-16.

在1874年“台湾事件”之后，日本国民的国家优越感迅速提升，日本舆论也显示出扩张初战得逞的军事自信，鄙视邻邦，对中国社会各方面极尽贬低，耻笑清政府墨守成规、国家实力衰退，蔑视清政府统治下中国社会政治、经济、思想、文化、教育的封闭守旧，甚至自诩为“东洋盟主”，公然叫嚣“亚洲应齐心协力以御西洋人之侵凌……亚洲东方堪当此魁首盟主者唯我日本”①。此时的日本，对华进行思想压制和教育侵略的信心也在迅速提高。

（三）甲午战争开启侵华步伐

战争开始之前，中国社会民众对战争的看法多是积极和坚决的，在心理上骄傲不屑，认为“以我堂堂天朝，幅员之广大，人民之多，财赋之厚，兵卒之精，十倍于尔，尔乃不自量力，轻启兵端是不明乎大小之势矣”②，并对在洋务运动中发展的军事力量充满信心。中方在巨文岛事件中获得胜利，从日本手中夺回对朝鲜的宗属关系③，也使得中国民众的信心大增。此外，也有一些有识之士以理智的目光认真对待这场战争。④

而此时的日本已进行了充分的准备。一方面，日本统治者

---

① 福泽谕吉全集 第8卷［M］. 东京：岩波书店，1960：30.

② 先发制人说［N］. 申报，1894-07-28.

③ 郭海燕. 巨文岛事件与甲午战争前中日关系之变化［J］. 文史哲，2013（04）：107-117.

④ 韩小林. 从《申报》资料看中日甲午战争前国民的社会心理［J］. 江西师范大学学报（哲学社会科学版），2004（05）：24-27.

着手制定详尽的侵略理论和计划，日本军阀山县有朋就在其著作中大肆鼓吹侵略中国大陆的理论，并在其1893年10月提出的《军备意见书》中主张“遇有可乘之机，即应进而准备收取利益”①。另一方面，日本军队正根据侵略计划加紧实战演习，1890年至1892年，日本就进行了两次大规模的军事实战演习，以提升军队实力和士兵士气。此外，日本各部门还积极探察朝鲜和中国的有关情报，为战争创造有利条件。

1894年7月25日，日本海军对北洋舰队发动突然袭击，挑起甲午中日战争。黄海海战中国战败，日本乘胜追击，中国连失九连城、金州、大连、旅顺等地，威海卫之战北洋舰队全军覆没，中国宣告战争失败，被迫签订丧权辱国的《马关条约》。战后中华民族已处在被侵略、殖民统治的危机之下。

战后，随着日方对战争胜利的宣传和对中国社会的舆论报道，日本认为清朝的封建统治严重阻碍了中国现代化改革的步伐，尤其在军事战力方面大大落后于西方各国，而傲慢自大的华夷思想则是清政府封闭腐朽的根源所在，如1895年《万朝报》提到“自称中华，视他国为夷狄，尝不能脱中华不以夷狄为敌的迷信”②。因此，进行“侵略式改造”的思想成为甲午战后日本对华的普遍态度。小室重弘嘲讽清朝的封建专制致使人民缺乏爱国心，认为中国“天下非天下之天下，乃君主一人之天下，国家非国民之国家，乃君主一人之财产……视国家

① 大山梓．山县有朋意见书［M］．原书房，1966：219.

② 清国之将来をトす［N］．万朝报，1895-02-03，社论（1）.

之安危存亡，不过君主自身之安危存亡矣”①。日本在舆论报道中蔑视丑化中国人的态度甚至影响到其国民生活之中，儿童在玩耍游戏时，会以“支那”的称呼辱骂失败者，成人之间，会分别嘲讽撒谎者和吹牛者为“支那政府”和“李鸿章”。②

在教育方面，日本积极制定政策，向中国派遣日本教习并极力吸引中国学生赴日留学。此外，打着对中国国民思想失望的幌子，日本的“东亚同文会”于1898年以兴办教育文化事业为名，派学生到中国调查，编辑《中国年鉴》《中国省别全志》等，大量搜集中国情报，为日本侵略事业服务，并借助教育形式培养思想上的“日奴”。美国也借机组成文学会，狄考文、林乐知等人粗暴地要求清政府把教育所有权交给这些帝国主义分子“控制二十年，等中国有了回国的留学生，然后才把办学校的权力交回华人之手”③。

（四）日俄战争暴露掠华野心

甲午战争后，日俄两国都对中国东北地区和朝鲜半岛虎视眈眈，尤其在“三国干涉还辽”之后，由于俄国的介入，日本失去辽东半岛控制权。日本认为这是耻辱，于是在经济和军事方面养精蓄锐，伺机发动对俄战争。1904年2月，日俄战争

---

① 小室重弘．支那の愛国者［N］．自由党党报，1894-10-10，社论第70号（10-11）．

② 王美平．甲午战争前后日本对华观的变迁——以报刊舆论为中心［J］．历史研究，2012（01）：143-161．

③ 杨少松，周毅成．中国教育史稿［M］．北京：教育科学出版社，1989：217．

爆发，随着双方战争僵持不下，皆感损耗国力，遂于 1905 年双方签订《朴次茅斯和约》，宣告战争结束。①

日本在日俄开战前后，对华侵略的态度和策略有所转变。日本希冀中方在这场战争中立场偏向日方，因此在开战前极力煽动中国民众仇俄情绪。日本“东亚同文会”会纲的第一条就是“保全中国”，宣传“中国保全论”和旧调“兴亚论”，迷惑中国人一致对俄。1897 年，日本驻北京公使馆便以“长白侠士、辽海义民”的名义写了一篇二千余言的《檄东三省士民文》，企图拉拢中国官兵支持日本对俄开战。檄文说对俄军要“相机度势，扼要制胜，或声东击西，或捣虚而批亢，破坏彼铁路，折断彼电线，焚烧彼营房，轰击彼武库，使之疲于奔命，不安寝食……自取灭亡，不战而溃矣”。而对日军则“联以腹心，任以耳目，或为向导，或为间谍，接济粮秣，供给房屋。凡其有所缺乏，则必代为设法；有所需要，则必出力相助。主客相待，联为一气，表里相助，互为策应”。② 1903 年，俄国对中国提出独占东北三省的无理要求，此事激起中国民众对俄愤慨情绪，日本趁机宣扬“亚洲是亚洲人的亚洲”，笼络中国民众一致对抗沙俄。

开战后，日本利用中国人民对沙俄的仇视和反抗，对华思想蒙蔽，加之清政府“联日拒俄”主张的提出，中国“局外

---

① 安成日，刘艳．日俄战争与东亚国际体系的重构［J］．哈尔滨工业大学学报（社会科学版），2011，13（02）：7-16.

② 葛生能久．东亚先觉志士记传 上卷［M］．东京：黑龙会出版部，1936：801-805.

中立”的欺骗式外交使自身成为任日俄宰割的羔羊。① 俄国战败后，共签订三次《日俄协约》，日本与沙俄在中国东北地区分别划分势力范围，攫取利益，并阻止了美国企图向满洲扩张的计划。东北三省向国际全面开放，日本东亚殖民体系的计划更进了一步，其更加崇信“文明”对战“野蛮”的虚伪解释，也提升了对获得“东亚霸主”地位的信心。② 与此同时，中国东北民众遭受深重的灾难，反日爱国情绪也在持续酝酿高涨。

第一次世界大战后，欧美各国重新将矛头对准中国，日本不得不调整对华战略，等待吞噬中国的时机。日本在《对华政策纲领》中言道：“关于满蒙，特别是东三省地区，由于在国防及国民的生存上有着重大的利害关系，我国不仅要给予特殊的考虑，而且要维持该地区的和平，发展经济，以使其成为内外人安居之地。在这方面，作为接壤之邻邦，深感负有责任。”③

这一阶段，日本对华的教育侵略仍毫不放松，其在日俄战争前选择遮掩欺骗，但在战后教育侵略野心便赤裸裸地暴露出来了。除了继续实行吸引留学生和派遣教习的政策，日本还在台湾、旅大租借地、东北地区实行“教育同化”的殖民统治

① 喻大华．日俄战争期间清政府“中立”问题研究［J］．文史哲，2005（02）：118-126.

② 安成日，刘艳．日俄战争与东亚国际体系的重构［J］．哈尔滨工业大学学报（社会科学版），2011，13（02）：7-16.

③ 日本外务省．日本外交年表及重要文书 下［M］．原书房，1965：102.

地区教育政策，推行强制性的日语教育，企图以日本文化代替地区原生文化，妄图从思想文化上撼动中华民族精神根基，奴化中国人民。

（五）对华侵略犯下滔天罪行

1931年“九一八”事变的爆发，标志着日本侵华战争的正式开始。日军目的赫然，即征服中国。[①] 日军在军事上一路挺进，并着手在中国沦陷区建设殖民统治体系。与此同时，沦陷区的中国人民也在进行着英勇的反抗斗争。日本在军事侵略的同时更加紧了对中国的教育思想侵略。日本政府认为，思想文化是一个民族生存矗立的根基，对华的精神控制是重点，这就等于控制了这个民族与其他民族建立关系时确立自己之身份工具，若没有精神控制就绝对不会有完整的经济和政治控制。[②]

他们首先将侵略黑手伸向了迅速沦陷的满蒙地区，进行从物质到精神层面的全面侵略。日本建立了伪满洲国傀儡政权，并企图要求中国承认伪满洲国拥有独立主权，使其成为“日本殖民者实践‘王道主义’的‘东亚联盟’理论所赖以展开的操作平台”[③]。同时，日伪政府在中国东北设置文化机构，发

---

① 敬幼如．敌人大陆政策之原形［M］．北京：中国编译出版社，1940：15-16.

② 罗钢，刘象愚．后殖民主义文化理论［M］．北京：中国社会科学出版社，1999：324.

③ 陈秀武．“伪满”建国思想与日本殖民地奴化构想［J］．东北师大学报（哲学社会科学版），2010（06）：70-75.

展文化产业。伪满洲国建立的“南满洲铁道株式会社”和“株式会社满洲映画协会”（以下称“满铁”“满映”），最初作为文化传播机构，对图书馆、博物馆、电影院这些文化机构进行完全控制，从文化接触源上对殖民统治地区民众进行思想渗透和管控。“满铁”是日本在伪满洲国进行政治、经济、军事等方面侵略活动的指挥中心，也是殖民侵略的排头兵。“满映”有“满铁”一半的出资，直属于伪满洲国国务院，其设想是通过电影这种新兴文化产业来传达日本观念，进而实现文化殖民侵略目的，前期致力于通过电影宣传日本国策和教化伪满洲国民众，李香兰（日本女演员，本名山口淑子）作为“满映”最出名的女演员，擅长用爱情故事吸引并教化伪满洲国民众，其主演的电影《东游记》，内容更是赤裸显露日本“大东亚”梦想。后期“满映”拍摄制作的电影内容更加反动，毫不掩饰地鼓吹日本侵略扩张的行动和攻击中国人民的抗日斗争。①

教育方面，日本占领东北地区后，东北各级各类学校的广大师生持续进行抗日爱国行动，因此，日方下令关闭当地所有学校，东北地区的教育遭受到前所未有的破坏，大批爱国师生也遭到逮捕和迫害。此后，日本侵略者在伪满洲国建立教育行政机构和教育管理体制，颁布一系列教育法规条文，恢复学校教学，并在各级各类学校实施殖民统治教育。日本也明确提出

---

① 王艳华．“满映”与电影的国策思想宣传［J］．东北师大学报（哲学社会科学版），2008（02）：105-109.

为构建殖民统治教育体系而培养侵略帮凶的教育方案，这点在1936年的《关于在满日本人教育委员会决定案》中有详尽论述。①

二、日本对华教育侵略主要行径

日本对华展开全面侵略的历史过程中，教育发挥着关键的“催化”作用，既作为对华侵略政策的重要内容之一，又服务于对华侵略的扩张与统治。教育作为日本侵华工具在日本内部和殖民统治地区分别发挥着不同的侵略功能。在日本，教育主要服务于对华侵略的内部巩固与侵略诱导；在殖民统治地区，教育主要作用于对华侵略的人心奴化与精神摧残。二者“外征内治”，共同构成日本对华教育侵略截然不同又相互统一的行动脉络。

（一）日本本土强化侵略意识与培植侵华工具

日本对华萌发的一切侵略意图和发动的一切侵略行动均有悖于国际社会的正义与和平，深受包括部分日本人在内的国际社会的指责与痛斥。日本妄图将侵略强加于中国人民，使中国人民彻底沦为日本帝国主义的附庸，从而在根本上统治中国，来满足其极端膨胀的法西斯主义民族心理。其间，教育彻底异化为日本侵华的武器。而在日本内部，教育首先变质为日本内部巩固与侵略诱导的工具。为实现迅速崛起，近代日本掀起“脱亚入欧”风潮，并作为近代以来的文明启蒙思想来推动其

---

① 齐红深．日本侵华教育史［M］．北京：人民教育出版社，2002：70.

现代化进程。在“脱亚入欧”的起点与落点之间，日本思想家福泽谕吉在其观点上将中国视为使日本受到西方列强的侵略与瓜分的根源、应力当排斥的“恶邻”，曰：“我国（日本）势必据此东方之恶邻于心念也。”① 在“脱亚入欧”的思想导向下，近代的日本颁布《教育敕语》，实施以“认知万邦无比的国体”“崇拜万世一系的天皇”“定位万众一心中的那个‘民族自我’”为主要内容的教育②，将其宗旨落在“一旦危急，则义勇奉公，以扶翼天壤无穷之皇运”这一军事目的上来③，以“忠君爱国”束缚民众思想，同时加强行为控制，旨在加深日本内部对侵华行为的社会心理强化和民族认同。《教育敕语》是当时日本的军国主义教育的总纲领，向民众宣扬和灌输了军国主义思想，也为之后的殖民统治地区教育的建立提供了理论依据。

为了强化、巩固日本国内全民侵华意念和培植侵华工具，日本组织国内的学者与文人，大力宣扬“大日本膨胀论”“西方列强分割论”“支那必亡论”等思想，在日本本土大肆传播“日本拯救中国”的言论和主张，从而增强其侵华观念、美化其对华侵略意图。更有甚者，在日本全面侵华前后，众多文坛名士、文人学者为拥护日本政府对华侵略政策而充当日本军国主义的“笔部队”。他们离经叛道，制造日本侵华殖民统治文

---

① 福泽谕吉．脱亚论［N］．时事新报，1885-03-16.

② 杨晓，杨飏．矛与盾——近代日本民族教育之管窥［M］．北京：知识产权出版社，2015：52.

③ 齐红深．日本侵华教育史［M］．北京：人民教育出版社，2002：43.

学，鼓吹、渲染日本军国主义思想的正确性，并通过极度丑化中华民族和中国人民的形象来引导日本内部对华形成错误认知。类似保守、顽固、愚昧、野蛮、肮脏、贪婪、好色、奢侈、懒惰、自大、虚伪、残忍等一切丑陋的东西都被运用于对中国人的描述[①]，从而通过制造种种负面言论来诟病中华文明和中国军民的国民精神，以此来美化日本侵华的言行、美化日本士兵的人性，使其对华的侵略在日本的民意上具备合理性与合法性，最终来为日本侵华辩护。“笔部队”向日本民众甚至国际社会传达了日本侵华战场上的片面的甚至是错误的信息，加剧了日本国民的好战心理，影响十分广泛和恶劣。

此外，学校的军国主义教育、教科书中的版图篡改、内容改编等也是日本进行侵华强化的重要举措。他们在学校教育中渗透军国主义思想，以种种手段向学生传达有利于殖民侵略的思想与教育内容，大肆宣扬侵华战争的合理性与正义性。这些举措的设计与实施，有力地巩固了日本内部民众的侵华信念，强化了日本社会对华侵略的心理动机，对其侵华“政策”发挥了美化和遮掩作用，使其对华侵略具备了虚假的“名义”。

（二）对殖民统治地区进行教育奴化与心灵摧残

从古至今，日本文化深受中国文化影响，是在充分汲取中国文化内涵的基础上建立起的日本文化价值体系，其本身

---

① 王向远．日本对中国的文化侵略：学者、文化人的侵华战争［M］．北京：昆仑出版社，2015：15.

并未形成领先于世界的主流文化，反而自近代始，受西方殖民的刺激，日本文化的发展转向到对西方文化的“摄取”和“变异”[①]，并妄图将其“变异”的“二手文化”强加于中国，从而满足其对中国统治、扩张的需要。实然，这在日本人看来都是对中国文化的逆向发展。[②] 然而，为达到侵略和殖民统治的目的，日本殖民统治者不得不将之通过教育的方式实现对殖民统治地区的文化渗透，以达到“以天理给予外邦之教，赞皇国大道为治教”[③]，以“给予者”的身份掩盖“侵略者”这一本质，从而同化中国人民和中国文化，培养“亲日顺民”以达成文化殖民。在此侵略意图下，日本在对中国殖民统治地区进行强权的政治统治、残暴的军事控制和疯狂的经济掠夺之余，全面、大力地推进“奴化”教育，并将“奴化”教育作为其侵略扩张和殖民统治的工具。“奴化”教育是日本帝国主义强加于殖民统治地区民众的教育，既包括社会教育，也包括学校教育，其目的是培养服从、服务于日本对华侵略的“忠君爱国”的移民子弟和“忠良之国民”，最终把中国人民转化成“皇民”，从而使教育符合对华侵略的局势升级。

在日本对华侵略过程中，已形成了对华教育侵略一以贯之

---

① 李应赋．吸收与变异——日本教育摄取性之研究［J］．湖南师范大学教育科学学报，2015（5）：84-88+124.

② 内藤湖南．日本历史与日本文化［M］．刘克申，译．北京：商务印书馆，2012：12.

③ 太保久勇士．勤王先哲的遗业　日本教学的精神［M］．东京：东京帝国教育新闻社，1939：187.

的奴化手段。第一步就是破坏中国原有文教传统，操控教育权力。一方面在殖民统治地区通过宣传“中日亲善”“文化融合”等方式来割裂殖民统治地区文化与中华民族传统文化间的内在联系，另一方面依托军事侵略在殖民统治地区成立日伪政府，建立日伪政权，借此严控文教事业大权，并设立殖民教育行政机构，通过制定一系列奴化教育法令、规章来保证教育殖民的有效实行。前者能够颠覆殖民统治地区原有的长期稳定的文教事业，后者则通过教育权力的操控来强推殖民教育，从而在传统与现实两个方面彻底为其教育侵略扫清障碍。操控教育权力后，日本殖民统治者篡改教育内容，以加强精神控制。日本殖民统治者通过“思想战”大力宣传军国主义教育，培养日本移民子弟和殖民统治地区民众的“圣战”信念，并通过加强精神灌输、推行军事训练、倡导“勤劳奉仕”、强调实务教育、变更考试制度等方式，来实行有利于对华侵略和殖民统治的教育体制。① 日本殖民统治者采取设定统治方针、重置课程结构、改变教育内容、严审教材编写、大肆宣扬日本文化、减少中国文化、强化“道德”教育等方式来强化对华侵略教育体制的落实，从而实现对殖民统治地区的精神控制，使殖民统治地区彻底沦为日本侵华的试验场，使日本子弟投身侵华“圣战”，将殖民统治地区的中国民众“转化”成日本良民。其次是严格监管教育机构师资队伍。日本殖民统治

① 齐红深．日本帝国主义在我国东北推行殖民教育的本质特征［J］．教育评论，1996（01）：51-53.

者大兴中小学校、社会教育机构的整治工作，以渗透殖民文化，传播奴化思想。同时在师范教育领域施行“愚民教育”方针，借此来建设服从、服务于对华侵略的师资队伍，使教师成为日本帝国主义的“奴才”。语言同化是日本对华进行文化同化、实施奴化教育的重要基础。基于此，日本殖民统治者大规模开办日语学校，广设日语讲习班，通过与学校教育相辅相成的方式来推进日语普及，从而达到以殖民统治者的日语来代替殖民统治地区的汉语的目的，从而更有利于日本对华的文化渗透和文化殖民。在语言外，日本人大肆鼓吹“大和民族”与日本文化的优秀，有意减少中国学生对中华传统文化的接触，在潜移默化之中向学生灌输殖民文化与军国主义思想。

侵略者试图通过日本文化的灌输，使中国人民遗忘自己的文化根基，排斥中华民族的文化传统，使中国人民丧失国家认同感、文化认同感、民族自尊心和国家责任感，泯灭中国人民的民族精神和国家观念，从而在殖民统治地区建立殖民文化，实现对殖民统治地区的教育侵略、文化侵略和精神侵略。相对于在日本实行的文教政策，日本在殖民统治地区实行的“奴化”教育，其性质是文化教育的侵略，具有反动性、压迫性、腐蚀性、统治性等多重特征，旨在对中国人民进行“心”的奴化和精神摧残。其结果是在被殖民统治者的心灵上打上自卑与屈辱的烙印，使被殖民统治者陷入“集体记忆的重写”与“民族性丧失”的双重困境，既使他们经受了殖民文化的精神浸染和被整合到殖民文化的思维范式之中的悲痛，又造成他们在亡国的耻辱中追求与宗主国的“主体同质性”的扭曲。[①] 从而通过教育侵略达成对殖民统治地区的文化征服，使中国人民忘记自我存在，失去反抗意识，沦为日本对华侵略随意摆布的机器。如此，日本在殖民统治地区进行的“奴化”教育便会达成与本土教育“里应外合”的互补逻辑，共同服务于他们对华全面侵略的狼子野心。

（三）日本内外的“双边严控”与“自他同殖”

相对于政治统治、军事侵略和经济掠夺，日本对中国施行的教育侵略更具复杂性。一方面，侵略本身就是反人类社会共识的罪行，试图通过教育培植“工具人”来推进侵略扩张和殖民统治会招致来自不同方面的批判与反对；另一方面，以教育侵略实行文化渗透来改变日本内部和殖民统治地区的文化形态会同时遭遇来自本国和殖民统治地区两个方面文化传统的阻力与对抗。但在日本殖民统治者看来，教育对民心的感化极深，其结果关系到未来国运的消长利害。[②] 因此，无论遇到何种阻力，教育都必须服务于日本帝国主义日渐膨胀的侵华“国策”。随着日本对华侵略范围的扩张和侵略局势的升级，日本殖民统治者及其发起的侵略行动对教育殖民的依赖程度与日俱增，在日本本土与殖民统治地区面对的反抗力量也愈加强大。日本殖民统治者不得不改变起

---

① 杨晓．后殖民主义视野中的近代日本殖民教育解析［C］//纪念《教育史研究》创刊二十周年论文集（17）：外国教育政策与制度改革史研究，2009：460-464.

② 台湾教育会．台湾教育沿革志［M］．青史社，1982：57.

初的“怀柔”态度而采取霸权严控的侵略方式对日本内部和殖民统治地区强行推进殖民教育，从而满足其殖民统治的需要。对此，日本反对教育殖民和文化侵略的学者指出，日本的文教同化是“皇室中心的民族主义，通过绝对主义的权利，过度实行强制的统一，压制民族的自觉”①。然而，这种理性的声音在当时显得极不和谐，发声者也遂被传达禁令。②

为了满足扩大战争的需要，日本政府通过强行改制教育、改编国民学校、加强学校管理、融入军事训练、培养学生尚武思想等方式严格控制国内的学校教育。在学校教育中，日本政府格外注重对学生与教师的思想控制，甚至设置了专门监督学生思想的机构，对学生进行严加管束，对教师进行思想压迫，发现有“左”倾思想者，立即实施逮捕，这种统治引起了教师与学生的不满。同时，日本政府通过思想宣传粉饰侵略目的，强化“圣战”信念，并严控社会舆论，监管新闻媒体，利用社会教化来传播军国主义精神，整饬日本民众心理，从而培养投身侵略的杀人机器。如此，日本的教育彻底异化为殖民统治者对华侵略的工具，在企图对华进行“教育殖民”的同时率先演化成了日本内部的“殖民教育”。在殖民统治地区，日本殖民统治者要求改建中小学校、改革课程教材、广设日语课程、开办日语学校、管理学校师资，并通过实行“扫荡”政

---

① 矢内原忠雄．“管理下的日本”［M］．东京：岩波书店，1948：408.

② 杨晓，杨飏．矛与盾——近代日本民族教育之管窥［M］．北京：知识产权出版社，2015：208.

策等暴力手段排除反日言论、铲除“异己”人士。[1] 种种表现暴露出日本殖民扩张过程的另一行动脉络，即通过对日本和殖民统治地区的严格控制来维系其对华教育侵略极度疯狂的心理和行动。反过来看，这种逻辑在侵略中国的同时也殖民了日本自身。

三、日本对华教育侵略实施主体

在对中国开展教育侵略的过程中，日本文化人占据主体地位。在野文化人以文学、戏剧等形式点燃了日本对华侵略的火种。在朝文化人作为对华侵略的“支招者”和“代言人”，提供侵华理论并试图掩盖对华侵略的罪恶。军队作家则用文学形式歌颂日本士兵的英勇顽强、丑化中国国民性、掩饰战争的暴虐。日本文化人是日军侵华的帮凶，从侵华思想的提出到理论的确立以及对侵华罪行的掩饰，他们参与了日本对华侵略的全过程，极大地膨胀了日本的军国主义野心。

（一）在野文化人的文艺鼓动和周密谋划

日本侵华之心由来已久，而侵略的建议和方略最早来源于在野文化人的野心密谋。因为话语自由和狂妄设想不受时局限制，在野文化人用张狂姿态设计日本的掠华梦。有的以戏剧等艺术形式表达侵华的幻想与野心，有的则以文本等形式详细谋

---

① 薛巧巧．教育在日本侵略战争和殖民地统治中的几个重要作用［C］//直面血与火——国际殖民主义教育文化论集．呼和浩特：内蒙古大学出版社，2006：158-169.

划侵华的具体方策。他们提出的侵华野心与方略，对当时的日本民众和当权者产生了深刻影响，对下一步侵华理论的提出与侵华战争的发动有重要影响。

最早通过文艺形式表达侵华意念的是近松门左卫门。近松门左卫门是下层武士、作家，1715 年写了舞台背景剧《国姓爷合战》，所谓“国姓爷”指的是明代的郑成功。该剧本把中国民族英雄郑成功改头换面，将其歪曲改造成为日本武士的化身，取日本名“和藤内”，梳日本流行发式，穿和服，最后以日本将领的身份率军驱逐“鞑靼王”，攻下南京城，保住“大明江山”，而实际上这“大明江山”也已成为“和藤内”的江山、日本的江山了。此剧在日本火爆上演，一定程度上满足了丰臣秀吉“直捣大明国”战争失败后的民众情绪宣泄，作品中日本觊觎中国、祸华之心也暴露无遗。在这之后，佐藤信渊以文本的方式详细谋划侵华的具体方略。佐藤信渊做过医生、短期幕僚，当过私塾先生，1823 年写了《宇内混同秘策》，这是一本日本未来政治“秘策”。书分上下两卷，神化日本是“宇宙万国之根本”，着力论证由日本来统一世界是神所赋予的使命。在书中，他列出了攻打中国的方法和策略，细致描写了对中国的出兵顺序和作战分工，并详细叙说了夺取中国的九个步骤。佐藤信渊甚至对日本殖民统治中国后的方针作了论述，企图将中国也“神国化”，以神道教来教化中国人。这本秘策成为日本对华侵略的思想渊源之一。后来的史实也证明，日本侵华策略与这部秘策基本吻合。佐藤信渊之后，又有不少人提出了侵华的思想，其中吉田松阴是反对幕府统治的一位维新者，29岁被杀，在狱中写下《幽囚录》，提出了“收满洲逼俄国，并朝鲜窥清国，取南洲袭印度，宜择三者之中易为者而先为之”的征服亚洲的步骤。① 且在吉田松阴的表述之中，他将“满洲”与“清国”作为两个独立的主体，试图伪造满洲不属于中国的假象，以便日本军国主义进行殖民侵略统治与思想奴化。这一思想，在后来日本军国主义对中国进行奴化教育时，被尊奉运用。《幽囚录》是日本军事征服的“雄伟谋略”，书中将日本妄想占领中国进而统一亚洲的狼子野心暴露无遗。事实证明，日本军国主义侵略的确按此步骤进行。日本的在野文化人以各种形式不断地试探、研究侵华的可行路径与策略，为日本侵华奠定了最初的思想基础。

日本在侵华之前，以在野文化人为首，先对日本人进行思想教育与情绪激化，培养军事谋略、激励战争斗志，呼应其恃强凌弱的民族特性，激起日本人侵华的野心。在野文化人是战争前发出侵略信号最自由的思想者，在文艺戏剧的鼓动下大肆鼓吹日本的侵略意愿，用“秘略”形式书写侵略步骤，这也点燃了日本军国主义思想的火种，为军事侵华铺垫了必要的思想基础。

（二）在朝文化人的军事理论和对外虚构

日本明治维新以后到发动全面侵华战争期间，日本在朝文化人明目张胆设计侵华理论。此时军事战争与军事理论相互支

---

① 王向远．日本对华文化侵略的特征、方式与危害［J］．北京社会科学，2005（01）：75-81.

撑，军事侵略和精神思想侵略互为表里，在朝文化人又着意控制舆论、美化战争，掩盖侵华战争的侵略本质，日本侵略的野心进一步膨胀。

福泽谕吉是近代日本思想启蒙家，被日本人尊称为“东方伏尔泰”，他崇尚西方文明，极力诟病中国文化，认为应摒弃一切有中国色彩的东西，而受中国文明影响两千余年的日本应该尽早“脱亚入欧”，振兴东洋文明。这一思想的提出，标志着日本正式宣布要中止与中国、朝鲜等亚洲国家的传统关系，开始了加入欧美资本主义阵营，与西方“文明”共进退，进而成为欧洲型民族国家的历史进程。① 英国殖民者在印度耀武扬威，福泽谕吉羡慕作为殖民者的英国霸道横行，赤裸裸地鼓吹、煽动战争，显然把进入西方文明和攻打中国联系在一起。如果说在野文化人的侵华主张没有来得及实现充分的社会化，对当时社会、政府的决策影响也有限，那么，福泽谕吉的侵华言论则被刊登并广泛传播，对社会舆论、国民思想和政府决策都产生了更深层次的影响，极大地刺激了日本当局和民众侵华的野心。② 德富苏峰于1894年出版了《大日本膨胀论》，这是他对外扩张侵华理论的代表作。内容叙述日本人口增长、土地稀少的现状，认为“日本以国运为赌注”，应该向四方膨胀、背水一战，而“膨胀”的最大阻力则来源于中国。因而他提

---

① 杜颖．试论甲午战争后日本蔑华观的形成——以福泽谕吉的“脱亚论”为中心［J］．日本侵华史研究，2015，25（01）：81-91.

② 王向远．日本对中国的文化侵略：学者、文化人的侵华战争［M］．北京：昆仑出版社，2015：42.

出“清国压抑”，即压制中国，侵略中国。侵略中国按“防御于北方，展开于南方”这一基本思路进行，即把中国北方纳入日本版图，然后再继续南下，占领台湾。自此以后，德富苏峰继续写了诸多作品，极力宣扬日本的军国主义。小寺谦吉于1916年出版了《大亚细亚主义论》，内容以“黄种人”和“白种人”的人种对立来区分亚洲和欧洲，把日本与美国在太平洋地区的争夺作为核心问题。《大亚细亚主义论》声称“和平主义是现代的空想”，战争是实力的较量，要增强实力就必须“依托支那、利用其经济资源”；“日本是亚细亚文明的传承者”，所以“有保全支那的充分理由”；“人种竞争是黄白两种人种之间的对抗战”；中国在政治上疾患重重，在军事上疲弱无力，必须由日本来“指导”才能解决问题；“对于日本来说，作为亚细亚的指导者、亚细亚的盟主是当之无愧的”。① 由此可见，日本自认为作为“黄种人”的杰出代表只是利用中国资源，实质在“保全中国”和“改造中国”。他们企图用这种论调麻痹处于列强瓜分中的中国，使中国承认日本的统治地位，对日本的“改造”无条件服从，最终实现在中国的殖民统治。日本发动全面侵华战争后，大川周明等御用文人配合军事侵华行为，炮制“大东亚新秩序”“大东亚共荣圈”等侵华理论，以亚细亚振兴、“共存共荣”等为美化外衣来掩盖军事侵略的罪恶。他们在“共荣”的幌子下，自命为中国的

① 戚其章．日本大亚细亚主义探析——兼与盛邦和先生商榷［J］．历史研究，2004（03）：132-145.

"救世主"，到中国进行殖民统治，进行奴化教育，犯下滔天罪行。

"脱亚论""兴亚论""日本膨胀论""亚细亚主义论"等侵略思想，都揭示了日本在朝文化人发挥了舆论的喉舌作用。这些日本文化人怀着对中国以及中国人民的蔑视，以"改造""指导""保全"掩盖侵略剥夺的本质，将对华侵略视为"革新"，将中国人民的反抗视为其不理解日本的真意，立足于狂妄自大的日本民族优越感，控制社会舆论，为军事侵略支招和代言，为日本对华精神侵略开脱。

（三）"军队作家"的战地文学为侵略摇旗呐喊

在战争期间有一批"外行作家"，他们是有写作经验的军人，或者是没有任何写作经验的军人，他们在对华战争时创作了大量与战争和军队生活有关的文学作品。这些作品丑化中国形象，歌颂日军的勇猛，抒写战争胜利的喜悦。他们一手挥刀、一手拿笔，浓墨重彩地描写日本兵的"勇敢"、中国人的懦弱不堪，掩饰战争的暴虐。这些战争虚构品膨胀了战地日本军人的狂野杀戮之心。正如"一支鹅毛笔能抵三千毛瑟枪"，军队作家写的这批合乎日本战争侵略意图的作品，能够起到为军事侵略助威、为军国主义歌功的作用。

战地文学所描写的题材广泛，既涉及前线，又聚焦后方，有不少作品在当时产生了很大的影响。日比野士郎的《吴淞渠》、栋田博的《分队长手记》都是正面描写战场，描写日军作战的艰苦与"悲壮"，突出日本士兵突破艰难险阻、顽强战斗取得胜利，且涉及对日本军队的日常生活情景、士兵心理状态的刻画。这些对于作战士兵和日本民众来说，犹如打了战争兴奋剂，更加激起他们的侵略野心与残暴行径。上田广的《建设战记》描写战时官兵同心、克服困难、完成铁路建设任务的情况，其中也充满了对日本军国主义的崇扬。他还在《鲍庆乡》《归顺》中刻意扭曲中国人民和军队的形象。火野苇平的"士兵三部曲"描写忠勇刚烈的日本士兵，极力讽刺中国人，将中国老百姓描写成没有国家观念和民族意识的形象，盛赞人性跋扈，蔑视人性温良。《麦与士兵》借中国老太太之口说："中国军队到每一处，米、钱、衣服、姑娘，什么都洗劫一空。日本军队什么都不拿，非常好。"将日本在中国的殖民侵略视为"合情合理的"，鼓吹日本军人为实现"大东亚共荣圈"应不惜自己的生命，可谓是煞费苦心。[①] 火野苇平用文学方式颠倒黑白，编造故事，迷惑人心，掩饰日军对华侵略的残暴。与火野苇平同时期的军队作家石川达三，在《活着的士兵》中把日军在侵华战场上的残暴野蛮行径真实地表现出来，着重描写战场上被军国主义宣传所掩盖的事实，揭开了日本侵华的"大东亚共荣圈"这一层遮羞布，使日本军国政府精心编制的"一场解放亚洲的圣战"谎言不攻自破。该文发表后，军部当局恼羞成怒，作品发表当天就被查禁，并追究了石川达三的刑事责任。[②] 这也向其他军队作家们传达了一个信息——不能随

---

① 刘振生．石川达三与火野苇平——以《活着的士兵》、《麦子和士兵》为中心［J］．日本学论坛，1999（02）：53-55+63.

② 刘振生．石川达三与火野苇平——以《活着的士兵》、《麦子和士兵》为中心［J］．日本学论坛，1999（02）：53-55+63.

意描写事实，只能为战争作正面宣传。军队作家们在日本军国主义狂潮中丧失了良知与正义，他们自觉自愿地依附于政治意识形态而失去了独立人格和思想。军队作家的战地文学虽冠以“文学”之名，但从其创作目的而言，战地文学被所谓“国策”宣传绑架，违背了文学的责任与伦理，这已经成为文学的悲哀了。

日本全面侵华期间，军队作家与军刀队伍沆瀣一气，一文一武横行于中国。相对于武装侵略，其对中国的文教侵略更为荒诞。他们通过丑化中国人民、大肆宣扬日军形象、诟病中国社会、歪曲战争事实、制造中日“亲善”故事、美化残暴侵略行径、推卸侵华战争责任、宣扬“圣战”精神与军国主义精神等方式狂热煽动战争、蒙蔽国民精神，企图通过社会教育来鼓动更多的日本人认同对华侵略的正义性，并妄想奴化中国人民的文化认知、颠覆中华民族的价值观念，使中国人民逐渐丧失民族意识与国家精神。日本战地文学对军国主义扩张和侵略起到摇旗呐喊作用，鼓舞了侵略者士气，掩盖战争罪恶，粉饰中日“亲善”，是日本军刀队伍的强大帮凶。

四、日本对华教育侵略隐秘逻辑

在四大文明古国中，中国是唯一一个没有产生文化断代的国家，悠久文化传承至今，犹如璀璨明珠，光耀世界。清末期，随着国力日益衰败，曾经的泱泱大国却成为他国奴役之对象，尤其是被弹丸小邦——日本所奴役。为奴化中国，日本积极推行隐秘的教育侵略政策，使日本的侵华政策更加合理化、正义化，通过美化侵略战争，为日本侵华披上“合法外衣”，也为实现全面改造日本国民思想、消除日本国民反抗意识清除障碍，铺平道路。

（一）鼓吹侵略的“合理化”

中华优秀文明从古至今在世界上一直享有盛誉，日本在崇尚中华文化的同时，又轻视其盛唐之后的腐朽衰败。他们一面羡慕、垂涎中国的地大物博，另一面又怀揣觊觎之心。因此，他们以对华精神侵略为预备战，借助“神道”，鼓吹“大亚细亚主义”，使侵略意识逐渐合理化。

“神道”起源于日本先民的原始自然崇拜，后来在吸收了中国道家、儒家的伦理道德观念和佛教某些思想的基础上，逐步形成了比较完整的宗教体系。[①] 日本神道教是日本的本土宗教，它起初是以自然崇拜、祖先崇拜、天皇崇拜等为主，赋予各代天皇以神性，是日本国民的精神灵魂，亦是日本民族意识的重要体现。明治维新政府借用“神道”来神化天皇尊严，巩固国家向心力、凝聚力以及政治稳定。1870年，明治天皇发布《宣布大教诏》，旨在教化国民，使神道教成为国家的宗教。虽然明治政府承认信教自由，但信奉神道教已然成了国民应尽的义务，神社的“神道”与天皇的“神道”也渐渐合一，成了国家的“神道”。“神皇一

---

① 王海燕．日本侵华战争中的国家神道［J］．抗日战争研究，2009（01）：26-33.

体”后，神道教也成了让日本军人忠贞爱国、誓死效忠天皇的工具。“日本人迷信他们的国家，是世界无比的国家，他们的皇室，是世界无比的统治者，他们的民族，是世界最优秀的‘神选民族’，这种思想，都从神教的信仰产生出来的。”① 在日本的陆海军军人里面，迷信“神权”和“神造国家”这些自尊自大自囿的传说的，不晓得有多少。神道教文化是日本传统文化中对于大和民族和日本国家最具软力量的文化，它的精神和行为方式渗透到了日本的各个领域。在进行殖民扩张和对外侵略之时，国家“神道”便成了日本对华精神侵略合理化的思想基础与根基，也成为其传播日本民族意识形态的利器。

1916 年，日本小寺谦吉出版了《大亚细亚主义论》，分析了中国政治、军事以及社会各方面的疾症，认为中国在政治上疾患重重，在军事上疲弱无力，必须由日本来指导才能解决问题，提出“兴亚”“振亚”，声称“保全支那”，提倡中日“结合”。“大亚细亚”实质上是日本近代诸多扩张理论中的一种，是为侵略战争服务的军国主义思想。日本以黄种人的先驱自居，将自己塑造为亚洲的精神领袖，“病入膏肓论”“中国保全论”等都是在迫使中国承认日本的亚洲霸主地位，塑造侵略中国的强盗逻辑。小寺谦吉认为：“当中国被其他强国吸引，对日本敬而远之时，日本就应断然采取最后的高压手段。”②

---

① 戴季陶．日本论［M］．北京：九州出版社，2005：6-7.

② 小寺谦吉．大亚细亚主义论［M］．百城书舍，1916：234-235.

显然，美丽外表掩饰不了邪恶本质，温和面目遮盖不了狼子野心。大亚细亚主义为日本侵略亚洲邻国的行为戴上了一顶道德的高帽，企图使其侵略行为合理化，军国主义掠夺侵占的野心昭然若揭。

（二）狡辩侵略的“正义化”

以优秀民族自居的日本将侵华战争看作是对于衰弱民族的拯救，日本对华精神侵略被其形容为“圣战”，神圣化侵略战争的意义。在此基础上，日本不断开展“对华文化事业”，以“正义”之名实施对华文化侵略，并将其美化为一场“义举”。

第二次世界大战前，法西斯列强妄图瓜分世界。亚洲主义者陆羯南曾宣扬“王师之胜败乃文明之胜败也”①，在此基础上形成了巩固天皇统治、使其文明不断向外扩展的“圣战”论。与此同时，军国主义还联合了一直持有反战观点的基督教信徒，使其在思想上倒戈，共同支持军国主义言论。日本基督教信徒内村鉴三曾宣扬他的“义战”思想，认为日本对清朝的战争是“义战”，原因是清朝阻止朝鲜对外开放，阻碍了朝鲜的近代化进程，并且污蔑试图“帮助”朝鲜实现近代化的日本。此外，内村鉴三认为，维新之后的日本是“文明”的，而亚洲其他国家则是“野蛮”的，因此，日本侵华是“新”对“旧”的战争，是“文明”教化“野蛮”的过程，更是“文明”取代“野蛮”的历史必然。

---

① 藤原正人．国民之友 第 15 卷［M］．东京：明治文献株式会社，1967：85-86.

日本外务省于1923年3月颁布了《对华文化事业特别会计法》，以此确定庚款的主要用途为对华文化、留日学生、学术工作以及在华医疗机构等的资助工作。该法案一经颁布就受到了中国教育界、文化界的强烈反对。其根本原因在于日本所谓的“对华文化事业”的本质，就是通过在对华教育、宗教、文化宣传等方面进行一系列的严格管控，以从社会意识形态上达到日本最终称霸亚洲的目的。但日本外务省却极力否认“对华文化事业”的文化侵略性，并宣扬“超越政治”“发展东方文化”的口号，同时强迫中华民国外交部与之联合成立“东方文化事业总委员会”，推进“对华文化事业”在华的标志性项目——北京人文科学研究所的建设。北京人文科学研究所的根本功能是消弭中国教育界、文化界以及其他爱国学者的对立情绪，以此来顺利推行“对华文化事业”。1938年，日本成立了“兴亚院”等机构，并且在侵华时期创建了日语学校、同仁会等机构，建立教会，对中国有计划地实行文化渗透与侵略。日本虽然宣传发扬中华文化，提升亚洲文明，但从其建立文化团体以及宗教联盟等一系列行为来看，这不过是粉饰其丑陋面目的手段。真正的文化交流应当建立在国家间地位平等与互相尊重的基础上。而以日本为中心、以日本的利益至上的“对华文化事业”，显然并不是这样。因此，“对华文化事业”并不是一帆风顺，尤其是日本人蓄意轰炸中国图书馆、博物馆、大学、出版社的行为暴露了其侵略本质。

“七七”事变后，日本帝国主义的文化渗透、殖民宣传愈加深入，宣抚班的建立在其中发挥了十分重要的作用。思想宣传是宣抚班最主要的任务，其通过演讲、放电影、唱歌、发传单等形式向被占领地区的百姓渗透“日中一体”“中日亲善”“大东亚共荣圈”等思想。宣抚班的重要作用是对沦陷区的民众进行安抚、疏导，使“良民”乖顺并从事作战地的政治、经济、文化等工作，以弥补正式军队的不足；在烧杀抢掠之后尽量抚慰迷惑群众，用暂时的怀柔政策来骗取中国老百姓对日本殖民统治者的拥护，瓦解中国人民的反抗意志，掩藏其不可饶恕的深重罪恶。

（三）对侵略罪行进行“美化”

教育是国家的立国之本，其传承更是国家历史和文明的延续，是民族振兴的基石。因此，日本在侵华战争中将教育侵略作为一个十分重要的策略，伪装“亲善”形象，美化战争，妄图实现“大东亚共荣”的美梦。在侵略战争中，日本控制民众的思想，向大众灌输日本帝国主义的意识形态，使其成为日本侵略者的“顺民”。日本一边假意改造中国百姓，一边进行惨无人道的大屠杀，这中间蕴含“大和民族”隐秘的矛盾思维——民族优等错觉和岛国狭隘心理。

1. 日本对华教育侵略持久战：奴化教育与“大东亚共荣”

在侵华战争期间，日本在中国东北地区进行了长达十四年的奴化教育，建立了完整的伪满教育制度，并且宣扬“建国精神”，强制实行日语教育，日常奴化活动，设置“勤劳奉仕”科。奴化教育的本质是指殖民主义者为了麻痹殖民地、半殖民地人民的反抗意志，抹杀其民族精神，篡改其国家观而实施的教育，是使丧失国家主权的人民顺从地接受殖民统治，向其灌输如何做亡国奴的教育。伪满政府在中小学教育阶段的奴化教育过程中，尤其是在推广日语教材和实施日语教学、严格控制学校教师以及在学校中塑造殖民色彩浓厚的校园生活三方面体现得尤为明显，其目的是使中国民众丧失国家民族意识。日本对于通过教育对中国民众进行思想控制以及奴化的本质避而不谈，一直强调在战争期间日本教育对于中国的“客观贡献”论。日本在侵华期间实施的法西斯式愚民政策严重影响了中国百姓的思想和意识，与其在军事、政治、经济方面的对华侵略构成了密不可分的整体。

19 世纪中叶，日本出现了“兴亚论”，随后逐渐转化为日本向亚洲扩张国权的“亚洲主义”。在侵华战争时期，这种扩张性的亚洲主义又演化成了“东亚联盟”“东亚共同体”“大东亚共荣圈”等新的东亚“合作”论。“满铁”副总裁松冈洋右在 1940 年发表的《皇道外交宣言》中说：“要根据我们皇道的伟大精神，必须首先建立以日、满、华三国为一环的‘大东亚共荣圈’，然后宣布强有力的皇道，贡献于公正的世界和平的树立。”① 日本内阁首相东条英机认为要先联合德、意两国打败美、英两国，与同盟一起建立世界的新秩序。“大东亚共荣圈”从人种、文化、风俗等角度阐述中日要“协同一致”，以实现“共存共荣”，但其本质则是日本侵略邻国、掠夺资源，妄图将其变成殖民统治的蒙汗药，以使自己成为世界霸

---

① 奥村房夫．近代日本战争史第 4 编：大东亚战争［M］．东京：同台经济恳话会，1995：298.

主，并为惨无人道的侵略战争披上“文明”“合法”的外衣。时至今日，日本国内的一些右翼分子依然高举“大东亚共同体”的大旗，用“共同”掩盖“存异”，借此来麻痹和消弭亚洲人民的民族意识。

2. 日本对华教育侵略隐秘思维：优等种族自我错觉与岛国狭隘心理

日本人的民族性是充满矛盾的，美国人类学家本尼迪克特（Ruth Benedict）在《菊与刀》中说，日本人既好斗又和善，既尚武又爱美，既蛮横又文雅，既刻板又富有适应性，既顺从又不甘任人摆布，既忠诚不贰又会背信弃义，既勇敢又胆怯，既保守又善于接受新事物。[①] 日本这种优等种族膨胀心理与其岛国狭隘心理相互交错的现象，在对华侵略史中体现得淋漓尽致。

日本人迷信他们的国家，他们的皇室，他们的民族。[②] 日本是彻头彻尾的军国主义，在发动侵华战争之前就加强了对国民以及军人灌输“神选民族”的思想，对其进行洗脑。这种狂妄自大的心理逐渐在战争中演变成了毫无人性的杀戮和粉饰罪行的“宣抚”。同时，日本自然资源极其匮乏，与生俱来的民族忧患意识使其在对华侵略战争中以亡国灭种的残忍手段进行杀戮与掠夺，完全泯灭了人性的善与美，狭隘心理暴露无遗。对华侵略的日本一边是变态的杀人狂魔，一边是裹着糖衣

① 本尼迪克特．菊与刀［M］．吕万和，熊达云，王智新，译，北京：商务印书馆，2005.

② 卞崇道等．跳跃与沉重：二十世纪日本文化［M］．北京：东方出版社，1999：262.

的“东亚共荣”，正是日本“武士道”传统和“小樱花”精神的真实写照。菊残抱香的骨气和悲凉，手起刀落的果断和凶残，日本对华精神侵略也渗透着其民族性思维逻辑。

五、日本对华教育侵略目的

（一）教谕“奴化”和“皇化”，欲亡我国民精神

奴化教育是日本侵华战争中的重要工具，作为军事、政治、经济侵略的补充部分，发挥着无可替代的作用，它能以最小的投入成本完成对中国人的精神控制，达到亡我中华的目的。“奴化”与“皇化”是日本对沦陷区进行的精神控制法，意图粉饰其烧杀抢掠的罪行，对中国民众进行“宣抚”，夸大其“亲善”之举，迫使被侵略国丧失民族独立意识，忘记国仇家恨，接受日本帝国主义意识形态的“洗礼”，改变原有的生活方式、行为习惯和观念信仰。

1931 年，“九一八”事变后，东北地区沦陷，由于战乱以及日本侵略者的破坏，东北地区大部分学校关闭，学生失学人数剧增。1932 年伪满政府成立后，一面对人民进行迫害，一面又对人民进行“安抚”，“整顿”学校和教育，原有的学校均成了“排日之地方轴心”，一律被迫停办，学校教育秩序遭受到了严重的破坏。① 伪满后期虽进行了调整，恢复了东北各学校，但入学人数大不如前，东北的教育事业遭受了前所未有的重创。

---

① 胡庆祝．东北沦陷时期日本奴化教育及其危害［J］．学术交流，2012（02）：185-188.

毛泽东曾在《论持久战》一文中提到，日本帝国主义灭亡中国的政策分为物质的和精神的两个方面，在精神上摧残中国人民的民族意识，在太阳旗下，每个中国人只能当顺民、做牛马，不许有一丝一毫的中国气。伪满政权一经成立，日本关东军便制定了《对满蒙方案（第四次方案）》，规定教育必须彻底普及王道主义、民族协和的建国精神和日满融合的观念，倾注日本文化。① 平野晃等人在《大东亚共荣圈文化体制论》中提出："大东亚语言政策的理想，就是把日本作为大东亚的标准语，而各民族、各地方的语言要置于方言的地位。"② 在东北沦陷的十四年间，日本强制进行"奴化教育"，青少年每日都要背诵"建国精神"、《回銮训民诏书》等内容，还要向伪满皇宫以及日本天皇所处的方向举行遥拜仪式。青少年学生的课业内容也以日语为主，教科书也用日语编写。为了配合日本在中国侵占掠夺资源的需要，1944 年冬，伪满文教部还实行了学徒勤劳动员体制强化方针，颁布《学生勤劳奉公法》，部内专设学生勤劳奉公司，负责分配全伪满各大学及国民高等学校学生到各地厂矿进行无偿劳动，最长达半年以上，导致许多学生的身心受到了无法挽回的摧残，甚至导致一部分学生的死亡。日本的"奴化教育"行径无疑是十分卑劣的、可耻的。青少年学生自入学起就被灌输奴化思想，且刚刚步入校园的小

---

① 史丁．日本关东军侵华罪恶史［M］．北京：社会科学文献出版社，2005：549.

② 王向远．日本对中国的文化侵略：学者、文化人的侵华战争［M］．北京：昆仑出版社，2015：324.

学生毫无分辨能力，对“奴化教育”丝毫没有反抗意识，对老师所传授的内容极为信任，对老师的一言一行也毫不怀疑。日本侵略者正是抓住青少年的这一年龄特点，意图培养出一大批能为其所用的“忠顺良民”。

“奴化”意在泯灭中国人民的民族意识，而“皇化”则旨在让殖民统治地区形成日本观念。“皇化”是最终要达到的目的，“奴化”则是重要的实现手段。日本对于有抗战思想的中国教职工和学员也进行了惨绝人寰的杀戮，甚至连“嫌疑犯”都不放过，对其进行了惨无人道的迫害。即便如此，中国民众的民族意识依旧不弱反强。因此，日本只能通过歪门邪道来实现其奴化与“皇化”的目的，比如摧毁中国民众的个人意识，使青少年陷入迷茫、混沌的绝境，以达到混淆视听、真假难辨之目的，从而更好地对其进行思想控制。

（二）教唆吸食鸦片和“赌博娱乐”，欲亡我国民肉体

“九一八”事变后，日本一手建立了伪满洲国，它是日本在华发起一系列侵略战争的起源地，也是日本采用一系列“奴化”手段、进行殖民统治计划的试验场。日本在伪满洲国实施鸦片政策的特点是表面“高调”禁毒，实则私下纵毒，达成其“以毒养战”，摧残东北人民的民族精神的目的。与此同时，许多中国百姓无法面对现实的苦难，又受到教唆和诱惑，便沉溺于赌场大肆挥霍金银，这也正中日本“以战养战”、榨取民财的下怀。

1840年鸦片战争以来，中国人民一直无法忘怀鸦片为其带来的苦难，社会各界爱国正义之士也纷纷呼吁禁止鸦片在中国的流通。马克思也于 1858 年在《鸦片贸易史》中指出：中国人不能同时购买商品又购买毒品；在目前条件下，扩大对华贸易，就是扩大鸦片贸易；而增加鸦片贸易是和发展合法贸易不相容的。这一论点问世之后，又经历了半个世纪的时间，国际禁毒会议召开并签订了国际禁毒公约。在这样的国际背景下，日本依旧在伪满洲国实施其鸦片统制政策，以摧毁中国人民的肉体生命和精神灵魂。1932 年 9 月，伪满政府实行了《暂行鸦片收买法》，日伪当局随后于 1932 年 11 月设立了鸦片专卖公署，并以伪满洲国的名义颁布了《鸦片法》以及《鸦片法施行令》，这标志着伪满鸦片专卖制度的正式确立。[①]《鸦片法》中虽笼统地规定了鸦片不得吸之，但随之又列举了种种不受此限制的情况，更加坐实了日本纵毒的狼子野心。

日伪当局占据了大片良田，迫使百姓种植和生产鸦片，严重破坏人民的生计。[②] 在东北，土地就是人民的生命，而日本强行将东北作为战争的粮食后方，对其进行剥削，使农村经济陷入极其不健康的状态，与此同时，又下达种植罂粟的任务。农民为了完成日伪的命令，不得不利用良田来进行罂粟种植，这种与粮食种植争夺土地的情况，使原本就处于悬崖边缘的经济状况更加岌岌可危。

鸦片不仅侵害了人民的生计，也在掠夺人民的生命。在旧

---

① 赵朗．揭开日本对华鸦片侵略的面纱［N］．中国社会科学报，2014-05-16（A07）．

② 王文佳．日本在伪满洲国推行的鸦片统制政策与毒祸［J］．历史教学（下半月刊），2015（11）：30-35．

军阀统治时期，鸦片是一种“奢侈品”，只有达官贵人才有资格享用。而在日伪政府的引导教唆下，各地纷纷开设烟馆，无论是政府要员，还是一介草民，无论是富甲一方的富豪，还是穷困潦倒的流民，均可自由出入鸦片馆体验醉生梦死，鸦片吸食者成倍增加。鸦片吸食者的下场均十分悲惨，大多倾家荡产、痛苦而亡。许多走投无路的鸦片上瘾者不得不走上抢劫、凶杀、卖淫、坑蒙拐骗、落草为寇的道路，进而引发了一系列更为恶劣的社会问题。

鸦片政策一方面毒害了中国人民的身体与意志，使染了毒瘾的人逐渐丧失反抗精神，造成社会生产力的大量流失以及随之而来的大量社会灾难；另一方面配合日本在华的军事、政治、经济政策，助长其侵略实力，为日本占领中国开辟道路。

（三）教育攻心助力军事侵略，欲亡我中华民族

日本帝国主义扶植的傀儡政权“满洲国”不仅对中国东北地区进行了直接的侵略和奴役，还在东北开展了日语教育，借口改造中国，推行奴化教育，妄图控制东北民众的思想，麻痹东北民众的反抗意识。日本认为攻打中国无异于“虎狼驱赶羊群、疾风席卷落叶”，企图通过割地赔款等方式沉重而残酷地打击中国，使之不能东山再起，使中国“永不翻身、永不复仇”，充满了法西斯式的霸道和疯狂的强盗逻辑。杀人终究不是目的，颠覆国家主权、侵占领土和资源才是日本侵略者的原意。

1932 年 3 月 1 日，伪满洲国《建国宣言》中陈述了奴化教育方针：“教育之普及，则当惟礼教之是崇。实行王道主义，必使境内一切民族，熙熙皞皞，如登春台，保东亚永久之光

荣，为世界政治之模型。”日本人提出这样的教育方针，其根本目的是将日本天皇固有的“王道”之治作为一种思想注入东北民众的意识中去，使殖民统治地区与宗主国在文化上形成同构。① 以此理论为基础的伪满教育，只能成为日本教育的翻版。

1931年“九一八”事变后，由于事态发展迅速，日伪当局下令先用四书五经充当教材，并快速组织人员编写教材。这批教材扭曲历史，美化侵略者形象，灭亡东北民众民族性，妄图使中国百姓成为信奉“建国精神”的“良民”与“顺民”。在伪满洲国的历史教材中，伪满洲国与中华文明被恶意分割开来，拥有独立性，并将日本侵略中国的恶行粉饰成反击沙俄侵略的正义之战；在伪满洲国的地理教科书中，则介绍有关伪满洲国的自然环境、气候以及日本等相邻国家的情况；修身课则更是如此，删除了一切有可能使人民觉醒的内容，这均是为了使青少年学生只知伪满洲国而不知中国。伪满时期的中小学校被日本掌控，无法自主选择教科书，只能使用日伪提供的教材。不仅学校如此，教员亦是如此，一举一动均在日本人的监视之下。教员要定期接受“品行考察”，此测试主要考察教师是否忠于日本精神，是否懂日本语以及是否信奉“建国精神”等。此外，学校还要接受日本人的渗透，他们通常居于学校的领导地位，并且承担监察任务，一旦发现有反日倾向的教师，

---

① 杨晓．试析东北沦陷时期伪满教育方针的殖民文化特征［J］．教育科学，2012，28（05）：79-86.

便立即上报伪满政府。在此期间，无数爱国教师遭到迫害，而其余教师也被迫成为日本推行奴化教育的工具。

伪满政府于 1937 年颁布新学制后，又改汉语称谓为“满语”，国语不仅包括“满语”，还包括日语与蒙古语。① 伪满政府规定，日语为任何学校都必须设立的科目，且课时占比要高于汉语。在日语课上，学生也只能使用日语进行交流，如使用了“满语”，则被视为对教师的不尊重。学校奖励学生使用日语，并举办日语演说、演艺会等活动，使日语教学在学校课程中占据绝对优势，进一步深化了奴化教育。

中国人向来以团结友爱、互相尊重为交往守则，学校作为社会的缩影则更是如此。但在伪满中小学校中，低年级学生见到高年级学生要主动鞠躬敬礼，如果产生了冒犯行为，则高年级学生可以对低年级学生进行殴打。日本“神道”思想也被强加于东北民众头上。每天早上六点，市内中小学校学生要齐聚进行仪式，升日本国旗，唱日本国歌，再升伪满国旗，唱伪满国歌；接着向伪满宫城遥拜，向天皇所在方向遥拜，举行典礼时还要向溥仪与日本天皇的“御像”行礼，使学生实现日满“一德一心”。每晚学生要反省自身一天的行为，结束后方可休息。这种“自省”使学生每天都在重温奴化教育的内容，诱导他们成为顺从日伪政府的“良民”“顺民”。

“以铜为鉴，可正衣冠；以古为鉴，可知兴替；以人为鉴，

---

① 党春艳．浅谈伪满时期东北中小学的奴化教育［J］．兰台世界，2014（07）：82-83.

可明得失。”日本对华精神侵略具有内隐性和伪装性，殖民统治教育对于青少年的身心造成了极大压迫，成为日本进行领土扩张的文化武器。“以史为鉴，着眼未来”是中日未来的相处之道，在正视历史事实的基础上，在新的时代背景下，要弘扬和继承中华民族精神，时刻警惕日本军国主义复苏，维护东亚地区的繁荣与和平发展。①

① 本章内容主要源于：李广．日本对华教育侵略的行动脉络、扩张逻辑与奴化手段［J］．东北师大学报（哲学社会科学版），2017（05）：180-184；李广，孙玉红，陈飞．日本对华教育侵略：历史事实与隐秘逻辑［J］．外国教育研究，2017（09）：118-128.

第二章

精神控制：伪满奴化教育的历史警示

古往今来，教育传承一个国家的历史和文化，是一个民族振兴的基石，故日本在侵华时期将教育侵略作为侵华重要策略，在中国东北地区实施了长达十四年的奴化教育。日本在中国东北实行的奴化教育是日本侵略和统治中国东北的重要手段，也是日本侵华罪恶史的重要铁证。所谓奴化教育是指亡国奴化教育，是殖民主义者麻痹殖民地、半殖民地人民的反抗斗志，抹杀其民族精神，篡改其国家观而实行的教育，是使丧失国家主权的人民顺从地接受殖民统治，向其灌输如何做亡国奴的教育。① 日本侵略者对中国东北实行的伪满奴化教育有其隐秘行动脉络，其奴化教育政策始终随着政治统治、军事侵略等形势的变化而调整，从而使其符合侵略需求。因此，日本在伪满洲国推行的奴化教育无疑是配合其在中国的军事、政治和经

---

① 王智新．日本の植民地教育・中国からの視点［M］．东京：社会评论社，2000：46.

济侵略的一种隐蔽狡猾、阴狠毒辣、伤害性久远的手段。为了以史为鉴、继往开来，构建人类命运共同体，压制日本少数右翼势力的叫嚣，研究伪满奴化教育的客观事实和隐秘逻辑具有重要的理论和现实意义。

伪满奴化教育史不仅是中国东北现代教育史的一部分，更是中国现代教育史的重要一部分。在长达十四年的侵略过程中，日本在中国东北建立起完整的奴化教育体制，进行精神渗透和思想腐蚀，企图麻痹、控制东北民众思想，使东北民众丧失国家民族意识，成为日本侵略者的“顺民”。“教育曾经作为政治的延续、军事的后援，在日本侵华战争中充当了重要的工具，现在又被日本右翼势力处心积虑地用来歪曲历史、美化侵略战争、美化殖民统治。”① 研究伪满奴化教育客观事实，揭露伪满奴化教育在和平谎言和伪善面纱掩盖下的隐秘逻辑，以警惕教育侵略危害的长期性、潜隐性以及偶发可能性，防止日本军国主义复生和滋长。此外，更应重视伪满奴化教育史料的搜集、整理与研究工作，揭露日本在伪满洲国奴化教育的本质，批判日本右翼分子掩盖、美化侵略历史的行为，推动历史教育与爱国主义教育融合，激励国人牢记历史，砥砺前行。

一、伪满奴化教育的侵略罪行

（一）日本企图控制中国教育蓄谋已久

日本对外侵略扩张思想可追溯到远古时期，在日本《古事

---

① 宋恩荣，余子侠．日本侵华教育全史 第一卷［M］．北京：人民教育出版社，2005：6.

记》与《日本书纪》描写的神话中，日本第一代天皇神武天皇提出“八纮一宇”口号，企图征服世间的四面八方并将之纳入自己的统治范围。神功皇后“征伐三韩”的传说也是日本统治者歌颂的对象。日本战国时代大将丰臣秀吉在统一全国后，企图先征服朝鲜，继而征服中国，最后征服印度。丰臣秀吉于1592年派遣15万大军入侵朝鲜，企图通过朝鲜进入中国。在朝鲜和中国的抵抗下，日军陷入绝境，被迫撤军。但丰臣秀吉侵略野心不死，在1597年又派兵14万侵略朝鲜，最终又一次陷入困境，次年丰臣秀吉病死。17世纪六七十年代，日本著名学者山鹿素行倡导“日本主义”，主张建立以日本为中心的国际秩序。江户时期日本著名的国学大师本居宣长反对儒学，宣扬日本国学，进一步深化发展了山鹿素行的“日本主义”。吉田松阴“失之于欧美，补偿于鲜满”的侵略扩张思想对明治维新后日本确立对外侵略扩张政策产生了深刻影响。之后日本国内发展起来的对外扩张思想都继承了上述主张。①

日本企图控制中国教育也蓄谋已久。自1868年明治维新以来，日本将忠孝道德统一于皇权，开始走上军国主义道路并继承丰臣秀吉的对外侵略思想，对邻国尤其对中国的觊觎、垂涎昭然若揭。明治政府刚成立就在“天皇谕告”中公然叫嚣要“开拓万里波涛，布国威于四方”②。此后，明治政府遂通

---

① 赵阶琦．日本军国主义对外扩张野心的形成与膨胀［J］．日本学刊，2005（04）：20-32.

② 信夫清三郎．日本政治史 第二卷［M］．周启乾，吕万和，熊达云，译．上海：上海译文出版社，1988：157.

过“征韩论”、吞并琉球、出兵中国台湾，开始了近代日本的对外侵略扩张。为了协助军事侵略，日本先后成立东亚会和同文会，建立汉语学校，研究中国问题。1898 年，东亚会和同文会合并为东亚同文会，东亚同文会打着保全中国的旗号为日本侵华教育出谋划策，直至战后的 1946 年 3 月，此文化侵略机构才被解散。在文教方面，日本政府还拉拢清政府，大量接收中国留学生并向中国派遣大量日本教习人员。“向老帝国派遣受我国感化之新人才是将来在东亚大陆植入我国势力之长久大计……使中国官民信赖日本之情较往昔增加二十倍，且可无限量地扩张势力于大陆。”① 这些政策为“日本将来在战胜地区发展教育”② 打下基础。这一时期，日本假借“提携”中国进步，将侵略魔爪向教育领域渗透，企图逐步掌握并控制中国教育。

日俄战争后，日本战胜俄国并取得俄国在旅顺大连的特权，日本军国主义思想更加膨胀。为实现“东亚霸主”的春秋大梦，日本逐渐暴露出“灭亡中国”的野心。加上当时受世界经济危机的影响，日本国内矛盾严重激化，日本侵略者企图借对外扩张来转移国内视线，缓和国内逐渐激化的矛盾。1931 年，日本蓄意发动“九一八”事变，之后中国东北沦为日本的殖民统治地区。1932 年 3 月 1 日，日本帝国主义在长春

---

① 河村一夫．駐清公使時代の矢野竜渓氏［J］．成城文芸，1967（46）：68-69.

② 齐红深．日本对华教育侵略：对日本侵华教育的研究与批判［M］．北京：昆仑出版社，2005：6.

操纵炮制了“满洲国”这一傀儡政权，由清朝末代皇帝溥仪“执政”，从此开始了对中国东北长达十四年残暴的殖民统治。成立伪满洲国后，日本帝国主义一方面忙于武力镇压中国爱国抗日力量，另一方面开始着手控制中国东北的教育，企图通过在伪满洲国推行奴化教育来麻痹中国人民的民族意识，使中国东北民众完全成为日本侵略中国的“工具”。

（二）伪满奴化教育目的

1. 肃清进步思想，强化奴化思想

从教育的社会阶级属性来看，教育要服从于统治阶级。日本侵略者在中国东北实施的奴化教育、野蛮“攻心”策略是为其侵略目的服务，是为了肃清中国东北民众的民族观念和抗日意识，愚化东北民众，培养为日本帝国主义服务的汉奸和走狗，最终达到“亡我中华、占我河山”的目的。侵占东北后，为肃清东北地区反满抗日等爱国主义进步思想，进而强化奴化思想，日本侵略者很快开始从教科书和教师两方面入手，通过对教科书进行渗透、控制被迫留下的教师来控制东北的教育，企图泯灭东北地区民众的抗日意识。

基于伪满洲国《建国宣言》中的“教育之普及，则当惟礼教之是崇。实行王道主义”原则，1932 年 3 月，伪满国务院颁布了第二号“院令”，规定“嗣后各学校课程暂用‘四书’、《孝经》讲授，以崇礼教，凡有关党义教科书等一律废止”①，废除一切与伪满洲国“建国精神”相悖的教科书以肃

---

① 国务院总务厅情报处．满洲国大系第十九辑 文化篇［M］．1934：3.

清进步思想传播，利用封建道德思想和“王道”精神奴化民众。伪满洲国成立初期并未来得及编撰新教科书，为减轻东北民众对日本侵略者的抵抗情绪，日本侵略者利用封建道德思想和“皇道”精神掩盖其殖民统治地区奴化教育丑恶的嘴脸，颁布以“重仁义、讲礼让，发扬王道主义；对于人民生活方面，力谋其独立安全；交谊方面，崇尚自重节义；而对于世界民族，以亲仁善邻共存共荣，以达于大同”① 为宗旨的教育方针。在这一方针下隐藏着日本侵略者企图麻痹、奴役东北民众思想的阴险目的。后期伪满民生部编撰的教科书多包含“建国精神”“民族协和”“满洲帝国”② 等奴化思想。具有爱国主义的教师受到伪满政府的逮捕和迫害，行踪不明。为利用被迫留下来的中国教师，政府对他们进行“建国精神”“国内事情”“国际关系”以及经学等方面的培训，以确保王道精神的彻底实施和奴化教育的顺利推行。③

2. 为侵华战争助力

日本侵略者企图通过奴化教育为侵华战争助力。1937 年日本发动“七七”事变，开始对中国进行全面侵略，随着对东北地区侵略程度的加深，日本侵略者开始大肆掠夺、开发东北战争资源。为了进行战争补给，日本军国主义推出“以战养

---

① 国务院总务厅统计处．满洲帝国年报第 2 次第七编［M］．1936：6.

② 民生部．国民优级学校满语国民读本 第一卷［M］．新京：满洲图书株式会社，1938.

③ 小谷野邦子．「満州」における教員養成［J］．茨城キリスト教大学紀要社会科学，2011（45）：245-259.

战”策略，开始对伪满洲国施行“产业五年计划、开拓移民计划和北边振兴计划”三大国策。执行这些政策需要大量的劳动力，于是丧心病狂的日本侵略者于1937年5月颁布了“新学制”，“新学制”规定“满洲国教育的根本目标在于使民众体会‘日满一心一德’不可分和民族协和精神，把握体会国家观念和国民精神，以期养成忠诚奉公、牺牲奉仕的国民。而培养忠良国民的方法在于涵养国民精神、陶冶德性、锻炼强健身体、涵养强大活动和授予以实学为基础的知识技能”①，强调要“遵照建国精神及访日宣诏之趣旨，以咸体会‘日满一心一德’不可分之关系……涵养旺盛之国民精神，陶冶德性，置重于国民生活安定之实学，授予知识技能，更图保护增进身体之健康，养成忠良之国民为教育之方针”，“注重劳作教育，培养爱好劳动之精神，以期不陷于偏知识之弊”，“重视实业教育或实务教育，使初等教育与之有密切联系，使中等及高等教育则以依此行之为主”。② 为此，日本侵略者缩短学制，减少知识科目的授课时间，增加大量的实务课，增加实务终日实习和教练、体练等终日训练的天数。由此可以明显看出，日本侵略者实施的奴化教育完全是在培养具有初级文化水平、能够从事简单工作且身强体健的劳动力，以为其侵略中国服务。这种教育培养的拥有牢固“国民精神”、强健体魄和实学技能的

---

① 东京文理科大学东京高等师范学校纪元二千六百年记念会．现代支那满洲教育资料［G］．东京：培风馆，1940：401-402.

② 东北师范大学教育系．伪满奴化教育［M］．长春：东北师范大学出版社，1951：20-21.

忠良健全“国民”，实质是任由日本支配、能从事简单工作且身强体健的侵华工具。显然这种教育政策是为日本侵华战争服务的战时教育政策。

（三）伪满奴化教育制度

1. 重组伪教育行政机构，篡改教育内容

日本侵占中国东北后，重新组建一系列奴化教育行政机构。最初在伪国务院下设伪民生部“文教司”掌管奴化教育事务，此外还特设培养伪满官吏的“资政局训练所”，直接归属于伪国务院“总务厅”。日本侵略者对东北的统治逐渐稳定后，为进一步加深奴化教育、实施愚民政策，于 1932 年 7 月将中央机构“文教司”升级为“文教部”，“文教部”大臣掌管教育、宗教、礼俗以及国民思想相关事务，“文教部”下设“总务”“学务”“礼教”三司和“编审官室”，此外还设“督学官”，视察、监督学务实施情况。在地方，各省设置“教育厅”（“兴安省”为“文教科”）、县级设置“教育局”、特别市设“教育科”，分管教育事务。①

为集中人力物力为日本侵略战争服务，日本侵略者在中国企图实施战时体制。1937 年 7 月 1 日，日伪对伪满洲国的行政体系结构进行改革，这是伪满洲国成立以来第一次彻底的大变动。其中伪满教育机构也随着“中央行政机构”的改革而大为缩小。在“中央”层面取消“文教部”，在民生部内设“教

① 国务院总务厅统计处．满洲帝国年报第 2 次第七编［M］．满洲统计协会，1936：4.

育司”与“社会司”，分别掌管学校教育与社会教育等事项。在地方层面取消了之前的“教育厅”，而是在“民政厅”内设“文教科”或设置“国民教育科”“高等教育科”。取消市县的“教育局”，改设为“教育科”，或在“行政科”内设“教育股”。在教育人事上，“教育司长”以及各省的科长皆为日本人，仅较小省份的“文教科长”由汉奸担任。1938 年 1 月 1 日才开始执行新的教育行政机构，主要是因为日本帝国主义将其全部力量置于经济掠夺与“国防计划”上，故而缩小教育机构，以最少的人力物力来收其奴化教育之效。①

1943 年 4 月，日伪政府为配合“非常时期下的总力战方针”，进一步强化战时教育体制，又一次对教育行政机构进行改革。日伪政府再一次将“教育司”升为“文教部”，其目的是在战争条件下“刷新文教，振兴民生”，强化中央行政机构以发挥其领导作用。新设的“文教部”包括“官房”“学务司”“教学司”“教化司”。1940 年伪满文教部根据溥仪第二次访日归来颁发的《国本奠定诏书》重新制定了“神道教育”的教育方针。在这一时期的教育方针中，“王道”“皇道”让位于“神道”，日伪利用“惟神之道”向东北青少年灌输日本盲目崇拜天皇的思想意识。这次“神道教育”方针的提出强化了“建国精神”“实务教育”“勤劳训练”以及“军事训

---

① 东北师范大学教育系．伪满奴化教育［M］．长春：东北师范大学出版社，1951：28-35.

练”的内容，其实质是更加彻底的殖民奴化教育。①

为培养投身对华侵略工具，使教育彻底服务于对华全面侵略，日本殖民统治者在殖民统治地区通过更改教育体制方式来培养“忠君爱国”的移民子弟和“忠良之国民”，从而使教育符合对华侵略的升级局势。日本殖民统治者通过“思想战”大力宣传军国主义教育，培养日本移民子弟和殖民统治地区民众的“圣战”信念，并通过加强精神灌输、推行军事训练、倡导“勤劳奉仕”、强调实务教育、变更考试制度等方式，来实行有利于对华侵略和殖民统治的教育体制。② 为配合新的教育体制实行，日本殖民统治者采取设定统治方针、重置课程结构、改变教育内容、严审教材编写、强化“道德”教育等方式来强化对华侵略教育体制的落实，从而实现对殖民统治地区的精神控制，使殖民统治地区彻底沦为日本侵华的试验场，使日本子弟投身侵华“圣战”，将殖民统治地区的中国民众“转化”成日本良民。

2. 压制高等教育

在日本侵占东北初期，日伪为彻底奴化民众思想，开始压制高等教育，打压、禁止爱国青年的抗日救国活动。日伪以“滥立专门学校和大学三十多处，致教育失衡，由于放任教育自由，假装政治家的学生辈出，作军阀政权手足而活动，狂奔

---

① 宋恩荣，余子侠．日本侵华教育全史 第一卷［M］．北京：人民教育出版社，2005：116-118.

② 齐红深．日本帝国主义在我国东北推行殖民教育的本质特征［J］．教育评论，1996（01）：51-53.

排日”为借口，要求“对于高等教育，特别抱着慎重的态度……赶快封闭旧政权时代的高等教育机构”。① 事实上就是取消了高等教育制度。此外，还不准东北青年接受高等教育，严格限制东北青年到关内上大学。其中伪滨江省公署曾向各县发出通令：“各县现在仍有多数在中国留学生，殊深遗憾，溯我国建国以来，实施王道教育，与彼中国教育旨趣显有不合，身为学生及其家长，于此自能明了，而尤狃于旧习，故蹈非理……今后在中国方面于建国后留学卒业之学生，一律禁止采用。”② 由此，中国东北青年接受高等教育的机会完全被剥夺了。

这一时期不少民国时期的大学被摧毁，直至1936年4月，日伪才开始在沈阳建立第一所高等教育机构——高等农业学校。日伪政府非常重视对高等教育的控制管理，颁布了一系列大学法规，并规定将大学缩短为三年，仅工科和医科大学为四年。自1938年“大学令”实行后，一般高等教育机构改为“大学”，原“司法部”的“法学校”改为“法政大学”，归“民政部”管辖。为断绝东北有志青年与关内联系，日伪禁止学生到关内上大学，唯恐东北学生有反满抗日之心，不允许采用在关内“留学”的毕业生，并强迫“留学”内地的学生回到伪满洲国。此外，日伪为防止学生留学思想进步，也逐渐限

① 皆川豊治．満洲国の教育［M］．満洲帝国教育会，1939：190.

② 东北师范大学教育系．伪满奴化教育［M］．长春：东北师范大学出版社，1951：32-33.

制并禁止中国东北学生前往日本留学。

3. 制定“新学制”

为强化日本帝国主义对东北教育的统治，1937年5月，伪满政府公布“新学制”。新的《学制要纲》包括六部分内容，分别是：（1）教育方针；（2）学校教育要纲；（3）学制起草上之要点；（4）学校教育之分类与其目标及学校之种类；（5）学校要纲；（6）学校体系。[①] 新学制将学校体系分为三个阶段和两个部门，三个阶段指初等教育、中等教育、高等教育，两个部门指师范教育和职业教育。日本侵略者尤为重视初等教育，因为奴化教育是“置重点于幼少年之国民教育”，所以教育年限并未发生改变，初等教育仍沿用以前的“四二制”，前四年改为“国民学校”，后两年改为“国民优级学校”，每阶段都设有专科，实施所谓的实务教育。另外还在穷乡僻壤设置“国民学舍”和“国民义塾”，以达到普遍奴化的效果。为降低中国东北青少年的文化水平，伪满政府将中等教育年限由之前的六年缩短为四年。“学制起草上之要点”规定“在学校体系上教育之修业之年限力使缩短，以期适应民度与文化等，谋教育内容之充实”[②]，而其实质是重视实业教育和实务教育。

为缓和与东北民众的矛盾，日伪后期设立了大学体系，其

---

① 宋恩荣，余子侠．日本侵华教育全史 第一卷［M］．北京：人民教育出版社，2005：103.

② 满洲帝国教育会．满洲教育 第三卷第六号［M］．新京：满洲图书株式会社，1937：3.

修业年限一般是三年。日伪政府基于“考究学术蕴奥之研究机关，将来于必时设立之”的方针设立了大学，但所设大学只不过相当于高中或专门学校的水平。关于设立大学的目的，甲级战犯星野直树在演讲中说：“满洲的教育……使一般的大学都培养国家实用人才。即是说，相对于学术研究，更注重养成实用人才为中心，使每个人在社会生活中能够尽他自己的职分。”① 基于此，设立了“师道大学”“法政大学”“哈尔滨学院”等。当时伪满洲国设立的大学多是自然学科学校，如“工业大学”“农业大学”“医科大学”等，从这些大学的设立可看出其目的在于培养协助日本侵略者掠夺、开发东北资源的“人才”。

为吸引未能继续读国民优级学校的国民学校毕业生，日伪政府设置了职业教育。实施职业教育的机构是职业学校，是“新学制”的一个部门。其目的也是培养为日本侵略东北服务的“劳动力”。“师道大学”实际上是为了降低师资的质量而设的。设立的“师道学校”只招收“国民高等学校”三年级毕业的学生，教授一点教师专业知识，使培养出来的低水平教师为伪满奴化教育服务。因此，师范教育并不是为了提高教师能力，而是通过“师道特修科”加强教师的奴化思想教育，降低师资水平，以达到其奴化教育的目的。职业教育主要招收接受过初等教育的学生，教授他们简单的职业技能，以补充日

① 满洲帝国教育会．建国教育讲演集 1［M］．新京：满洲图书株式会社，1939：11.

本掠夺资源所需的劳动力。

（四）伪满奴化教育内容

1. 宣扬“建国精神”

伪满政权建立后，日本侵略者大肆宣扬伪满“建国精神”。新颁布的“新学制”将精神教育放在首位，“建国精神”的内容不是固定的，而是随着时局的变化而变化。初期为缓和东北民众对伪满洲国的抵触，“建国精神”的教育内容主要是宣传“日满一心一德”“民族协和”和“王道”等奴化思想。1932年日本关东军拟定的《满洲国的指导要领》规定“必须彻底普及王道主义、民族协和的建国精神和日满融合之观念，倾注日本文化，排挤三民主义和共产主义，弹压赤化的侵略，教育应首先完成普通教育，高等教育要遵循实科主义，宣扬宗教自由，但必须肃清邪教”。1935年溥仪访日回来后发布《回銮训民诏书》，鼓吹自己与日本天皇“精神一体”，学生也被迫诵读该诏书相关内容。1936年7月13日，伪文教部训令第五十六号《关于建国精神普及彻底之件》规定：“为令遵事查我国教育以建国精神彻底普及于国民，而资其实现为本义。即以各族协和与友邦日本‘一心一德’以完成王道政治，安定国民生活，实为教育之根本目标。”①

1937年颁布的“新学制”同样强化精神教育，在课内课外都将精神教育放在重要位置，尤其是教授日本的“皇道”

---

① 满洲帝国教育会．满洲帝国文教关系法规辑览 上卷［Z］．东北师范大学图书馆藏，1937：159.

“神道”“民族协和”以及“建国精神”等奴化内容。其中《学制要纲》规定伪满教育方针为“遵照建国精神及访日宣诏之趣旨，以咸使体会日满一德一心不可分之关系及民族协和之精神，阐明东方道德，尤致意于忠孝之大义，涵养旺盛之国民精神，陶冶德性，并置重于国民生活安定上之必须之实学，授予知识技能，更图保护增进身体之健康，养成忠良之国民”。1940 年日本侵略者在中国东北兴建“建国神庙”，宣扬“唯神之道”，将“建国精神”作为重要的奴化教育内容，把初等教育的“国民”科和中等教育的“国民道德”科直接改为“建国精神”科，此外还将“建国精神”内容渗透到不同阶段教育的各个科目，力求奴化之彻底。

2. 强制日语教育

语言同化是日本对华进行文化同化、实施奴化教育的重要基础。基于此，日本殖民统治者在殖民统治地区大力推进日语普及，并以推行日语教育作为克服语言障碍、传播日本文化、强化亲日意识、渗透文化殖民、奴化国民精神的重要手段。为实现这一目的，日本殖民统治者在中小学校、高等学校设置初级至高级的日语课程，专门编写日语教材，传授各类亲日歌曲，甚至用日语取代汉语编纂教材、进行授课，并将日语作为学校教育的公用语言。在社会教育领域，日本殖民统治者大规模开办日语学校，广设日语讲习班，通过与学校教育相辅相成的方式来推进日语普及，从而达到以殖民统治者的日语来代替殖民统治地区的汉语的目的，进而更有利于日本的对华文化渗透和文化殖民。这一系列行为明显暴露出日本帝国主义对华进行教育侵略和文化殖民的意图，昭示出日本军国主义利用教育服务军事侵略、培植侵略工具的险恶目的。日本殖民统治者妄图通过教育侵略来瓦解我民族精神、肢解我民族文化、奴化我民族气节，从而灭我中华、占我河山，但遗憾的是，他们最终都没有领悟到中华文明源远流长、中华民族生生不息的原因所在。

关于日语教育，日本文部省钉本久春认为“对异民族进行日语教育或对异民族社会进行日语普及、渗透之事业在我国对外文化工作中占有极其重要的位置”①，东京女子大学教授、日语教育振兴会常任理事西尾实认为“大东亚战争实际上是思想战，思想战的先卒是语言，后方阵地的先卒也是语言，完成大东亚战争的关键在于向大东亚地区普及日语”②。因此，日语被视为伪满奴化教育的基础，日语教育成为伪满奴化教育的重要政策。1937年5月，伪文教部颁布《学校教育纲要》，强制推行日语教育，将日语作为必修科目纳入奴化教育体系。“新学制”实施后，日语被强制列为伪满洲国的“国语”之一，“满洲国的实际情况是：初级教育和中等教育都是以日语为中心的教育，日语是否合格关系到学生的升学甚至左右学生的出世”③。

① 钉本久春．日本語教育の基礎［J］．日本语2（9），1942（09）：4-13.

② 西尾实．日本語總力戰體制の樹立［J］．日本语3（1），1943（01）：20-22.

③ 森田孝．満洲國の國語政策と日本語の地位［J］．日本语2（5），1942（05）：80.

3. 日常奴化活动

为将奴化教育思想深深根植于学生脑中，日本侵略者采取潜移默化的形式将奴化教育渗透到学生的日常生活。伪满洲国以法令的形式规定“元旦‘万寿节’‘纪元节’‘建国节’‘天长节’、访日宣召纪念日、‘明治节’以及开学和毕业典礼为‘式日’（节日），‘式日’要举行‘式典’（集会），‘式典’时要集体对‘御影’行最敬礼、向日本皇宫方向‘遥拜’、合唱‘国歌’和日本国歌、校长宣读《回銮训民诏书》、对‘日满’国旗行最敬礼”①。此外，学校校长有权根据学校情况增加“式日”，“式典”期间学生必须立正、认真恭听，不然就会遭到毒打。在伪满协和会的鼓动下，伪满政府颁布了“建国体操”训令，规定“建国体操”纪念日，学校在纪念日进行以下流程的行事：先升日寇国旗，唱日寇国歌，其次升伪满国旗，唱伪满国歌；宫城遥拜，使学生向东行最敬礼，其次皇居遥拜，使学生向东南行最敬礼；做建国体操两回；国旗降下，先降日寇国旗，后降伪满洲国旗，解散，使学生实行日满一德一心。

1940年，溥仪第二次访日归来后带回了日本的“天照大神”，将“天照大神”奉为“建国元神”，在“帝宫”旁修建了“建国神庙”以祀之。并在之后颁布的《国本奠定诏书》中说：“敬立建国神庙。奉祀天照大神，尽厥崇敬，以身祷国

---

① 满洲帝国现行法令类纂 第5卷改版［M］. 大同印书馆，1941：129.

民福祉，式为永典，令朕子孙万世祇承，有孚无穷。”于是日伪开始在东北地区广建“神庙”，祭拜“天照大神”。而且还在各个学校院内建设小型庙，供奉“天照大神”，使教员学生每过必拜，每日朝会唱“国歌”、读国民训，学校行典礼时，读《国本奠定诏书》。1945 年，伪文教部成立了文教审议练成所，按期召集全伪满国民学校及国民高等学校职员到练成所受训练，每期两个月（按照教员不同文化程度可延期到四个月）五十人，专门训练唯神之道。

4. 设置“劳作教育”

为强迫东北民众为侵略战争服务，日伪政府设置军事训练与勤劳奉公科。为缓解日本侵略者劳动力不足问题，日伪于 1938 年颁布了《劳动统制法》。在教育上日本侵略者强调“实务教育”，施行战时教育措施，强化对学生的军事训练。1940 年 12 月，日伪当局规定：“在国民高等学校、师道学校、师道高等学校、职业学校等增设教练科，在中等以上的学校普遍实行军事训练，以‘培养至诚至忠之精神’，‘提高国民资质，增强国防能力’。”① 太平洋战争爆发后，日本侵略者为强迫东北民众负担劳役，先后颁布《国民勤劳奉公法》和《国民勤劳奉公队编成令》，强制东北民众进行奴役劳动。在学校，日本侵略者强迫学生参加与教育无关的体力劳动，以学生毕业为要挟条件，逼迫学生组成“勤劳奉公队，从事生产、修理、运

---

① 齐红深．日本对华教育侵略：对日本侵华教育的研究与批判［M］．北京：昆仑出版社，2005：57.

输、通信、卫生救护、土木建设、警备”① 等与学业无关的劳役，为日本开发、掠夺资源服务。

1942 年 12 月，伪满政权公布《学生勤劳奉公令》，将“勤劳奉仕”列入授课科目。1944 年春，伪满文教部嘱托日寇伊藤大佐专门监督各大学、中等学校的军事训练，使各个学校配属军官的训练科目得以强化。1944 年秋，召集各大学学生两万人作大演习一次，实行野营、阅兵、分列式，伪满文教部按作战时体制进行军事演练。设置军事训练科的实质是企图将东北青少年学生训练成战争炮灰的预备军。1944 年冬，日伪政府公布《学生勤劳奉公法》，伪满文教部内设置学生勤劳奉公司。其中国民学校学生约一百万人（全学生的半数），在地方各省市机关酌量勤劳奉仕。伪满文教部发布学生勤劳奉仕规程，指示勤劳奉仕范围与管理方法，然而实施的结果却是各厂矿没有安全设备、没有卫生设备（连口罩都没有）。② 长期强制性的过重劳役，不仅占据学生受教育时间，而且对他们的身心健康造成严重伤害。

（五）伪满奴化教育实施

1. 破坏文教传统

“九一八”事变后日本占领中国东北初期，在忙于军事侵略、武装镇压、积极策划伪政权外，日本帝国主义还破坏并摧

---

① 厚生省职业局．国民勤劳报国协力令解说［M］．职业协会，1941：5.

② 中央档案馆．伪满洲国的统治与内幕——伪满官员供述［M］．北京：中华书局，2000：324-325.

毁了东北地区原有的一些学校，以期消灭东北民众的民族意识，甚至曾下令停办所有学校，导致所有学校被关闭。此外，还通过血腥的镇压手段迫害东北地区广大爱国师生，企图从肉体上消灭他们的民族意识和革命思想。总之，这一时期日本侵略者对东北原有文教事业进行了彻底的摧毁，妄想根除东北地区的爱国主义民族意识，为其建立伪满政权进行经济掠夺服务。直到1932年日伪政权建立后，日本侵略者改变了对文教事业的管制方法，企图通过教育来奴化人心，遂着手在东北地区发展殖民统治教育和奴化教育。①

任何一个国家的民族教育体系都是基于其历史文化传统而建立的，这作为不争的事实也为日本殖民统治者所洞悉。因此，大肆破坏中国东北文教传统、削弱对抗阻力成了日本对华推行奴化教育的前提。日本在殖民统治地区通过宣传“中日亲善”“文化融合”等方式来割裂殖民统治地区文化与中华民族传统文化的内在联系，企图让殖民统治地区的文化及教育失去民族根基、游离于民族文教传统之外，以便输入其殖民文化。同时，为实现殖民统治教育的顺利推行，日本殖民统治者依托军事侵略在殖民统治地区成立日伪政府，建立日伪政权，借此严控文教事业大权，设立殖民统治教育行政机构，并通过制定一系列奴化教育法令、规章来保证教育殖民的有效实行。在这一过程中，破坏中国东北文教传统、操控教育权力成为日伪政

① 宋恩荣，余子侠. 日本侵华教育全史 第一卷［M］. 北京：人民教育出版社，2005：81-82.

府推行奴化教育、开展教育侵略的两项互补举措，前者能够颠覆殖民统治地区长期稳定的文教事业，后者则通过教育权力的操控来强推殖民统治教育，从而在传统与现实上彻底为其教育侵略扫清障碍。

2. 设置奴化课程

在“九一八”事变后，日本侵略者对初级小学的课程并未统一规定，主要设置有修身、国语、算术、作业、体操、音乐、图画等七科，课时分配仍依旧制。其中修身课教材使用封建经学教材，企图通过封建伦理道德思想奴化东北少年儿童。国民优级学校规程规定“任何科目都要依照‘建国精神’和《回銮训民诏书》之趣旨，使体会‘日满一德一心’不可分之关系，知识技能应注重实践劳务以期教育之实际化”①。1935年12月伪满文教部“训令”第一二七号规定，小学教科“初级小学课程有修身、国语、日语、算术、自然、作业、体育、音乐和图画，高级小学课增加经学、历史、地理、实业以及女子家庭裁缝”②。初中和高中的课程没有统一的规定，但都取消“党义”科，增加经学、日语和修身科，并且这些科目的授课时间不断增加，日语甚至成为主要科目。高等教育也是逐渐增加日语、实业、经学和体育等科目的授课时间。为减少学生受教育时间，还设置“勤劳奉仕”科目，鼓励学习日语，

① 满洲帝国现行法令类纂 第5卷［M］. 大同印书馆，1941：163.

② 满洲帝国教育会．满洲教育 第三卷第八号［M］. 新京：满洲图书株式会社，1937：4-5.

将地理和历史合为“国势”宣传“建国精神”。这些课程设置的变化体现日本侵略者对伪满洲国奴化程度的不断加深。1936年1月，伪满文教部将经学从修身课中独立出来，专门灌输封建思想意识，复兴礼教。表面上日本侵略者在尊重中国传统礼教，其实质则是在利用封建礼教思想推行奴化教育，培养伪满洲国的“顺民”。1938年，修身和经学等合为国民科，封建思想意识和殖民奴化思想被作为各学科的指导思想。随着战时体制的确立，初等教育科目被统一改为“建国精神”、“国语”(日语、“满语”或蒙语)、实务、数学、自然、体炼及艺能(图画、书道及音乐)，并增加终日实务实习、终日体炼训练和勤劳奉仕项目。①

为顺应日本侵华“战时体制”需求，伪满文教部制定了《大学战时体制确立要纲》。教科课程革新部分的主要措施有：加强军事教育，以军人敕谕为主旨加强培养当军人必要的精神要素与各种教练；加强勤劳奉公制度的经营，服务期为二到三个月，在勤劳奉公实施中设指导监督，在最终学年尽可能使学生在其勤劳职场就劳；贯彻保健管理，在各大学设保健卫生的特别讲义，讲授大学保健卫生指导要目；彻底贯彻修炼指导，唤起学生为“国家”指导分子的自觉，使其更加坚定建国理想实现的决心，以修文练武彻底巩固建设世界新秩序的信念，学生的起居言行规范要求以军队内务令为准。

---

① 王野平．东北沦陷十四年教育史［M］．长春：吉林教育出版社，1989：92.

3. 编写奴化教材

伪满洲国成立之初规定教科书为“国定制”，但日本侵略者来不及编撰符合其要求的教科书，于是对现存教科书进行审查，对书中不利于殖民统治的反满抗日、三民主义等内容进行删改、涂抹。为了应急，1932 年 3 月的“院令”规定：“各学校暂使用四书五经，禁止一切与党义相关的内容。除四书五经外，还对‘奉天省’教育厅与‘南满’教育会教科书编辑部发行的教科书加以改定投入使用。其中初等教育阶段的修身、国语、地理和历史四种教科书经过本部的审定后暂时发放给各校使用。”① 直到 1935 年，溥仪奴颜访日归国宣布《回銮训民诏书》后，中小学教科书皆采用“国定制”。依据奴化原则，教科书内容多为宣扬“日满一体”“建国精神”“民族协和”“振兴东亚”“王道乐土”“一心一德”“皇道”等奴化思想。其中历史教科书“满洲国史”避开与中国历史的关联，捏造中国东北属于日本的理由。

为控制中国东北学校教育内容，伪满文教部内设编审部，主要负责改编教科书，使教科书符合“神道教育”，日本侵略者对教科书进行改编，使其合乎日本的神道教育，并在教科书改编中特别重视日本“皇室”与伪满“帝室”的关系。还规定国外的教科书与参考书是不允许学生阅览的，为此伪满文教部直辖的伪满洲图书会社专印教科书，并负有监视出版的责任。其中监察部不仅监察国外的刊稿流入，而且监察全伪满洲

---

① 国务院总务厅情报处．满洲国大系第十九辑 文化篇［Z］．1934：36.

国学校教育以及学生的思想行动是否符合唯神之道，取缔学生、教员的一切反抗行动。

4. 强化视学机构

在台湾、东北、华北等殖民统治地区，日本所占之处必先以统治教育事业为侵略的首要任务。其中，严控教育机构、监管师资队伍成为开展殖民统治的重要举措。对此，日本殖民统治者大兴中小学校、社会教育机构的整治工作，通过接管、封闭、改建、改编、新建、重组、恢复等方式对殖民统治地区的中小学校、高等学校和社会文教组织进行强行管理，旨在通过对教育机构的管控来宣传“中日亲善”、渗透殖民文化、传播奴化思想，为其教育殖民和教育侵略开辟道路、奠定基础。同时，为强化殖民教育，日本殖民统治者严格监管师资队伍建设，通过暴力镇压、特务暗查、“扫荡”政策、清剿行动等方式清除教师队伍中的民族主义者、共产主义者和抗日运动者，并在师范教育领域施行“愚民教育”方针，加强日语教育，借此来建设服从、服务于对华侵略的师资队伍，使教师成为日本帝国主义的“奴才”。此外，还向殖民统治地区教育机构派遣大批日籍教师、提高日籍教师比重，作为日本殖民统治者“保护”其奴化教育方略的又一举措，其目的也不言自明。

在中国东北，为加强监督各地奴化教育的实施，伪文教部建立督学官室，设立督学官，各省设立视学官，各市、县、旗设立视学来监督、视察奴化教育实施。这些视学机构成为监督伪满奴化教育的专门机构，机构规定这些视学官每年至少到管辖学校视察一次，视察学校的“诏书放置情况、‘建国精神’

实施情况、课程训练、卫生情况、教科书使用情况、日语普及情况、经济设备管理器情况、相关教师思想执务、修养以及研究情况、教育法令实施状况、学校与家庭联系情况、地方民众对教育关心程度和毕业生情况”① 等内容。从这些视学机构视察内容之多，可见其充当了伪满奴化教育的“警察”。

5. 加强教师奴化培训

日本侵略者深知教师在教育中的作用，因此加强在职教师的“思想素质”培训，不仅积极培养具有奴化思想的新教师，还对以前的教师进行特殊培训。其培训的主要目的在于提高教师的“奴化思想素质”。培训内容主要包括对“建国精神”“王道政治”的理解与运用。为此，日伪在各地设立专门培训教师的培训机构来清除他们的进步思想，传递奴化教育思想。1938 年，新学制开始实施之后，由于初等教育教师数量不足，日伪便在各地设立“初等教育养成所”，一般附属于师道学校。这些机构大量招收本地毕业学生，以便扩大奴化教育师资队伍。

针对在职教师的培训，主要有正规训练所（中央师道训练所、地方师道训练所）与临时性的讲习会。其中中央师道训练所招收“满系人”和日本人，培训时间短则一个月，长则一年七个月。面向中国教师的培训内容主要是“建国精神”、“帝国内外事情”、日语、“满语”等；为使日本教师能够迅速

① 满洲帝国现行法令类纂 第 5 卷［M］. 新京：大同印书馆，1941：417-418.

开展对东北地区的奴化教育，面向日本教师的培训内容主要以“满语”为主。同时，“在南岭开设直辖教员讲习所，在全国各地开展地方教员讲习会，此外还向日本派遣教员留学以提高教员的素质”①。此外，伪国务院弘报处宣抚班还举办“思想讲习会”，宪兵训练处举行“学校教练教师讲习会”等对教师进行思想教育，这些机构成为奴化中国东北教师的主要场所。

日本侵略者深知“教育效果之如何，有待教师之实力为大，故教师之任免以免许状制为原则。而免许状授与之条件，乃以特定教师养成机关卒业者及国定教师检定合格者实为至要”②，为确保奴化教育顺利实施，设置教师检定委员会检定教师是否符合奴化教育的要求。此外，为笼络更多本地教师为日本侵略者的奴化教育服务，日伪用提高薪资来笼络人心，企图通过金钱来收买教师为奴化教育效力，以便加速实施对中国东北地区青少年的奴化教育。

为严格控制教师数量，规定初等教育教师只有在特殊情形下，“受省长之认可，县市长得命其休职，设在特别市的学校，特别市长命其休职”。关于退职的规定是：“公立国民优级学校、国民学校及国民学舍之教谕、专科教谕或教导”，有特定情况时，“受省长认可，县旗市长得命其退职，特别市设置的学校之教谕、专科教谕或教导，特别市长得命其退

---

① 东京文理科大学东京高等师范学校纪元二千六百年记念会．现代支那满洲教育资料［G］．东京：培风馆，1940：398.

② 武强．东北沦陷十四年教育史料：第二辑［M］．长春：吉林教育出版社，1993：264.

职”。中等教育教师的休职、退职条件更加严格，需要经过“民生部大臣认可，省长或特别市长得命其休职或退职”。否则，教师将会受到惩戒处分。①

二、伪满奴化教育的侵略逻辑

（一）政治的傀儡

伪满奴化教育是利用傀儡政权推行教育，实质上充当的是日本侵华的政治傀儡。1932 年 3 月 1 日，日本扶植建立伪满洲国这一政治傀儡，年号为“大同”。溥仪不顾全国人民反对，在同年 3 月 8 日正式就任伪满洲国“执政”并形式上任命各级官员。1934 年将国号改为“满洲帝国”，改“帝制”，年号为“康德”。随着伪满洲国统治机构的确立，教育行政机关也相继成立。日本占领东北初期，对当地教育资源大肆破坏。为怀柔东北民众，拉拢军阀和旧官僚，日伪在官僚任用上采取“次长任用制”，伪文教部的总长由郑孝胥担任，其他部门的总长也由中国人担任，次长由日本人担任。表面上日本侵略者不干涉教育行政权力，实际上他们不仅利用汉奸执政，安插各级教育行政机构的官员，甚至直接插手至东北各个学校，伪满洲国的教育完全控制在日本侵略者手中。

伪满洲国《建国宣言》宣扬“五族协和”，但这只是欺骗和麻痹中国人的幌子。为加强对伪满洲国的控制，1932 年 6

---

① 宋恩荣，余子侠．日本侵华教育全史 第一卷［M］．北京：人民教育出版社，2005：242-243.

月，日本关东军参谋长桥本虎之助在《指导满洲国要纲（草案）》中提出："不特别设立文治机关，专使关东军担当其任。实施中，努力保持新国家为一独立国的体面，而在满洲国名义下通过日本人系统的官吏，特别是通过总务长官以求实现。"① 但随着日本侵略者对东北教育控制的加深，日本官吏的数量急速增加，甚至连"五族协和"的表面形式也置之不顾，直接全部任用日本人。

日本侵占东北时期，东北地区的教育完全被置于伪满洲国这一傀儡政权下。犹如傀儡溥仪在《我的前半生》中回忆所说："我出巡、接见宾客、行礼、训示臣民、举杯祝酒，以至点头微笑，都要在吉冈的指挥下行事……一概听他的吩咐。我要说的话，大都是他事先用日本式的中国话写在纸条上的。"②《指导满洲国要纲》中的根本方针是"支持满洲国并使其发展成为适应我国国策的独立国家"③，教育方面也不例外，是按照日本对伪满洲国的"国策"进行的，所以伪满奴化教育实质上只是政治的傀儡。

（二）侵略的工具

伪满奴化教育是日本侵略中国的工具，因为日本侵略者深谙"欲征服中国，必先征服中华民族"心理，故将"攻心"

---

① 高成龙，高乐才．论日本民族在伪满洲国的地位［J］．清华大学学报（哲学社会科学版），2001（3）：108.

② 溥仪．我的前半生［M］．北京：群众出版社，1964：354.

③ 冯天瑜，任放．日本对外侵略的文化渊源［M］．北京：高等教育出版社，2017：537.

提高到战略高度。在“攻心”战中，日伪政权将教育作为其侵略的重要工具，在伪满洲国开展奴化教育，以实现其侵略目的。伪满奴化教育政策并不是固定不变的，日本虽在初期建立起完整的殖民统治教育体系，但随着侵略的加深，原有学制已不适合日本侵华政策的顺利实施。为将东北作为侵略中国的“补给站”，日本侵略者开始疯狂开发、掠夺东北战争资源。1937年在关于“满洲产业开发五年计划”的报告中规定其基本方针为“一旦发生战争，所必需的物资能够实现自给自足，同时，由于开发利用满洲的资源，进一步培养日本的经济力量”①，遂将学制改为为侵略服务的“新学制”。“新学制”将初等教育视为重点，中等教育视为主体，缩短教育年限，以适应日本全面侵华的经济掠夺战略，这也是“新学制”出笼的直接原因。

此外，日本侵略者还特别强调“实业教育”，这与日本侵略中国的进程息息相关。伪满洲国建国初期，日本就确立了“以教授农工商等各种专门知识技能，养成国民勤苦耐劳之习惯，以期开发国家之生产富源为主”② 的职业教育宗旨，在实际学校课程中，减少文化课程的分量，增加许多实业训练，使学校教育偏向实践性。这主要是为了让东北青少年快速成为掌握实用知识技能的侵略后备军，补充日本侵略者掠夺东北资源

---

① 中央档案馆，中国历史第二档案馆，吉林省社会科学院．东北经济掠夺［M］．北京：中华书局，1991：225.

② 满洲国国务院文教部．满洲国文教年鉴第1次［M］．新京：满洲共同印刷株式会社，1934：554.

的劳动力。尤其在太平洋战争后，日本战线拉长，劳动力需求剧增，为加紧掠夺东北战备资源，遂强制实施“勤劳奉仕”教育，逼迫学生参加奴役劳动。伪文教部学务司长大言不惭地说：“我国（指伪满）国策之最重要者是生产力的扩充，我国使命之最重要者是以农产物、工产物、矿产物的增产而援助日本完成大东亚战争。为此，国民应该付出所有的努力。所以教育也应该适应国策，养成对此有用之人。”① 伪满奴化教育政策随日本侵略战局的变化而不断变化，反证伪满奴化教育只是日本侵华的重要工具。

（三）奴化的手段

伪满奴化教育是日本怀柔民众思想最重要的奴化手段。奴化是“日本对沦陷区进行的精神控制法，意图怀柔战争的伤痛，夸大侵略者的‘亲善’之举，让被侵略国忘记仇恨，接受‘洗礼’，洗脑换思想，改变原有生活方式、行为习惯、观念信仰”②。日本帝国主义侵略者将教育视为重要的奴化手段，企图通过控制教育摧残东北青少年的爱国抗日进步思想，泯灭东北民众的爱国主义民族精神，妄使东北民众形成日本观念、日本民族思想意识，企图将中国民众奴化为日本侵略中国东北的“工具”。

为达到奴化目的，伪满教材内容大都体现日本观念，向学

---

① 宋恩荣，余子侠．日本侵华教育全史 第一卷［M］．北京：人民教育出版社，2005：249.

② 李广，孙玉红，陈飞．日本对华教育侵略：历史事实与隐秘逻辑［J］．外国教育研究，2017（9）：118-128.

生灌输“建国精神”“王道”“唯神之道”“万世一系”“八纮一宇”“日满一体”“王道乐土”等思想，教科书上载入“仁德天皇”“山田长政”“乃木大将”“日本三景”等日本名人名物。企图通过这些内容让学生忘记自己祖国的文化，崇拜日本文化。为培养东北学生绝对服从的“奴性”，在学校营造军营氛围，把学生按年级分成不同阶级，通过将学校军事化，使学生之间形成“阶级服从”意识，其实质是通过奴化教育，让学生相互残杀，泯灭中华民族斗志。

（四）伪善的面纱

伪满洲国是日本侵略者掩盖侵略罪行的“遮羞布”，日本侵略者企图通过奴化教育这一伪善面纱摧毁东北民众的精神壁垒，控制东北民众的民族观念，麻痹东北民众的爱国思想，使他们失去反抗和抵制意识，甘心成为日本的归顺者。初期日本侵略者用封建遗毒思想为其奴化教育打开便利之门。由于受两千多年封建思想的影响，中国民众中仍残留一些封建思想，日本侵略者便凸显封建思想，以“四书”、《孝经》为教授内容，曲解“礼”“忠”“孝”等传统思想，打着“尊孔”“尚礼”的幌子蛊惑麻痹民众。日本侵略者扭曲封建思想是为宣传“建国精神”“皇道”“民族协和”等奴化思想做准备，通过与封建伦理思想对接，能使中国东北民众对日本至忠至孝并成为日本侵略者的顺民，巩固日本对伪满洲国的统治。

日本侵略者于 1937 年公布的新学制保留了中国古代的私塾，并将其改名为“国民义塾”，纳入初等教育，另外还设置一到三年级的“国民学舍”，这两种机构设在东北偏僻穷困的地区，日本侵略者打着“注重教育机会之均等”的幌子，明面上以缓解东北偏远地区教育机会不均为伪善借口，实则通过这两个机构，将奴化教育的魔爪伸向更远的偏僻地区，以实现彻底麻痹东北民众思想的目的。

为了给侵略中国东北披上一件合理的面纱，日本侵略者对东北并未采取直接占领的方式，而是通过建立傀儡政权，宣称帮助建设“满洲”，以实现“中日亲善”。在教育方面打着“日满提携”的口号，宣称提高东北民众的文化水平。揭开其伪善的面纱，日本侵略者通过奴化教育收拢人心，宣传日本殖民统治思想，其实质是通过奴化教育政策培养“顺民”，达到长期霸占中国的目的。

（五）和平的谎言

伪满洲国在1932年3月颁布的《建国大纲》中提出，“教育之普及，则当惟礼教之是崇。实行王道主义”①，其中所提的“王道主义”教育是在“王道精神”这一和平谎言下实施的，这种教育不是为了发展东北教育事业，而是通过宣传和利诱等手段，以和平的伎俩蒙蔽民众双眼，实行具有欺骗性的奴化教育。

日本侵略者曾宣言“注重教育之机会平等”，鼓吹“日满一心一德不可分”，但在实施时完全与宣传内容相悖。不同阶级受教育机会并不是均等的，普通“劳动人民能接受的教育不

---

① 武强．东北沦陷十四年教育史料 第一辑［M］．长春：吉林教育出版社，1989：19.

过是三至四年而已，况且无力受教育者最多，但地主阶级不仅能受六年的初等教育，而且还有为他们设的中等教育及高等教育机关"①，这样不仅起到奴化的作用，而且使地主阶级向日伪妥协。日本民族一直自诩为"优等"民族，伪满洲国的日本人接受的是"锻炼其成为具有领导大东亚素质的国民"的教育，使其"以统治者的立场，对应周围异民族、异文化，使其懂得在满洲以及东亚显现'斯道'，认识到皇民在大陆的使命"，而对中国人的教育则是"以咸使体会日满一心一德不可分之关系……尤致意于忠孝之大义"，仅授予"国民生活安定上所必须之实学和技能"②，由此可见日本和平谎言背后的邪恶目的。

日本侵略者深知语言对其殖民统治的重要性，强调中日两国"同文同种"，只有学习日语才能实现"中日亲善"、"感情通融"和"日满提携"。为逼迫民众学习日语，日本侵略者将日语设为学校必修科目，讲授相关日本精神和文化，利诱学生学习日语，采用各种方法提高中国人学习日语的兴趣。日本在中国东北强制推行日语教育，不仅是日本自认民族"文化优越"的体现，而且是其对中国东北进行奴化教育的直接证据。日本侵略者所鼓吹的"教育均等""日满亲善""中日提携""王道乐土"等奴化教育思想不过是和平的谎言，揭穿欺骗性

---

① 东北师范大学教育系．伪满奴化教育［M］．长春：东北师范大学出版社，1951：36.

② 齐红深，渡部宗助．日本侵华殖民地教育研究：第三次国际学术讨论会论文集［C］．1999：53.

的谎言，其奴化教育性质便昭然若揭，其实质是为麻痹中国民众的抗日意识和民族意识，以实现“亡我中华，占我山河”的野心。

三、伪满奴化教育的现实反思

（一）教育侵略危害的长期性、潜隐性与偶发可能性

不同于经济侵略、军事占领和政治打压等显性罪行，日本侵略者在中国东北进行的奴化教育对下一代青少年思想、意识形态和价值观造成严重危害，这种危害具有长期性、潜隐性与偶发可能性，并且隐藏期是不可预估的，随着岁月的磨砺，这些危害很容易被忽视，但对当事者却是创剧痛深。当前，日本一些右翼势力篡改历史教科书、参拜靖国神社等事件频发，因此，不得不警惕日本军国主义复苏的可能性。

日本侵略者控制东北地区的教育内容，改变了东北原有的学制，降低了学生的文化水平，培养的是具有一般知识技能且为日本侵华服务的劳动力，并阻断了东北与国内其他地区的文化交流，致使中国东北的教育事业遭到毁灭性破坏。这长期并严重地影响了战后东北经济、文化教育等事业的发展与进步，且伪满奴化教育遗毒也长期影响着东北民众，东北教育事业一度落后。

毛泽东曾在《论持久战》中犀利地指出日本“灭亡中国的政策，分为物质的和精神的两方面……在物质上，掠夺普通人民的衣食，使广大人民啼饥号寒；掠夺生产工具，使中国的民族工业归于毁灭和奴役化。在精神上，摧残中国人民的民族

意识。在太阳旗下，每个中国人只能当顺民，做牛马，不许有一丝一毫的中国气”。奴化教育属于精神侵略的一部分，学生被迫承认并接受自己是“满洲国人”和亡国奴，并顺从地接受奴化教育，使他们整日惶恐不安，处于高压恐惧和内心抵抗的纠结状态。在伪满奴化教育中，他们感受到的是统治者的强大、文明、开化，进而感到自己的弱小、粗野、落后，致使一些知识分子在成长过程中心灵、人格受到扭曲和挫伤。伪满奴化教育致使思想未启蒙的孩子不知自己的民族国家，无意中成为日本侵华的工具，战后他们一直生活在自责和悔恨中，走不出自己曾是“汉奸”的阴霾。可见，奴化教育对人心灵造成的创伤不仅是长期性的，而且具有潜隐性，不易被人发现且很难愈合。

伪满奴化教育实质就是为日本侵华歌功颂德，为占领中国寻找依据。战争结束后仍有日本右翼分子鼓吹“殖民教育有功论”，宣扬二战期间伪满奴化教育的“功劳”。与德国战后态度不同，日本浓厚的军国主义思想遗毒以及日本民族耻感文化的被动性导致战后日本只有“一亿总忏悔”。战后不乏日本执政者发表的美化侵略、否认伪满殖民统治教育侵略的言论。在抗日战争胜利七十多年的当代，日本舆论和政坛仍存在美化教育侵略的倾向，虽迫于国际政治关系有所收敛，但我们不得不提防其偶发的可能性。

（二）伪满奴化教育史料搜集、整理与研究的重要性

盛世修典，传承文脉；功在当代，利在千秋。收集史料，修著典籍，拓新研究，具有鲜明、深刻而强烈的必要性，同时

也是学术界义不容辞的社会历史文化责任。当前，中国处于社会主义发展的新纪元，在比历史上任何时期都接近中华民族伟大复兴的目标的时代背景下，收集史料，修著典籍，拓新研究更具有重大的历史与时代意义。

日本对中国东北的统治长达十四年之久，伪满奴化教育作为日本侵华的第二战场，发挥着奴化人心、摧残精神的侵略作用。伪满奴化教育已结束七十多年，遭受伪满奴化教育戕害的见证者也逐渐老去，一些奴化教育史料流落在民间并且收藏得相当分散，若长期得不到系统的搜集、整理与研究，这些伪满奴化教育史料将会失去学术价值，散失于民间。伪满奴化教育史是中国现代教育史的一段耻辱，但不能对其置若罔闻，因为这段历史也是中国现代教育史的重要部分，只有直面并研究这段耻辱的历史，不断完善史料库，才能使中国现代教育史不出现断层。因此，收集、整理并研究伪满奴化教育史料已成为迫在眉睫的使命与任务。

日本侵华往往是"'有思想能力'的学者文化人首先提出设想、加以论证，并首先在民间制造舆论，然后思想舆论一旦形成，则影响政府决策，并由政府来加以实施"①。日本对华实施的伪满奴化教育就充当文化人的作用。日本对华的教育侵略与政治、军事和经济侵略互补，政治、军事等形势的变化影响奴化教育的政策，奴化教育实施的程度也会对政治、经济和

---

① 王向远．日本对华文化侵略的特征、方式与危害［J］．北京社会科学，2005（01）：75-81.

军事侵略政策的制定造成影响。当今时代，伪满奴化教育史料搜集、整理与研究潜在的预期能够揭露日本侵略者侵华的罪证，并回应日本当代右翼势力歪曲历史、美化侵略、抹杀罪恶的谬论，是对日本否认、美化教育侵略的现象作出的有力回击。

目前，伪满奴化教育史料的收集与整理仍缺乏系统性和全面性，因而需要加大对该部分史料的收集、整理与研究工作的力度。史料不仅能够揭示日本对华侵略的性质、形式、方式和途径，同时也能通过史料的收集、整理、抢救、研究、展示等工作来还原历史事实、服务现实、展望未来，从而让今人更好地认识历史、以史为鉴。尤其是通过对伪满奴化教育史料的搜集、整理与研究，能够为树立中华民族文化自信、重塑中华民族文化自豪感和实现人类命运共同体作出应有贡献。

（三）加强历史教育与爱国主义教育相互融合的必要性

“以铜为鉴，可正衣冠；以古为鉴，可知兴替；以人为鉴，可明得失”“史之为用，其利甚博，乃生人之急务，为国家之要道”以及“欲知大道，必先为史”等古人论调都道出历史教育的重要作用。在充满机遇与挑战的新时代，需要运用马克思历史唯物主义重新审视、定位历史教育。江泽民同志指出：“爱国主义教育是精神文明建设的一个重要内容。加强爱国主义教育，要贯穿社会主义现代化建设的整个过程。”而历史正是爱国主义教育最直接、最鲜明的源泉和教材，因此在社会主义精神文明建设过程中必须加强历史教育与爱国主义教育的融合。

历史教育就是要让民众了解本民族发展的艰辛历程，了解本国家之所以以伟岸的身姿屹立于世界民族之林是因为先辈们孜孜不倦的努力，尤其是近代中国受帝国主义侵略时期，中国共产党浴血奋斗建立了新中国，带领中国大众走上中国特色社会主义道路。“中国人民的抗日战争是战争史上的奇观，中华民族的壮举，惊天动地的伟业。用抗日战争的生动历史推进青少年学生爱国主义教育，是一项重要而紧迫的任务。”① 新中国成立以来，爱国主义教育始终是我国精神文明建设的重要内容，在风云多变的现代，爱国主义教育尤为重要，不同时期爱国主义教育的具体内容不同，但有其共同本质，正如习近平总书记在纪念五四运动100周年大会上所讲：当代中国，爱国主义的本质就是坚持爱国和爱党、爱社会主义高度统一。

从历史中汲取爱国主义精神，化为坚定的力量，为中华民族谋复兴和维护世界和平服务。历史教育与爱国主义的融合不应局限于课堂，应通过宣传、展示等多种方式让历史资料和研究成果走入社会公众视野，引发社会对历史事件产生真实、客观的认知，从而以史为鉴，面向未来，唤醒社会大众的爱国主义意识和民族自信心理。通过历史教育，倡导尊重和平、热爱和平的社会主题和人类愿景，使人民群众懂得自己既是爱国主义者，又是国际主义者，从而为人类社会迈向“命运共同体”的美好未来不断努力。②

---

① 袁贵仁．用抗日战争的生动历史推进青少年学生爱国主义教育［J］．高校理论战线，2005（10）：4-6.

② 本章节内容主要源于：李广，杨俊丽．伪满奴化教育：客观史实、隐秘逻辑与历史警示［J］．东北师大学报（哲学社会科学版），2020（01）：170-176.

第三章

东北抗联：中国抗日的重要武装力量

回望十四年艰苦卓绝的抗战岁月，奋战于白山黑水之间的东北抗日联军以其英勇无畏的斗争挽救东北民众于水深火热之中，极大地鼓舞了全国人民的抗日斗志，振奋了千千万万中华儿女的民族精神。东北抗日联军作为东北地区的抗日武装力量，不仅反映了东北地区民众誓死不做亡国奴的坚强意志，更是有力地推动了东北地区乃至全国的解放，为中国抗日战争乃至世界反法西斯战争的胜利作出了巨大贡献。

立足当下，时代变迁，精神永恒。在和平年代的今天，东北抗日联军的历史功勋不可磨灭，东北抗联精神历久弥新。以史为鉴，可知兴替，对于千千万万中华儿女而言，应不忘初心、牢记使命，永远铭记东北抗联在国家生死存亡之际做出的不懈斗争和建树的丰功伟绩，弘扬东北抗联精神，凝魂聚气，为实现中华民族伟大复兴、夺取新时代中国特色社会主义伟大胜利而不懈努力。对世界各国人民而言，应当积极推进世界反法西斯历史学术研究，以史为鉴，珍惜这来之不易的和平。

一、东北抗日联军抗日斗争历程

（一）国难中兴起：东北抗日联军前身与起步

1. 爱国官兵：东北抗日义勇军

(1)“义勇军”

日军发动侵华战争后，东北各地纷纷自发组织义勇军奋起反抗，根据统计数据，全盛时期的东北抗日义勇军总数约 30 万以上，其中 50%的成员为农村各阶层群众，25%为原东北军及警察，15%为绿林人士，5%为知识分子。[①] 根据东北义勇军的分布地区，可以分为黑龙江省义勇军、吉林境内义勇军和辽宁境内义勇军。

①黑龙江省义勇军

黑龙江省义勇军是以马占山为首，由黑龙江省内各地自发组织的抗日武装及爱国官兵组成的抗日军队，其起源可以追溯到 1931 年的江桥抗战。“九一八”事变后，日军占据辽、吉二省，并急于侵占黑龙江省，终在 11 月 4 日向江桥发起进攻。马占山指挥守军进行顽强抵抗，使日军付出了惨痛代价。江桥抗战打响黑龙江战役的第一枪，在中国抗日战争史上书写了光辉篇章，其中英勇的黑龙江省义勇军功不可没。江桥抗战失利后，马占山又组建黑龙江省抗日救国义勇军，向日军发起新攻势，毙、伤日伪军万余人。1933 年初，在日军的轮番讨伐下，

---

① 刘静涵．东北抗战时期中国共产党党的建设研究［J］．东北师大学报（哲学社会科学版），2022（04）：32-41.

黑龙江义勇军死伤惨重，部分退入苏联境内，剩余部分还在坚持斗争。

②吉林境内义勇军

“九一八”事变后，吉林省地区反应及时，军民团结，统一力量共同抗日。吉林境内义勇军发展迅速，番号不一。除以李杜、冯占海所率领的吉林自卫军、吉林救国军、中国国民救国军为主要战斗力量，各地民间抗日力量也十分活跃，如“三江好”“四季好”“红枪会”“大刀会”等抗日武装。吉林义勇军与日伪军展开激烈战斗，先后攻克拉林、榆树、舒兰等地，获得群众的热烈支持，声威大震。随着日军侵略扩大，日伪军为消灭义勇军，对东北义勇军进行大讨伐，吉林境内的部分义勇军在李杜、王德林的带领下退至苏联境内，也有部分义勇军留下继续战斗。

③辽宁境内义勇军

辽宁义勇军在东北三省义勇军中兴起最早。“九一八”事变后，辽宁民众群情激愤，纷纷揭竿而起，与日军进行斗争。地方群众、绿林人士纷纷组建抗日武装，如高鹏振所率的东北国民救国军、邓铁梅所率的东北农民自卫军、王显庭所率的辽西抗日救国义勇军、唐聚五所率的辽宁民众自卫军等数十支抗日队伍，均在辽宁境内抵御日寇进攻。1932 年 5 月，辽宁境内义勇军被划分为 5 个军区，积极配合，向日军展开大规模进攻。日军以“东三省不能存在两个政府”为由，向辽宁省政府所在地锦州发起进攻。东北军受到蒋介石“不抵抗”政策的影响，抗日决心不坚定，各路义勇军却纷纷与日军浴血奋战，关东军引以为傲的古贺联队也在义勇军的奋勇抗战下溃不成军。义勇军在辽宁各地袭扰日军、攻占城池、破坏日军铁路，打击了日军的嚣张气焰。1932 年底，辽宁义勇军在日军的集中讨伐下被先后击破，邓铁梅、苗可秀等多位英雄将领被日军残忍杀害。

（2）“救国军”

①东北民众救国军

东北民众救国军于 1932 年 9 月 25 日在海拉尔决定成立，时任黑龙江省防军步兵第二旅旅长苏炳文担任总司令，张殿九任副司令。海拉尔起义后，日军由齐齐哈尔向满洲里、海拉尔的救国军发动猛烈进攻，海满抗战拉开帷幕。正值冬天，江河冰封，日军调来坦克、飞机等对救国军阵地进行轮番轰炸，并以骑兵团和装甲车袭击两侧的救国军。苏炳文率部进行顽强抵抗，但囿于兵力、武器的差距，加之日伪军的援兵源源不断，东北民众救国军伤亡惨重，海满抗日宣告失败。东北民众救国军在齐齐哈尔周边等地与日军频繁作战，给予日军沉重打击。

②中国国民救国军

中国国民救国军于 1932 年 2 月 8 日成立，由原东北军第二十七旅六七六团三营营长王德林为总指挥①，军队组编以其所率领的三营军队为基础，并广泛吸纳各阶层的爱国人士。中共党组织对中国国民救国军的成立十分重视，并派遣党员干部

---

① 庄严．民族魂：东北抗联［M］．长春：吉林出版集团有限责任公司，2014：108.

协助王德林进行抗日作战。中国国民救国军一经成立，便在敦化展开抗日行动，频繁给予日军打击，为东北地区的抗日行动做出巨大贡献。

③吉林救国军

阻止日军侵占哈尔滨失败后，时任吉林自卫军副司令的冯占海在宾县脱离自卫军系统，改队伍为吉林救国军，兵力约三万人。吉林救国军在吉林地区与日军作战，与李杜所率的吉林自卫军合作，连续攻克榆树、舒兰等地，并在作战过程中吸纳各地义勇军加入，队伍迅速壮大。1933 年初，日军采用政治诱降与大规模讨伐并行的战略，导致吉林救国军连连失利，余部转入救国游击军，与日军继续抗争。

④东北国民救国军

“九一八”事变后，绿林中的有识之士纷纷揭竿而起，辽西一带的绿林盟主高鹏振，于 1931 年在新民沙岗子召开绿林会议，呼吁成立东北国民救国军。在高鹏振的动员下，辽西、辽北、辽南许多绿林人士纷纷举旗抗日，队伍在短时间内由 200 人增至 3000 余人，一度成为辽宁省境内的义勇军主力。①

（3）“自卫军”

①吉林自卫军

1932 年 1 月，日军向哈尔滨进军，李杜、冯占海等爱国将领纷纷积极抵抗，并决定联合组成吉林自卫军，由李杜担任联

---

① 庄严．民族魂：东北抗联［M］．长春：吉林出版集团有限责任公司，2014：66-67.

合军总司令，总兵力约一万五千人。吉林自卫军自成立便与侵犯哈尔滨的日伪军展开激烈战斗。虽然吉林自卫军的奋勇抵抗没能阻止哈尔滨的沦陷，但在一定程度上阻碍了日军侵占哈尔滨的步伐。

哈尔滨沦陷后，吉林自卫军转入依兰、方正等地继续与日军对峙，并在民间组织红枪会、大刀会的协助下，陆续攻克方正、宾州，战果颇丰。吉林自卫军与王德林所率的中国国民救国军协同作战，牵制延吉地区的日军部队。由于日军第十四师团的猛烈进攻，吉林自卫军各部队被迫分散，一部分改为吉林救国军。

②辽宁民众自卫军

1932 年 3 月 21 日，原东北军团长唐聚五等在桓仁县组建辽宁民众自卫军，此时辽宁的抗日战斗正进行得如火如荼，辽宁民众自卫军的成立使辽宁的抗日武装规模进一步发展壮大。自卫军与其他义勇军联合进攻，数次击退日军，并在 1932 年 9 月袭击旅顺，使日军损伤惨重。

2. 自发组织：东北地区民间抗日队伍

（1）东北民众抗日救国会

1931 年 9 月，卢广绩、高崇民等人以“抵抗日人侵略，共谋收复失地，保护主权”① 为宗旨，在北平成立东北民众抗日救国会，以图阻碍日军继续侵略的步伐。自成立以来，东北

① 《东北抗日联军史料》编写组．东北抗日联军史料 下册［M］．北京：中共党史资料出版社，1987：388.

民众抗日救国会便投身于组织民众共同抗日及抗日宣传工作中，为推动东北抗日行动作出了巨大贡献。在组织民众共同抗日工作方面，救国会暗中派遣车向忱、苗可秀、高鹏等优秀干部潜入东北地区，联络东北抗日义勇军，秘密组织各类民兵团进行抗日作战。在宣传工作方面，救国会派遣王化一、徐靖远、阎宝航等干部前往华中、华东各地宣传东北民众的抗日行动，并开办东北学院，培养积极抗日的学生骨干。迫于国民党反动派和日军的压迫，东北民众抗日救国会的抗日工作不得不转入地下，1933 年 8 月，东北民众抗日救国会宣告结束工作。

（2）“红枪会”“大刀会”等绿林武装

“红枪会”“大刀会”是在“九一八”事变后，由东北民间自发组织形成的抗日武装。这些民间武装时而分散活动，时而与各地义勇军协同作战，是抗日的重要力量。在各地义勇军中，都存在大量的绿林武装成员。1932 年末，随着各地义勇军的连连失利，绿林武装的抗日活动也渐渐步入低潮。

3. 挽救危亡：中国共产党加强领导创建抗日武装

（1）自愿联合任何军队，主动订立作战协定

在日军企图扩大侵略、侵占华北的形势下，1933 年 1 月 17 日，中国共产党发表《中华苏维埃临时中央政府工农红军革命军事委员会为反对日本帝国主义侵入华北愿在三条件下与全国各军队共同抗日宣言》，提出在立即停止进攻苏区、立即保证民众的民主权利、立即武装民众创立武装的义勇军等三条件下，愿与任何武装部队订立作战协定，

共同抗日。①

(2) 面对东北严峻形势，联合各种反日武装力量

1933 年 1 月 26 日，中国共产党起草《中央给满洲各级党部及全体党员的信——论满洲的状况和我们党的任务》（以下简称“一·二六”指示信），指导东北民众建立抗日统一战线，为当时党领导的游击队和各抗日武装提供方向指引。“一·二六”指示信指出：领导反日群众斗争是中国革命现阶段的基本任务。此外还主张发展联合苏区、巩固红军、推翻国民党和扩大群众革命斗争。② 满洲的党组织要建立全民族的统一战线，党领导的游击队是各游击队的骨干力量，务必发展游击队，动员人民群众与日寇斗争。在党的指导下，各地党组织反思以往的“左”倾关门主义错误，积极联合其他抗日武装和人民群众，很快便扭转了被动的抗日局面。

(3) 中共满洲省委坚持联合抗日余部，团结一切反日力量

根据中央的指示，中共满洲省委决定执行民族革命的统一战线，开展两条战线斗争。中共满洲省委对各地义勇军进行大力援助，如组织人员对义勇军进行慰劳、募集物资、领导赤色游击队进行抗日游击行动，协助义勇军的作战，并在统一战线的策略下，团结工人阶级和农民阶级，领导“满洲国”的士兵进行“反正”哗变运动。

---

① 《东北抗日联军史料》编写组．东北抗日联军史料 上册［M］．北京：中共党史资料出版社，1987：39-40.

② 《东北抗日联军史料》编写组．东北抗日联军史料 上册［M］．北京：中共党史资料出版社，1987：47-55.

（二）斗争中壮大：东北抗日联军迅速规范发展

1. 陆续改编合并东北人民革命军

（1）1934 年 11 月成立东北人民革命军第一军

第一军的前身是由东北共产党人所领导的磐石反日游击队，在 1934 年 11 月南满党的第一次代表大会上，东北人民革命军第一军宣布成立，杨靖宇为主要领导人。第一军采取游击战术，对日寇进行灵活打击，在辽东地区开辟抗日游击区，截至 1935 年底，兵力达 1600 余人。

（2）1935 年 5 月成立东北人民革命军第二军

第二军的前身是中国共产党领导的东满游击队，领导者为童长荣，成员骨干多为朝鲜族，在间岛一带活动频繁。① 1935 年 5 月发布的《东北人民革命军第二军军部正式成立宣言》宣告东北人民革命军第二军正式成立。第二军成立后，向敦化、桦甸、东宁、穆棱等地区远征，开辟抗日游击区。

（3）1935 年 1 月成立东北人民革命军第三军

第三军的前身是以赵尚志为首的哈东反日游击队，于 1935 年 1 月宣布改编为东北人民革命军第三军。第三军成立后与第四军、第五军和第六军共同在松花江两岸与日军频繁作战，一度攻占方正县和苇河县。在第三军的领导下，小兴安岭地区成立东北抗日联军政治军事学校，培养了大批优秀的军事干部。

（4）1934 年 10 月成立东北抗日同盟军第四军

1934 年 10 月，中共吉东特委书记、中共满洲巡视员吴平

① 《东北抗日联军史料》编写组．东北抗日联军史料 下册［M］．北京：中共党史资料出版社，1987：454.

（杨松）到密山县一带巡视工作，召开密山县委扩大会议。会议决定将东北人民反日革命军与密山游击队合并，组成东北抗日同盟军，会后又将东北抗日同盟军改称为东北抗日同盟军第四军。李延禄任军长，何忠国任政治部主任，胡伦任参谋长。全军暂编一个师，李延禄兼师长。

（5）1935 年 2 月成立东北反日联合军第五军

东北反日联合军第五军前身是周保中领导的绥宁反日同盟军。绥宁反日同盟军主要是周保中以原救国军边区军一、三连和宁安工农义务队为基础，吸收救国军柴世荣旅、付显明团、王毓峰团、王汝起团各部及八道河子农民自卫队而组成。1935 年 2 月 10 日，反日同盟军改编为东北反日联合军第五军，全军 900 余人，周保中为军长，柴世荣为副军长，胡仁为政治部主任，张建东为参谋长。该军于 1936 年 2 月被改编为抗日联军第五军。

（6）1936 年 1 月成立东北人民革命军第六军

第六军的前身是汤原县抗日救国会所组织的汤原反日游击队。1936 年 1 月，在东北人民革命军第三军和第四军的帮助下，在赵尚志的建议下，汤原反日游击队改编为东北人民革命军第六军，由夏云杰担任军长。第六军在汤原一带建立根据地，袭击老钱柜和鹤岗并取得胜利，使队伍壮大至 1500 余人。①

---

① 《东北抗日联军史料》编写组．东北抗日联军史料 下册［M］．北京：中共党史资料出版社，1987：459-460.

（7）统一改编为东北抗日联军

随着抗日队伍的快速发展，1936 年初，在中共满洲省委的领导下，东北地区已建立人民革命军共 6 个军、1 个师。[①] 1936 年 2 月，中共驻共产国际代表团发布《为建立全东北抗日联军总司令部决议草案》，提出将东北人民革命军改为东北抗日联军。东北抗日联军成立后便贯彻统一战线策略，广纳来自不同党派、阶层、民族、职业的抗日者共同抗日。随着东北抗日游击战争的形势不断变化，1936 年至 1939 年间东北抗日联军的十一个军被统编为三路军队，即第一路军、第二路军和第三路军。第一路军由东北人民革命军第一军和第二军组成，第二路军由东北人民革命军第四、第五、第七、第八、第十军组成，第三路军则由东北人民革命军第三、第六、第九、第十一军组成。

2. 联合国际力量

（1）团结苏联力量

东北三省与苏联、朝鲜接壤，日军攻占东北三省，也是为其日后北上进攻苏联做准备，因此中苏联合抗日是东北抗日战争胜利的关键要素。中国共产党清楚地认识到，必须建立国际统一战线，共同打倒日本帝国主义。苏德战争爆发后，日军开始加强对苏联的战斗准备，同时以“关东军特别大演习”的名义大规模驻军于东北及朝鲜，进驻的日军总数达 70 万人，

---

① 张宽，王广义．中共东北党组织与东北抗日游击战争的新局面——以贯彻抗日统一战线为中心［J］．党的文献，2020（04）：76-85.

并新编第五舰队以便“北进”。[①] 日军的野心逐渐暴露，苏联对东北抗日活动的态度由最初的中立转为支持。在东北民众抗日活动进行过程中，苏联提供媒体声援、物资支援、人员帮助等诸多支持，如派遣大量苏联军官前往各抗联军队成立教导旅，根据东北抗联的实际情况和苏联远东军的实战经验对抗联军队进行培训指导，还允许东北抗联军队在特殊情况下进入苏联境内进行休整等。[②]

（2）号召朝鲜力量

1910年，日军侵占朝鲜，部分朝鲜爱国人士移居中国境内，组建抗日力量，积极参与各种形式的抗日活动。1919年巴黎和会召开，中国、朝鲜等国民情激愤，东北地区的各朝鲜族聚居区也纷纷举行声势浩大的反日示威活动，却多次遭到日军和军警的暴力镇压。在意识到和平方式对反日活动收效甚微后，东北地区各朝鲜族组织的抗日武装如雨后春笋般纷纷涌现。根据统计，1919年至1922年之间抗日武装队伍便有50支以上。[③]“九一八”事变后，中国共产党号召中朝民众联合抗日，此时在东北地区活动的朝鲜革命军及韩国独立军也相继加入东北的抗日斗争当中，积极配合东北境内的抗日义勇军，为

---

① 郝江东．东北抗联教导旅组建过程中的苏联因素［J］．中共党史研究，2020（04）：57-69.

② 刘静涵．东北抗联国际主义精神研究［J］．吉林大学社会科学学报，2021，61（05）：164-173.

③ 孟凡东，康基柱．朝鲜族抗日斗争述评［J］．黑龙江民族丛刊，2017（05）：92-99.

中国的抗日斗争作出了巨大贡献。除正规武装，东北境内的各支抗日武装中都存在朝鲜籍队员，如在东北抗日战争进行初期，东满、南满、北满地区的抗日游击队中也有大量朝鲜族、朝鲜籍干部和队员。如在 1933 年初，东满地区的延吉、和龙、汪清、珲春 4 县游击队共有朝鲜族队员三百余名。[①] 在东北抗日联军的各支武装中，也都存在大量朝鲜籍干部和党员，如金日成指挥的东北抗联第二军第三师与东北抗联第一军、第四军、第五军联合对抗日寇并多次取得胜利。中朝两国协同抗敌，结下了深厚的革命友谊，有效阻击了日本侵略者的入侵。

3. 广泛开展游击战争

(1) 扩大游击战场

中共满洲省委遵循党中央关于领导东北民众实行武装抗日的基本方针，在 1932 年着手建立由共产党领导的抗日游击队，1933 年党领导的抗日游击队逐渐成为东北抗日游击活动的核心力量，东北抗日游击战争开始进入积极发展的新时期。这一时期党领导的游击队主要包括杨靖宇指挥的南满游击队、赵尚志领导的珠河游击队和巴彦游击队、童长荣指挥的东满游击队、中共汤原县委成立的汤原游击队等。1933 年 8 月，中共满洲省委决定开辟磐石、汤原、吉东、哈东“四大中心赤色游击区”，并要求各地党组织积极组织农民参与抗日斗争。[②] 党组

① 杨昭全，车哲九，金春善，等．中国朝鲜族革命斗争史［M］．长春：吉林人民出版社，2007：279.

② 张静，刘文佳．中国共产党与东北地区的抗日斗争——以“九一八”事变为起点［J］．南开学报（哲学社会科学版），2015（04）：20-28.

建游击队、扩大游击战场是对当时城市地区敌人力量强大、农村敌人力量薄弱情况的准确把握。

（2）重创日本陆军力量

毛泽东指出："那里的游击队多打死一个敌兵，多消耗一个敌弹，多钳制一个敌兵使之不能入关南下，就算对整个抗战增加了一分力量。至其给予整个敌军敌国以精神上的不利影响，给予整个我军和人民以精神上的良好影响，也是显而易见的。"① 东北抗日联军各军在东北地区建立若干游击区，广泛开展抗日游击斗争，各军时而分散活动，时而联合抗敌，与日伪军作战数千次，击败敌军、破坏其讨伐计划数百次，缴获物资、击毙日本军官无数，使日军力量受到重创，严重威胁日军在东北地区的侵略活动。东北抗日联军的战斗消灭了大量日军的有生力量，使东北地区抗日游击区得以发展，密营和后方基地得以建立。②

（三）困难中缩编：重大损失下的坚持奋战

1. 极端条件严重消耗

（1）恶劣环境中的奋力血战

面对东北民众的坚决抵抗，日本关东军制定《满洲国三年治安肃正计划》，并先后发动针对东北抗日联军的"独立大讨伐""三江大讨伐"和"三肇大讨伐"，企图将抗日联军一网

---

① 毛泽东．毛泽东选集 第2卷 2版［M］．北京：人民出版社，1991：416.

② 穆占一．论东北抗联的独特贡献与历史地位［J］．社会科学战线，2020（08）：123-129.

打尽。对于东北抗联建立的游击区，日寇实行惨无人道的“三光”政策，使游击区遭受严重破坏，百姓损失惨重。面对日军的猛烈进攻，东北抗联部队被迫转移到深山密林中去，深山中夏天蚊虫肆虐、冬天严寒刺骨，在日军的封锁下，将士们拿不到补给，许多人都因饥寒交迫死在山区。抗联将士们靠着树根、草皮充饥，继续坚持与日军战斗。①

（2）联军将领的大量牺牲

1939 年 9 月，日本关东军司令部制定“吉林、通化、间岛三省联合治安肃正计划”，对东北抗联第一路军游击区进行封锁。② 面对日军的疯狂讨伐，东北抗联第一路军寡不敌众，杨靖宇将军依然坚持与日军战斗，不愿退入苏区。面对敌人的重重封锁，杨靖宇将军最终在三道崴子被敌军包围，他镇定自若，坚决不肯投降，壮烈牺牲在敌人的枪口下。杨靖宇牺牲后，魏拯民在悲痛之余，不顾自身疾病，毅然决然回到一线指挥战斗，最终病逝于桦甸。

1941 年 10 月，曾任北满抗联总司令的赵尚志带领小部队在汤原地区开展游击活动，敌军利用赵尚志发展队伍心切的心理，派特务刘德山骗取赵尚志的信任，引诱其走入敌人圈套。身负重伤的赵尚志面对敌人的审讯一言不发，最终牺牲。此外，陈翰章、赵敬夫、汪亚臣等优秀抗日将领纷纷在与日寇的

① 哈师大《北方论丛》编辑部．东北抗日联军斗争史略［M］．哈尔滨：哈师大《北方论丛》编辑部，1980：118-121.

② 庄严．民族魂：东北抗联［M］．长春：吉林出版集团有限责任公司，2014：424.

战斗中光荣殉国，东北抗联部队遭受严重损失。

2. 确立苏联远东军的正式援助关系

（1）休整军队

1940 年 11 月，随着苏联对中国抗日态度的缓和，东北境内的抗日力量也得到来自苏联的援助。日军为彻底消灭东北境内抗日武装力量，制定《满洲国三年治安肃正计划》，集中关东军、宪兵队和警察队的力量对东北抗日联军进行连续大规模讨伐，各路抗日武装损失严重。加之日军实行“集团部落”和“无人区”的残暴政策，严密监视各村屯，导致人民群众与抗日游击队无法取得联系，抗日活动进入艰难时期。面对重重困难，各抗日队伍被迫进入苏区进行休整，调整结构，保存实力。

（2）开展训练

苏联对东北抗日联军的抗日活动给予认可和支持，在苏联的帮助下，抗联部队在边境地区开展野营整训，由苏联派遣军官进行指导。训练内容包括军事教育和政治教育，军事教育方面包括射击、刺杀、投弹、爆破、滑雪、跳伞等，政治教育方面包括学习《论持久战》和《联共（布）党史简明教程》等相关书籍和文章。①

（3）实施小部队作战计划

受苏联方面的“劝阻”，中方暂时不能将抗联主力迁回东

---

① 李惠．东北抗日联军斗争史简编［M］．北京：解放军出版社，1987：145.

北，只能派遣小部队继续开展抗日游击活动。这一时期的小部队包括在鹤立一带活动的赵尚志小分队、在饶河地区活动的刘雁来小分队、东北抗联第三路军第三支队等数十支部队。这些队伍在东北各地进行针对日军的游击活动，并多次取胜，对日军的侵略活动造成干扰。

3. 全力投身反攻战役

（1）形成东北地区抗日民族堡垒

东北抗日联军自成立以来便在东北三省开展大量抗日游击斗争，对日伪军造成沉重打击。作为东北抗日战争的主力军，东北抗日联军在艰苦的环境中积极斗争，不畏牺牲，成功牵制了数十万日伪军，为中国的抗日战争乃至全世界反法西斯战争作出了巨大贡献，东北抗联精神也成为中华民族最宝贵的精神财富之一。

（2）配合苏军对日作战

1945 年 8 月 8 日，苏联对日宣战。第二天，苏联红军的华西列夫斯基便指挥一百五十多万苏联红军分三路进军东北，分一路支援朝鲜。同日，毛泽东同志发文《对日寇的最后一战》，号召八路军、新四军及其他人民军队要积极配合苏联和其他同盟国的军事行动，尽可能歼灭不愿意投降的敌人。在上述背景下，东北抗联积极响应，并派出由数百名将士组成伞降先遣部队，进行火力侦察，袭击敌人后方，配合正面进攻，担任苏联红军进攻的向导。8 月 9 日午夜零时，远东苏军向日本关东军发起进攻，东北抗联各部按作战计划进行配合。抗联中部分指战员承担为苏军地面部队担任向导和为苏军轰炸机指示方位的任务，抗联中地下工作人员及其余战斗和侦察部队则组织群众和抗日武装配合苏军作战，收缴日军装备。① 在苏军的强大攻势与东北抗联的配合下，不到一周，日本关东军基本被全面击溃。

（3）维护社会秩序，保卫抗战胜利成果

抗日战争胜利后，东北地区仍然存在一些顽固反动派，他们打出国民党和地方武装的幌子，企图干扰东北地区的正常治安。因此，维护地区治安，消灭反动势力成为此时东北抗联军队的主要任务。抗联干部与各地爱国人士及各阶层的代表人物共同建立民主大同盟，协助东北人民自卫军发展各地人民武装，打击日伪残余势力，镇压反革命分子，处理各种民事纠纷，维护地方革命秩序。②

二、东北抗日联军抗日卓越贡献

（一）增强东北抗日武装力量

“九一八”事变后，中共满洲省委发表《为日本帝国主义武装占领满洲宣言》，揭露了日本帝国主义侵占东北三省的罪恶图谋，指出了当前面临的极端严峻形势，号召各界人士奋起抗日。在国民党政府坚持妥协的不抵抗政策之下，日本帝国主义在东三省的势力不断扩张，中华民族迫切需要团结一切抗日

---

① 穆占一．论东北抗联的独特贡献与历史地位［J］．社会科学战线，2020（08）：123-129.

② 李惠．东北抗日联军斗争史简编［M］．北京：解放军出版社，1987：165.

力量，保卫主权和领土完整，挽救民族存亡危机。

在中国共产党的领导和东北民众的自发团结下，东北抗日力量逐步团结起来，发展了义勇军、游击队、抗日联军等组织形态。1933 年 1 月 26 日，中共中央发出《中央给满洲各级党部及全体党员的信——论满洲的状况和我们党的任务》（简称“一·二六”指示信），在中央指示信精神下，中共满洲省委将分散的游击力量组织起来，陆续建立了东北人民革命军，后于 1936 年逐步改称东北抗日联军。在艰苦卓绝的十四年抗战历程中，东北抗联武装力量面对日伪军队的疯狂打击始终顽强不屈，为中华民族抗击日本帝国主义、世界反法西斯战争的胜利作出了巨大牺牲和卓越贡献。

1. 东北抗联在东北地区给予日军以沉重打击

日本侵略者为向外扩张、攫取利益，制定了先“征服满蒙”，再“征服中国”，最后“征服亚洲”的计划。[①] 其中入侵中国满洲是侵略计划的第一步，也是其后期进一步扩张的基础。因此，日本政府向中国东北地区派出大量军队，意图快速控制东北地区，并将东北作为以战养战、“南进”侵略中国其他地区的基地。东北地区面临着严峻的抗日形势。

在抗战初期，东北各地义勇军奋起抗击日本侵略者。尽管在组织和装备等作战条件上远远落后于敌军，但东北各地义勇军的反抗有效地阻碍了日本侵略者前进的脚步，打击了日军的

---

① 沈予．关于《田中奏折》若干问题的再探讨［J］．历史研究，1995（02）：82-94.

嚣张气焰，鼓舞了东北地区及全国人民反抗日本帝国主义侵略的信心与决心。1931 年 12 月 17 日，日本内阁通过提案，决定向东北增兵，日军第二、第二十师团，混成第八、第三十九旅团 4 万余人侵占了辽宁锦州。辽西各地义勇军纷纷奋起反抗，在阻挡日军侵占锦西县的过程中，锦西抗日大队在西坡村一带伏击了日军骑兵联队，这次作战共击毙（伤）敌军 60 余人，并当场击毙联队长古贺传太郎。这支号称“不可战胜”的部队被锦西义勇军歼灭，迫使日军撤出江家屯，使日军哀叹：“这实在是满洲事变以来最大的悲惨事件。”

随着东北地区抗日武装力量不断发展壮大并团结起来，从军事上对日伪军队的直接打击与牵制也更为有力。据统计，截至 1937 年底，杨靖宇率领的东北人民革命军第一路军各部队协同作战，进行攻击日伪军据点、捣毁日军的“集团部落”等较大规模的战斗 33 次，毙伤日伪军 1300 余人，俘敌 120 余人。① 据日本陆军省公布的数字，“自满洲事变爆发，昭和六年九月至昭和十年末（1931 年 9 月至 1935 年末），关东军战殁者 4200 人，伤病者 171359 人，共 175559 人”，据东北抗联将领周保中回忆，1931 年到 1937 年间抗联共歼敌 10.35 万人。②

在十四年抗战历程中，东北抗联不仅在兵力上牵制了日

---

① 中共党史出版社．东北抗联：绝地战歌［M］．北京：中共党史出版社，2012：8.

② 军事科学院军事历史研究部．中国抗日战争史 上册 2 版［M］．北京：解放军出版社，2005：479.

军，以不怕牺牲的战斗精神消耗了日军大量有生力量，而且作为我国抗日战场上作战时间最长、条件最为艰苦的一支军队，抗联在抗击日军过程中取得的每一次胜利都是对日本侵略者嚣张气焰的有力打击，粉碎了日本帝国主义灭亡中国的狂妄图谋。抗联历史上涌现出如“镜泊湖连环战”[①] 等著名战役以及杨靖宇、赵尚志等抗日英雄，这些战役和英雄事迹向日本侵略者展现了中华民族为保卫国家而具有的不可战胜的意志力，在民族精神与国家气节上给予了日军以有力还击。

2. 延缓日本侵略军对东北领土的占领与资源掠夺

在日本帝国主义的侵略计划中，我国东北地区作为日军“征服”行动的大后方具有重要战略意义。为了实现“以战养战”的目的，日本侵略军在东北地区占领了大量土地，并对土地上的农业资源与矿产资源进行大肆掠夺，创办了许多以殖民掠夺为目的的农业、重工业，如满洲重工业开发株式会社、满洲拓殖股份公司等。据统计，仅 1935 年到 1944 年间，日本从中国东北掠夺的钢材就达到了 1308 万吨。同时，为了进攻和控制东北各地并进行殖民掠夺，日军还强占了大量的铁路资源，据统计，1906 年成立的南满洲铁道株式会社，先后强占了中国 6000 多公里的铁路，垄断了东北地区铁路的控制权，并借机牟取了巨额利益。[②] 1937 年后，日军在东北地区不断增

---

① 王希亮，周丽艳．“镜泊湖连环战”战绩考辨［J］．抗日战争研究，2020（02）：51-57.

② 吕路军．东北抗联精神研究［D］．长春：吉林大学，2017：21.

兵，实施“东南部治安肃正计划”并推行“武装移民”（关东军名义为“开拓团”），到1940年，仅黑龙江省密山一县的武装移民就霸占了60万公顷耕地，全县80%耕地被占，60%的农民沦为“开拓团”的佃户。①

面对日本侵略者对东北地区土地和各种资源的野蛮掠夺，抗日武装力量始终没有放弃抵抗。他们通过游击战等方式打击日伪军队建立的工矿产业和铁路、隧道工程，试图阻挡日本帝国主义殖民侵略统治的步伐。1936年5月，东北人民革命军第六军军长夏云杰和参谋长冯治刚两路夹击，进攻日本骑兵连和由日伪军警守备的鹤岗矿务局，最终成功控制了矿务局并捣毁矿山附近的吊桥、车库等设施。② 1938年3月13日，在东北地区抗战转入十分艰难的境况中，抗联第一路军军长杨靖宇依然率部突袭老岭铁路隧道工程，阻挠和延缓了日伪修筑通集铁路工程进展，并消灭了伪满军一个团的力量，延缓了敌军对通化地区战略资源的掠夺。③ 这些抗击行动在一定程度上阻碍了日本侵略者的大肆扩张和侵占，在保卫东北地区领土和资源的同时，也使得日军无法毫无顾忌地推行其“以战养战”的计划，大大减轻了国内抗日斗争的压力。

---

① 东北地区中日关系史研究会．中日关系史论丛 第一辑［M］．沈阳：辽宁人民出版社，1982：299.

② 李惠．东北抗日联军斗争史简编［M］．北京：解放军出版社，1987：86.

③ 李惠．东北抗日联军斗争史简编［M］．北京：解放军出版社，1987：119.

3. 在严峻的生存环境中反抗日军统治

日本侵略者为了将东北地区变为其侵略中国更多地区的“基地”，不仅采取了极端残酷的武力侵袭，而且通过建立伪满政权、推行一系列统治政策的方式实现对东北地区的控制，以确保其“后方”稳定。当时伪满政权为配合日本进攻行动，制定了一系列殖民统治政策，包括政治控制、经济封锁和思想清查等方面。在政治上，日伪军在东北农村地区推行“集团部落”统治方式，试图切断抗联部队与东北民众的联系，并采用“保甲制”“连坐法”等方式控制民众，导致抗联在很长一段时间里都是处在孤立无援的境地中作战的。在经济上，日伪政权利用“集团部落”控制农民秋收的粮食流通，严防粮食等物资流入抗联部队手中，颁布《米谷管理法》《主要特产物专管法》，对生活物资采取配给制，切断抗联获得军需给养的通道。① 同时还通过建立殖民性质的公司等方式疯狂掠夺东北地区的财富资源。在思想上，日伪政权对东北地区民众的思想实行严格的管制，凡是对日伪统治者流露出不满或不顺从态度的，都可能被扣上“反满抗日”的帽子，被侵略者施以刑罚。

在政治及军事上遭受持续猛烈打击、在经济上长期缺乏稳定供给、在思想和舆论上受到严厉管制，加之日伪统治者不定期进行的“大检举”“大搜捕”，抗联部队的生存环境十分恶劣，多次被迫进入人迹罕至的山林躲避日伪军搜捕，后期部分

---

① 李惠．东北抗日联军斗争史简编［M］．北京：解放军出版社，1987：93.

主力军队更是进入边境休整，以保存后续力量。在这样严峻的环境中，抗联依然坚持反抗日伪政权的残酷统治，一方面通过游击战等方式打击敌军、缴获军需物资和粮食等；另一方面不断提高自身的组织水平和作战能力，保存和发展壮大实力；同时，积极宣传和动员群众，打破侵略者在政治上、经济上和思想上的封锁。1938 年后，日军在东北地区的统治手段愈加严酷，对侵略过的地区实施烧光、杀光、抢光的“三光政策”，强迫“集团部落”农民提前收割庄稼、迫使“开拓团”所在地区群众成为劳工等事件时有发生，抗联领导人加紧力量动员和组织群众反抗日伪军的殖民统治制度，扩大抗联的政治影响，团结越来越多的力量反抗日本帝国主义的殖民统治。①

（二）抗日民族统一战线中的重要力量

东北抗日联军的重要历史作用不仅在于直接从军事上抗击了日本侵略者，而且作为抗日民族统一战线中重要的武装力量，始终影响着全国的抗日局面。在战略布局上，东北抗日联军始终坚持抵抗日伪军队的侵略，迫使日军投入大量兵力和军费在东北地区的“治安肃正”上，粉碎了日本政府将东北作为后方大本营的战略阴谋；在全国战局的相互配合上，东北抗日联军牵制了大量日军，使日本侵略者无法肆无忌惮地“南进”，分散了日军主力部的进攻；在抗日民族统一战线的建立中，东北抗联是中华民族抗战的一面旗帜，在形势极其恶劣的

---

① 李惠．东北抗日联军斗争史简编［M］．北京：解放军出版社，1987：139.

情况下，抗联军队以血战到底的决心不断抵抗着日伪军的侵略，谱写了许多可歌可泣的英雄故事，极大地鼓舞了全国人民奋起反抗日本侵略者的信心，为抗日民族统一战线的建立注入了强大的精神力量。

1. 粉碎日本以东北为基地的“以战养战”计策

日本帝国主义通过在日伪政权占领区内实施残暴的经济掠夺，以攫取大量利润供给军需，这种作战方式被日本军阀称为“以战养战”。[①] 在《关于国际新形势对新华日报记者的谈话》中，毛泽东指出：日本侵略者“将更厉害地进行其‘以华制华’的政治进攻和‘以战养战’的经济侵略，而在其占领地则将继续疯狂的军事‘扫荡’……在某种适合于日本的时机，日本将发起东方慕尼黑，以某种较大的让步为钓饵，诱胁中国订立城下之盟，用以达其灭亡中国的目的”[②]。在日本帝国主义的侵略计划中，中国东北（满蒙）不仅是侵略中国全境的“入口”，而且将作为整个侵略行动的后方，为殖民扩张提供安全的基地和源源不断的给养。然而，东北抗日武装所开辟的东北战场，“使其战略后方久久不能巩固，推迟了日本全面侵华的步伐，支援了全国的抗战大局”[③]。

“九一八”事变后到“七七”事变前，抗联武装力量总体

① 毛泽东．毛泽东选集 第2卷 2版［M］．北京：人民出版社，1991：586.

② 毛泽东．毛泽东选集 第2卷 2版［M］．北京：人民出版社，1991：583.

③ 吕路军．东北抗联精神研究［D］．长春：吉林大学，2017：32.

上呈现不断发展壮大的态势，发展最高潮时期共有 11 个军，人数超过 4 万人，在北满、东南满、南满地区抗击日伪军。这一时期，抗联军队所创造的战绩深深震撼了日伪政权的统治，为了东北的“治安”，日军不得不向东北地区增派兵力并增拨军费。即便如此，日军的“讨伐”行动依然无法实现其消灭抗日联军的图谋，日本侵略者所选择的“基地”始终处于抗联武装的威胁之下，同时，日军以东北为基地侵略全中国的计划也受到了强烈的阻碍。然而，日军不断增兵东北，1938 年增兵达 50 万，1941 年达到 75 万，“讨伐”行动愈演愈烈。在遭受政治打击、经济封锁和活动范围的严重缩减后，东北抗联在与十倍于自身兵力的日伪军队频繁交战中不可避免地出现了大量减员，到 1939 年底已由 4 万人缩减至不足两千人。在愈加严酷的形势下，东北抗联采用了“战略转移”和“逐步收缩”方针，以更加灵活机动的编制在避开敌军主力部队的地区活动，在保存有生力量的前提下坚持抗战，利用熟悉地形等优势择机打击敌军。① 在漫长的十四年抗战历程中，东北地区的抗日武装无论在多么困难的情况下都不忘保存力量对日本侵略者实施打击。正是因为抗联这种誓死保卫家园的决心，日本侵略者以东北为基地侵略全国的图谋始终没有实现。

2. 消耗日军侵略力量，牵制日军入关，配合全国抗战

东北地区的抗日作战在全国抗战局面中起到了重要的牵制

---

① 吕永华．东北抗日联军艰苦抗战述评［J］．东北师大学报（哲学社会科学版），2004（03）：78-83.

日军作用。日军入侵东北后，一直试图将东北作为侵略中国和殖民扩张的后方，但东北抗日武装的存在让这个所谓的“后方”始终不能稳定，日军不得不动用大量兵力不断对抗日武装进行“讨伐”。据日本陆军省公布的数字显示，从1931年到1935年，日军战死4200人，伤病者17.13万人。[①] 1936年各路军陆续建立后，抗联在组织上和规模上都达到了鼎盛，抗日游击区发展到几十个县，杨靖宇率领的抗联第一路军更是被日军视为“满洲‘治安’之癌”，加之当时的日本社会中流传着“满蒙是日本生命线”的观点，抗联武装的建立使得日本侵略者深感不安。据日关东军参谋部统计，这一年仅日军的“讨伐”作战就超过一千八百九十次，此外，日军还不断向东北地区增兵以打击抗联，到1937年底，在东北的日本关东军兵力达到五个师团，占当时侵华日军的24%。[②] 面对日军越来越严酷的打击，东北抗联部队在1937年10月到12月的三个月内，就与日伪军作战三百余次，并捣毁日伪政权建立的各种铁路设施据点等，各地抗日游击战争呈现蓬勃发展的态势。[③] 在全面抗战爆发前，东北地区的抗日作战就牵制了日军近四分之一的兵力。

东北抗联对日军的牵制作用、对全国战局的影响在“七

---

① 吕路军．东北抗联精神研究［D］．长春：吉林大学，2017：31.

② 李惠．东北抗日联军斗争史简编［M］．北京：解放军出版社，1987：177.

③ 李惠．东北抗日联军斗争史简编［M］．北京：解放军出版社，1987：176.

七”事变爆发后愈加凸显。毛泽东在谈论游击战争对正规战争的战略配合作用时提到东北抗日武装：“东三省的游击战争，在全国抗战未起以前当然不发生配合问题，但在抗战起来以后，配合的意义就明显地表现出来了。那里的游击队多打死一个敌兵，多消耗一个敌弹，多钳制一个敌兵使之不能入关南下，就算对整个抗战增加了一分力量。”① 抗联在东北地区进行的游击战不仅消耗了关东军的兵力，破坏了铁路、桥梁等敌后军事设施，动摇了日伪政府的统治，而且抗联所采取的游击战等战术有效牵制了日军的活动。日本关东军为了应对抗日联军的游击，将全部兵力分散驻守在各地，动用十余万兵力对抗联分区围攻，由此只能派出部分兵力侵入华北，有时还不得不将已抵平津之军队和军需调回东北。② 东北抗日联军的存在，使得日军始终无法全力“南进”。抗联通过在敌人后方进行游击战的方式配合了华北、华东与华南地区的抗日作战，并通过发布《告同胞书》等方式鼓舞、号召全国人民奋起抗日。正如毛泽东所言：“游击战争，在敌人后方所起的削弱敌人、钳制敌人、妨碍敌人运输的作用，和给予全国正规军和全国人民精神上的鼓励等等，都是战略上配合了正规战争。”③ 抗联在

---

① 毛泽东．毛泽东选集 第2卷 2版［M］．北京：人民出版社，1991：416.

② 车霁虹．论东北抗日联军的历史地位及抗战精神［J］．北方文物，2012（04）：106-110.

③ 毛泽东．毛泽东选集 第2卷 2版［M］．北京：人民出版社，1991：416.

东北地区的英勇抗争，不仅在战略上通过牵制日军入关配合了全国抗战局面，而且在精神上鼓舞和巩固了抗日民族统一战线。

3. 保卫革命成果，解放全东北

1940 年以后，东北地区的抗日形势已经十分严峻，东北抗日联军为保存有生力量，决定将主力部队转入苏境休整，只余少部分小分队在边远地区择机打击日伪军队。进入苏联的抗联军队得到了苏军的帮助，系统学习了如侦察、跳伞等一系列技能，提高了军队的整体素质和作战能力。1942 年，苏境中的抗联各部重新整编为教导旅（苏联远东红旗军第 88 旅），在关注国内抗战形势的同时，承担苏军作战中的一些侦察、情报任务，提高了作战的技能，并为返回东北、清剿日本侵略者做好了准备。

1945 年 5 月 8 日，德国法西斯宣布投降，欧洲战场基本结束，世界反法西斯战争也不断加快进程。考虑到东北地区的复杂局势和重要的战略地位，抗日联军教导旅在 8 月召开动员大会，提出抗联反攻作战的两项具体方针：一是“迎接八路军，会师东北”。二是如果第一个方针不能实现，可实行第二个方针，即“坚持独立游击战争，反对国民党进攻，动员东北群众，保卫东北”。① 1945 年 8 月 9 日，苏军进攻关东军，抗联士兵在行动中担任了侦察和向导工作，并负责清剿溃散的日

---

① 穆占一 . 论东北抗联的独特贡献与历史地位［J］. 社会科学战线，2020（08）：123-129.

军。15 日，日本宣布无条件投降，9 月 6 日，抗联教导旅第一批干部人员由苏联返回东北，第一时间抢占了长春、哈尔滨、沈阳、佳木斯、牡丹江、嫩江、海伦、绥化、北安、吉林、延吉和大连 12 个战略要地及 45 个战略要点，对全东北实施军事管制。9 月 15 日，中共东北中央局成立。在中央“向北发展、向南防御”的决策下，抗联干部立即在各地开展“三建”（即建军、建党、建政）工作，协助进驻东北的八路军铲除残余的日伪势力，发动和宣传群众，并提防国民党的进攻。① 1946 年 1 月，东北抗日联军改称东北民主联军，完成了保卫革命成果、解放全东北的历史使命，这对解放战争的胜利具有重要意义。

（三）为世界反法西斯战争作出巨大贡献

东北战场的开辟，在地缘格局上不仅牵制日军“南进”，配合了华北等地的抗战，而且对于阻碍日军“北进”侵犯苏联具有重要作用。② 因此，无论是从东北战场自身的意义，还是反抗日本法西斯的全局上来看，东北抗日联军对日本侵略者的削弱和牵制都对抗日战争的最终胜利起到了不可替代的作用，东北战场是世界反法西斯战场的重要组成部分。同时，日本帝国主义的野心不止于进攻中国，中国周边的朝鲜等国家都遭受了日军的侵犯。在十四年抗战过程中，抗联与周边朝鲜等

---

① 穆占一．论东北抗联的独特贡献与历史地位［J］．社会科学战线，2020（08）：123-129.

② 赵俊清．东北亚反日本法西斯力量的聚结及其历史意义——兼论东北抗联与苏联远东军的关系［J］．学术交流，1995（05）：124-128.

国相互协助，同仇敌忾抗击日本侵略军，结下了深厚的革命友谊，粉碎了日军“征服”亚洲的图谋，对世界反法西斯战争的最终胜利意义重大。

1. 号召、联合国际反法西斯民众协同作战

日本帝国主义侵略的目标包括中国、朝鲜等东亚各国，东亚各国人民与中国人民一样面临着严重的民族危机，需要携起手来共同对抗日本侵略者。在“九一八”事变后，中共满洲省委作出了联合朝鲜被压迫民众反抗日本侵略者的决定，并通过一系列宣言、口号动员民众联合起来推翻日本殖民统治者在满洲的统治。1931 年 9 月 20 日，满洲省委发布《中共满洲省委、团满洲省委告群众书》，号召“全满洲朝鲜工人、农民、学生及一切劳苦群众起来，反对日本帝国主义武装占领满洲”①。之后又不断以宣言、告群众书等方式动员中日韩及满蒙人民群众武装反抗日本侵略者的反动统治，并提出“组织中韩反帝大同盟”② 等口号，团结各国、各民族人民共同抗日。

为了应对日军不断加深的殖民侵略，东北抗联与各国反法西斯民众在战略上、组织上和思想上更加密切地联合在一起。据统计，“九一八”事变后，中共在东北建立的游击队中有大量朝鲜族、朝鲜籍民众，在一些武装组织中，朝鲜族、朝鲜籍

---

① 中央档案馆，辽宁省档案馆，吉林省档案馆，等．东北地区革命历史文件汇集［M］．1989：51.

② 中央档案馆，辽宁省档案馆，吉林省档案馆，等．东北地区革命历史文件汇集［M］．1989：207.

民众占据了主力，如饶河农工义勇军全营120余人中，除1名汉族队员外全部为朝鲜族。[①] 东北抗日联军成立后，朝鲜籍将士依然在一些部队中占据了相当比重，例如，在东北抗日联军第二军第三师中，师长金日成为朝鲜籍，其辖下第七、八团等多个部队中，朝鲜籍士兵的比重都在三分之一以上。[②] 朝鲜人民加入抗联武装，与中国人民一同抗击日本侵略军，壮大了东北地区的抗日武装力量。在东北各地的抗战中，中、朝各国将领率领部队密切合作，为保护友军不惜付出巨大牺牲，这种国际主义精神使得东亚地区反法西斯同盟的联系不断巩固，形成了打击日本帝国主义的强大力量。

2. 牵制日军，配合苏联远东地区作战

东北抗联的存在增强了远东地区反法西斯同盟的力量。在日军初期的侵略计划中，“北进”苏联是重要的战略目标。日本陆军参谋本部所制定的《国防国策大纲》中明确表述“先应倾注所有兵力使苏联屈服”，而“征服”满洲则是为了“以中国大陆为腹地”确保“北进”计划顺利实施。[③] 然而，抗联对日本侵略者的反抗牵制了日军大量的兵力，《日本外交史》中记载：“由于满洲人民的反满抗日斗争，……致使本来的

---

① 杨昭全，车哲九，金春善，等. 中国朝鲜族革命斗争史［M］. 长春：吉林人民出版社，2007：282.

② 刘信君. 论中国共产党在东北抗战中的重大历史贡献［J］. 学习与探索，2021（08）：1-8.

③ 李小白，周颂伦. 日本北进、南进战略演进过程述考［J］. 抗日战争研究，2010（01）：93-100.

目的——整备对苏战略体制，始终也未得进展。……到了1934年，……满洲的抗日军队大部分接受了中国共产党的领导，……关东军仍然不得不继续苦于武装抗日斗争。”① 侵华战争的长期化不仅使关东军大部留驻在中国东北地区，而且打乱了日军的侵略计划，使日本军部面临巨大的压力，加之1939年5月“诺门坎事件”的发生，日军在与苏联作战中遇到严重挫折，不得不暂停最初“北进”苏联的计划，转而“南进”侵略中国。抗联的抗日斗争配合了苏联在远东地区的战略安排，为苏联牵制了日军力量以分兵应对德国法西斯的进攻，为世界反法西斯战争的最终胜利提供了有利条件。

1940年后，由于抗联在东北地区的活动已经极为艰难，抗联领导人决定逐步将抗联主力转入苏联境内活动，并借机整编，集中力量以应对战争形势的变化。1942年8月，在苏联当局的支持下，抗联教导旅正式成立，全旅共1500人，其中抗联人员640人。② 教导旅在组织、训练和物资方面都得到了苏军的帮助，同时，自成立初始到1945年夏返回中国，教导旅在苏期间一直积极配合苏军的军事行动，执行战术侦察、监视、扰乱以及为苏军提供向导等十分重要而危险的任务，甚至付出了生命的代价。据统计，抗联教导旅先后派出约300人次返回东北执行侦察任务，获得了部分日军筑垒的位置、结构及

① 信夫清三郎．日本外交史［M］．天津社会科学院日本问题研究所，译．北京：商务印书馆，1980：601-602.

② 赵俊清．东北亚反日本法西斯力量的聚结及其历史意义——兼论东北抗联与苏联远东军的关系［J］．学术交流，1995（05）：124-128.

日军番号、调动情况等重要情报，为支持苏军对日作战提供了有力支持。[①] 为此，远东苏军总司令华西列夫斯基元帅给教导旅发来感谢电：“第八十八旅英勇的中国战士们，感谢你们用生命和鲜血换来的情报，为我们远东军进攻中国东北起了重大的作用，特别是对日本关东军戒备森严的要塞堡垒进行的侦察和营救活动，高度体现了中国战士的优秀品格和顽强的战斗精神。我代表苏联人民感谢你们并向你们致以崇高的敬意。”[②] 在 1945 年苏军对关东军的作战行动中，教导旅承担了向导任务，利用熟悉东北地形的长处协助苏军对日作战，加速了日本法西斯的灭亡。

3. 东北抗联精神激励世界反法西斯力量团结抗战

在长期的抗日斗争中，东北抗联军民共同构筑了伟大的抗联精神，首先体现为救亡图存的觉醒意识和誓死卫国的爱国主义精神。面对侵华日军的暴行，东北抗日武装奋起反抗，在敌人极端残酷、自然和政治环境极端困难的情况下始终坚持抗日，为了削弱日军力量、阻止日本帝国主义的侵略，不惜牺牲生命，付出了巨大的代价。由于东北特殊的地理位置和日军的隔绝政策，抗联与中共中央失去联系达十年之久，很长一段时间里都是处在孤立无援的境地中与日军作战。抗联领导人始终坚持团结一切可以团结的力量，发动东北 400 万军民投入反抗

---

① 李惠．东北抗日联军斗争史简编［M］．北京：解放军出版社，1987：149-150.

② 中共党史出版社．东北抗联：绝地战歌［M］．北京：中共党史出版社，2012：28.

日本帝国主义侵略的英勇斗争中。① 可以说，抗联的英勇抗争推动了中华民族抗日救国意识的觉醒。

在十四年抗日战争的历程中，抗联军民谱写了许多震撼人心的爱国抗日英雄事迹。杨靖宇率领抗联第一路军剿灭了大量日伪军，在极端困苦的环境中坚持对日作战到最后一刻，被敌人残忍剖开胃部时发现胃里没有一粒粮食，只有草根和棉絮；赵一曼在被捕后坚持保守党的秘密，受尽非人折磨后英勇就义；"八女投江""莲花泡四十二烈士"等英雄事迹令人动容……据统计，1931 年至 1945 年，中国共产党领导的抗日武装部队共损失 91.4 万余人，其中东北义勇军和东北抗联伤亡 33 万余人，占总损失的 36%，东北人民革命军及东北抗联师以上干部 100 余人英勇牺牲，其中军以上干部高达 38 人。② 抗联将士这种不畏牺牲、视死如归的精神，坚定了全国军民抵抗日本侵略者的决心，也强烈动摇了日伪军作战的信心，如同一面旗帜，号召着全世界反法西斯同盟英勇奋战，共同迎来反法西斯战争的最终胜利。

三、东北抗联的历史价值与时代价值

（一）东北抗联的历史价值

1. 支撑东北抗日危局的中流砥柱

1931 年 9 月 18 日，日本帝国主义蓄意发动了震惊中外的

---

① 张秀振，刘海涛．东北抗日武装统一战线的形成及其历史地位［J］．理论探讨，2001（06）：89-90.

② 刘信君．论中国共产党在东北抗战中的重大历史贡献［J］．学习与探索，2021（08）：1-8.

“九一八”事变，次日便占领沈阳。随后在短短几个月的时间内陆续占领了东北三省。对于日军的侵略，国民党奉行不抵抗政策，对日军暴行视而不见，这在极大程度上助长了日本的侵略野心。

1932 年 2 月，东北全境沦陷。一时之间，山河变色，日月无光，民众饱受蹂躏，惨遭杀戮，遭受深重苦难，陷入水深火热的境地。1932 年 3 月 1 日，伪满洲国成立。随着“日满密约”的签订，日本人控制了伪满洲国的政治、军事、财政等大权，中国东北从此沦为日本的殖民统治地区。① 1932 年 9 月 15 日，日军发动惨绝人寰的大屠杀，这是日本侵略者对中国进行的第一场针对无辜平民的大屠杀，史称“平顶山惨案”。数千名平民百姓的生命因日本侵略者的邪念而陨落，一时之间，昔日的平顶山村血流成河，尸横遍野。

1936 年 2 月 20 日，《东北抗日联军统一军队建制宣言》的发表，标志着东北武装一律改组建制为“东北抗日联军”。他们积极响应中国共产党的号召，心怀对日本帝国主义的仇恨，高举抗日救国旗帜，斩木为兵，揭竿为旗，誓死保卫国土。东北抗联的著名领导人之一李兆麟同志与战友们所撰写的《露营之歌》中有这样一句歌词：“壮士们！精诚奋发横扫嫩江原。伟志兮！何能消减，全民族，各阶级，团结起，夺回我河山。”② 这

---

① 朱秀海．东北抗联征战纪实 2 版［M］．北京：解放军文艺出版社，2002：15.

② 中共党史出版社．东北抗联：绝地战歌［M］．北京：中共党史出版社，2012：52.

首歌激励着东北抗日联军克服种种困难，为保家卫国而奋起反抗，浴血奋战。值得关注的是，在敌强我弱的形势下，敌后军民发挥聪明才智，创造出了诸如地道战、地雷战、麻雀战等游击战形式，使敌人措手不及。在此情形下，日军认为自身作战是“真正掉在泥潭中的浴血奋战，是不分昼夜的、连续不断的、长期的、没有结果的战斗”①。“从东北抗日联军成为东北抗日战争的主角那一天起，东北这块土地，才真正成了一块沉重的土地。白雪也会燃烧，石头里也会爆发出枪弹，山林里的每一棵树都会变成一名战士。”② 东北抗联与敌人殊死搏斗，攻袭了敌人侵略据点，破坏了敌人通信、交通，挫伤了敌人的进攻锐气，给予了日军以沉重打击，成为支撑东北救亡图存的重要武装力量。

2. 鼓舞人民一致抗日的精神源泉

东北抗联的斗争，是中国人民抗日战争的起点，在一定程度上激发了东北民众与全国人民一致抗日的信心与勇气，为夺取全国解放战争的胜利作出了无可替代的历史性贡献。一方面，在抗战十四年间，东北抗日联军以其鲜明的抗日旗帜、空前的爱国热情，始终奋战在全国抗日战争的第一线，为东北地区和全国的解放抛头颅、洒热血。“朔风怒吼，大雪飞扬，征马踟蹰，冷气侵人夜难眠。火烤胸

---

① 日本防卫厅战史室．华北治安战 下［M］．天津市政协编译组，译．天津：天津人民出版社，1982：442.

② 朱秀海．东北抗联征战纪实 2版［M］．北京：解放军文艺出版社，2002：20.

前暖，风吹背后寒”①，正是抗联将士们艰苦战争生活的真实写照。东北地区的冬天漫长而寒冷，冰天雪地，缺衣少粮。抗联战士们常常饥寒交迫，夜不能寐。他们以兽皮裹身，以树皮充饥。② 但严寒的天气与残酷的周遭环境丝毫没能抵挡他们强烈的爱国热情，也丝毫没能动摇他们必胜的信念。1931 年 11 月 4 日，由马占山积极组织军民武装力量发动的“江桥抗战”，打响了武装抗击日军侵略者的第一枪。此次抗战虽因寡不敌众以失败告终，却唤起了亿万军民的爱国热情。天下兴亡，匹夫有责，东北抗联的英勇抗争激励无数东北民众团结一致，展现出空前的民族凝聚力。各地纷纷举行抗日救国大会，农工商各界人士游行请愿，为抗战胜利打下了坚实的群众基础，从而推动了抗日救亡运动的发展。

另一方面，由中国共产党发表的号召民众一致抗日的宣言、由抗日联军创作的军歌等也在很大程度上激发了民众的抗日斗志。例如，1935 年 8 月 1 日，由中国共产党驻共产国际代表团草拟的《为抗日救国告全体同胞书》中明确指出：“我国家、我民族，已处在千钧一发的生死关头。抗日则生，不抗日则死，抗日救国，已成为每个同胞的神圣天职！”这给中国人民反对日本帝国主义的斗争指明了方向，在全社会各阶层中引起强烈反响，从而有力推动了全国抗日救亡运动

① 中共党史出版社．东北抗联：绝地战歌［M］．北京：中共党史出版社，2012：52.

② 中共党史出版社．东北抗联：绝地战歌［M］．北京：中共党史出版社，2012：10.

的蓬勃发展。又如抗日联军第一路军军歌中所唱的那样，“一切的抗日民众领导起来，各民族共同团结紧。夺回来沦丧的我祖国，解放了亡国奴再不做马牛”，字里行间流露出东北抗日联军抗日救国、宁死不屈的坚定信念，这信念也成为激励全国人民抗日救国的精神源泉。东北民众与全国人民团结一心，抵御外敌，消灭日军大量兵力，沉重打击了侵略者的嚣张气焰，粉碎了日军三个月内灭亡中国的侵略图谋，英勇地捍卫了中华民族的神圣尊严，共同谱写了可歌可泣、惊天动地的英雄史诗。

3. 激励中国共产党捍卫领土完整的不竭动力

东北地区地域辽阔，土壤肥沃，水源充足，交通便利，煤矿、铁矿、石油资源丰富，因而在政治、经济、军事上处于极为重要的战略地位。正如毛泽东同志在党的七大上所指出的那样：“如果我们把现有的一切根据地都丢了，只要我们有了东北，那么中国革命就有了巩固的基础。”日军侵华时期，东北便是作为日本侵略者征服中国大陆的跳板而存在的。一旦东北地区被攻陷，后果将不堪设想。但当时国民党政府奉行“攘外必先安内”的政策，使得日军在仅仅四个月零十八天的时间内便占领了东北的主要城镇及交通要道。

在关乎民族生死存亡的危急关头，中国共产党坚持以人民利益为重，将国家命运与个人命运紧密相连，发表一系列文件与决议号召广大民众团结一心，抵抗侵略，并对当时东北抗日义勇军发起的抗争给予大力支持。党组织的领导坚强而有力，正如毛泽东同志所说：“党的组织，则是掌握统一战线和武装斗争这两个武器以实行对敌冲锋陷阵的英勇战士。”[①] 大批爱国志士在中国共产党高举的抗日旗帜之下投身战争，誓死保卫祖国领土完整。在东北抗日义勇军的斗争失败后，中国共产党相继创建和领导了反日游击队、东北人民革命军以及东北抗日联军等武装力量，成为东北地区抗日战场的中流砥柱。尽管敌我力量悬殊，但东北抗联毫不畏惧，通过袭击敌军据点、破袭敌军铁路、妨碍敌军交通运输等行动，沉重打击了敌人的嚣张气焰，振奋了民族精神。[②] 在这场长达十四年之久的惨烈战争中，千千万万的共产党人与杨靖宇、王德泰、李延平等抗联部队的高级将领流血牺牲，献出了他们宝贵的生命。据统计，从1931 年至 1945 年，中国共产党领导的抗日武装部队共损失91.4 万余人，其中东北义勇军和东北抗日联军等伤亡 33 万余人，占总损失的约 36%。[③] 这些革命先烈们不畏强敌、视死如归，以坚定的爱国主义精神为引领，用他们的血肉铸成了永垂不朽的钢铁长城，用他们的生命挺起了中华民族的脊梁。这既是东北抗日联军在中国革命史上谱写的壮丽诗篇，也是中国共产党誓死捍卫领土完整的坚定决心的最好彰显。

4. 推动世界反法西斯战争胜利的重要条件

东北地区北连苏联，东接朝鲜，既是日本向西伯利亚及欧

---

① 毛泽东. 毛泽东选集 第 2 卷 2 版 [M]. 北京：人民出版社，1991：613.

② 李惠. 东北抗日联军斗争史简编 [M]. 北京：解放军出版社，1987：177.

③ 刘庭华. 中国抗日战争与第二次世界大战统计 [M]. 北京：解放军出版社，2012：178.

洲发展的跳板，也是日本向东亚扩张的必经之路。由此可见，日军侵华并非以东北为终极目标，而是妄图由此实现称霸世界的狼虎野心。中国战场的形势直接关系到世界反法西斯战争局势的变化。

因此，一方面，立足国内，东北抗联作为世界反法西斯战争的重要方面军之一，率先开始了抵抗日本法西斯的斗争，建立起广泛的反法西斯统一战线，揭开了世界反法西斯战争的序幕。东北抗联所展现出的誓死保卫祖国的决心和勇气，振奋了世界被压迫民族和人民的心，从而为世界反法西斯战争的胜利、为维护世界和平作出了巨大贡献。

另一方面，放眼国际合作，在“九一八”事变后，中国共产党便制定政策——联合朝鲜民众一致抗日，并肩战斗。对此，周恩来同志曾说：“东北抗联实际上是中朝两国人民的联合军。”① 此外，东北抗联也与苏军紧密配合，共同对敌。苏德战争爆发后，东北抗联广泛开展的抗日游击战争牵制了日本陆军主力北进苏联，维护了苏联边境安全。而苏联也在抗战中积极地为中国提供物资支援，协助抗日战争。中朝苏三国一致抗日，不仅有效支援了中国抗战，加速了朝鲜的独立进程，有效牵制了日军对苏联的侵略行动，更重要的是推动了世界反法西斯战争胜利的进程。东北抗联军作为中国反法西斯战争胜利的重要先锋，以自身的英勇抗争，延缓了敌人对其他国家进行

① 陆毅．韩光党史工作文集［M］．北京：中央文献出版社，1997：65.

侵略的进程，也鼓舞了全世界人民反法西斯的斗志。

此外，作为建立国际反法西斯同盟的积极倡导者，中国为了推进国际反法西斯统一战线的建立，于 1941 年 10 月召开了东方各民族反法西斯代表大会。此次大会的参会国家包括了朝鲜、越南、印度、缅甸等。这是一次团结东方各民族人民共同反法西斯的盛会，也是中国共产党为推动国际反法西斯统一战线的建立而开展的重要活动。1942 年 1 月 1 日，由中、美、英、苏四国领衔的 26 个国家共同签署《联合国家宣言》，标志着国际反法西斯统一战线正式建立，壮大了反法西斯的力量，加快了战争胜利的进程。由此，世界反法西斯战争揭开了崭新的一页。可见，无论是东北抗联直接对日作战，还是协同朝鲜苏联等国一致抗日，抑或是为推动国际反法西斯统一战线而召开国际会议，中国都为推动世界反法西斯战争的胜利作出巨大贡献。

（二）东北抗联的时代价值

1. 凸显学术价值，助力学术研究

东北抗联精神是世界反法西斯历史学术研究的重要组成。从 1931 年“九一八”事变开始，到 1945 年 8 月 15 日日本天皇裕仁通过广播向全日本和世界宣读《终战诏书》，宣告无条件投降为止，东北抗联精神始终发挥着重要作用，其价值不仅仅在于激励了民族斗志，抵抗了外来侵略，挽救了东北存亡，捍卫了领土完整，更在于拉开了世界反法西斯战争的序幕，构成了世界反法西斯战争中不可或缺的重要力量，为维护世界和平作出了重大贡献。正如毛泽东同志曾指出：“中国的抗战不但为了自救，且在全世界反法西斯阵线中尽了它的伟大责任。”① 可以说，中国反法西斯战场是世界反法西斯战争中开始最早、持续时间最长、牵制和毙伤日军陆军最多、贡献最大的。2020 年，习近平总书记在纪念中国人民抗日战争暨世界反法西斯战争胜利 75 周年座谈会上，曾这样评价中国的抗日战争：“这个伟大胜利，是中华民族从近代以来陷入深重危机走向伟大复兴的历史转折点、也是世界反法西斯战争胜利的重要组成部分，是中国人民的胜利、也是世界人民的胜利。”②

1945 年，世界反法西斯战争迎来了胜利的光辉时刻。文明要前进必定回溯历史，唯有铭记历史，人类文明才能走在进步之路。这场战争虽然已经结束，但具有十分重要的学术研究价值与意义。随着时代的发展，东北抗联精神的影响力不断扩大，学术领域对东北抗联的研究日益蓬勃发展。通过查阅相关文献，或组织相关研究机构、高校等对研究资源进行整合等方式，可以充分了解东北抗联在世界反法西斯战争中作出的伟大贡献，从而有助于推动世界反法西斯历史学术研究。这将有利于世界各国人民铭记和总结历史经验，维护来之不易的反法西斯战争的伟大成果，以持续推动构建人类命运共同体的进程，推动各国合作共赢，最终促进世界和平发展。

---

① 毛泽东．毛泽东选集 第 2 卷 2 版［M］．北京：人民出版社，1991：375.

② 习近平．在纪念中国人民抗日战争暨世界反法西斯战争胜利 75 周年座谈会上的讲话［N］．人民日报，2020-09-03.

2. 弘扬抗联精神，传承红色基因

人无精神不立，国无精神不强。在东北抗联历时十四年的斗争中，抗日联军以其艰苦奋斗、不畏牺牲、不畏强敌、不屈不挠、英勇拼搏的精神面貌，与日本侵略者进行殊死抗争，铸就了伟大的抗联精神。虽然目前学界对于东北抗联精神的内涵尚未形成统一的界定，但究其根本，东北抗联精神的内涵界定始终围绕着爱国主义精神、英勇牺牲精神等展开。这是中华民族精神的生动体现，也是中国共产党的红色基因的充分彰显。

正如抗战胜利后彭真同志在听取东北抗联主要领导人汇报后所说的那样，我党革命斗争中最艰苦的三个时期，其一为长征时期，其二为南方的三年游击战争，其三便是东北抗联。① 面对日本帝国主义的侵略，东北抗联不屈不挠，前赴后继，抗战到底。艰苦的生存环境与敌强我弱的战争态势丝毫没有动摇东北抗联的坚定信念，其斗争历时最久，伤亡最为惨重。无数抗联将士血洒疆场，“捐躯赴国难”，为保家卫国作出巨大牺牲。不能忘，东北抗联第五军妇女团的八名女战士在遭遇敌人围追堵截之时，眼前是凶狠的敌人，身后是波涛汹涌的河水，但她们临危不惧，顽强抵抗，在弹尽路绝之际，她们下定决心“宁死也不做俘虏”，手挽手投入乌斯浑河中壮烈牺牲。不能忘，杨靖宇同志牺牲后，敌人剖开他的腹部，发现他的胃里仅

---

① 经希军，邵汉明．通化历史文化研究［M］．北京：人民出版社，2018：435.

有枯草、树皮和棉絮。① 不能忘，赵一曼同志被捕入狱，受尽酷刑，却仍然坚贞不屈，信仰坚定。怎敢忘，在十四年的抗日战争中，数以万计的抗联志士用血肉之躯筑起钢铁长城，他们那无惧牺牲、视死如归的精神，将成为新时代下中国人民的重要精神源泉，永远激励着我们克服艰难险阻。其光辉业绩永世长存，其民族气节可歌可泣。

如今，在中国共产党的带领之下，中国特色社会主义进入新时代。在此背景下，除了应赋予东北抗联精神新的时代内涵并将之不断弘扬，还应当将其作为重要的教育资源以呼吁全社会重视。大中小学可以通过开展红色教育课程、组织学生参与社会实践活动等形式学习并弘扬东北抗联精神、传承红色基因，引导青少年心怀爱国热情，凝聚中国力量，开拓创新，奋勇拼搏，坚持走中国特色社会主义道路，为实现中华民族伟大复兴的中国梦而不懈奋斗。

3. 强化爱国教育，激发爱国热情

回望过去，深重国难孕育爱国情怀，爱国主义精神深深植根于祖国历史土壤中，也扎根于每一位中华儿女的心中。立足当下，在2020年的新年贺词中，习近平主席这样说道："爱国主义情感让我们热泪盈眶，爱国主义精神构筑起民族的脊梁。"这是我们民族精神的核心，也是中华民族团结奋斗、自强不息的精神纽带。如今，我们身处中国特色社会主义新时代，必须

---

① 中共党史出版社．东北抗联：绝地战歌［M］．北京：中共党史出版社，2012：36.

将爱国主义教育作为思想政治教育的重要内容，融入精神文明建设的全过程中，发挥其对青少年世界观、人生观、价值观的塑造乃至推动青少年未来发展的关键作用。

在民族危亡之际，东北抗联不畏牺牲，挺身而出，与敌人英勇抗争。他们并非孤军作战，而是团结了中国的工人、农民、商人、知识分子，联合了各地的爱国志士、爱国团体以及一切抗日政党，为中华民族崛起贡献了巨大力量。何以团结，凭借的便是千千万万中华儿女对祖国的浓厚热爱，便是矢志不渝、坚贞报国的爱国主义精神。1953 年 1 月 1 日和 1963 年 6 月，周恩来同志两次视察东北烈士纪念馆并作出指示："要广泛搜集革命烈士的事迹和文物，向群众进行革命传统教育。"① 可见，东北抗联精神始终是重要的教育资源，在当今时代更是如此。

因此，一方面，要发挥学校主阵地作用。在我国大中小学的各个学段重视挖掘东北抗联对爱国主义教育的重要作用，根据学生不同年龄阶段特征，通过开设专门的爱国主义教育课程、举办以东北抗联为主题的观影活动、举办主题合唱或书法比赛、参观东北抗联博物馆或纪念馆（如杨靖宇烈士陵园暨东北抗日联军纪念馆、东北抗联史实陈列馆、东北抗日联军战绩纪念塔等）、参观革命烈士陵园等途径进行爱国主义教育。另一方面，要重视社会教育。应深入挖掘东北地区的文化资源，

① 中共中央文献研究室．周恩来年谱（1949—1976）　上卷［M］．北京：中央文献出版社，1997：277.

加强对东北抗联精神的宣传与弘扬，凝聚全社会力量创作优秀的文化作品。以《东北抗日联军》历史纪录片为例，这一以东北抗联十四年战斗史为主题的大型纪录片，始终坚持真实还原历史的原则，利用文献、图片等形式再现了东北抗联的历史，播出后赢得观众一致好评。这些形式的爱国主义教育不仅能使青少年切身感受东北抗日联军生活战斗环境的艰苦，深刻认识到东北抗联精神对于中华民族的重要价值，而且能够激励青少年以在东北抗联斗争中作出巨大贡献的革命先烈为榜样，引导他们树立“为中华之崛起而读书”的宏伟理想，向着实现中华民族的伟大复兴的彼岸奋发前进。

第四章

抗联密营：艰苦卓绝的抗日精神丰碑

英雄的脚步，踏遍了这里的山水；英雄的热血，滋养着这片肥沃的黑土；英雄的名字，荡漾于松江之畔；英雄的事迹，鼓舞激励着世代儿女。在吉林省桦甸市有这样一座精神堡垒——东北抗联蒿子湖密营。它位于红石国家森林公园红白旅游线（即红石林业局—白山电站旅游线）23.6公里处，是东北抗联精神的发祥地之一。它始建于1936年，是东北抗联将士们曾经生活、战斗过的地方，被称为革命圣地。东北抗日联军是最早对日作战、条件最艰苦、斗争时间最长的一支英雄队伍。十四年间，他们在极端艰苦的深山密林之中英勇奋斗、顽强抵抗，深刻诠释了歼不灭、困不住、难不倒的铮铮铁骨。1938年到1940年间，杨靖宇将军带领东北抗联第一路军在这里同日本侵略者展开了顽强抵抗。抗联将士们大义凛然、不惧生死，为东北地区的解放和中华民族抗日战争的伟大胜利建起一座座不朽的丰碑。

2014年9月3日，习近平总书记在纪念中国人民抗日战争暨世界反法西斯战争胜利69周年座谈会上的讲话中提到，无论是正面战场还是敌后战场，中国人民不畏强暴，英勇抗敌。“杨靖宇、赵尚志、左权、彭雪枫、佟麟阁、赵登禹、张自忠、戴安澜等一批抗日将领，八路军‘狼牙山五壮士’、新四军‘刘老庄连’、东北抗联八位女战士、国民党军‘八百壮士’等众多英雄群体，就是中国人民不畏强暴、以身殉国的杰出代表。”① 杨靖宇将军位居众抗日将领的首位。伟大的东北抗联精神是中华民族前进发展的重要动力。深度挖掘以杨靖宇将军为代表的革命英雄故事，学习领会其中的抗日精神，在实现中华民族伟大复兴的今天显得尤为关键和迫切。基于此，本章将主要对抗联密营——这座艰苦卓绝的抗日丰碑进行全面、深度、细致的描写与刻画，从物质、活动、精神三个层面再现东北抗联密营，从抗联密营的空间场景素描、浴血奋战的抗日活动再现以及红色精神传递三个主题出发，领会其中蕴藏的宝贵精神财富。

一、深山中的战斗地：东北抗联精神的孕育土壤

抗联密营是艰苦卓绝的抗日战争的生动体现，也是杨靖宇英雄无畏拼搏的真实写照。它记录着那段艰苦的岁月，蕴含着丰富的精神财富。在解读杨靖宇将军以及东北抗联精神之前，首先需要对东北抗联密营这一物质符号进行深度素描，把握其

---

① 习近平．在纪念中国人民抗日战争暨世界反法西斯战争胜利69周年座谈会上的讲话［N］．人民日报，2014-09-04（002）．

存在的时间和空间。为此，本部分走进这所精神堡垒，从东北抗联密营的修建背景、发展历程、空间刻画、性质类型四个方面对这一“深山中的战斗地”进行场景素描。

（一）东北抗联密营的修建背景

20 世纪初，在东北地区的抗日战场上活跃着这样一支抗日武装力量，它是在中国共产党领导下的一支独特的军队，即“东北抗联第一路军”，杨靖宇将军担任当时军队的总司令。在杨靖宇将军的英明领导下，这支军队高举“抗战救国”的伟大民族旗帜，转战于林海雪原，奋战在白山黑水，英勇抗击敌军。“杨靖宇”这个名字也令日本侵略者闻风丧胆，令身处烽火之中的百姓为之振奋。

第一次世界大战后，帝国主义集团和苏维埃政权都受到极大冲击。日本趁欧洲列强自顾不暇之际，在我国东北地区大肆扩充势力，进一步谋求在我国东北地区的权益。面对复杂的国际形势，欧洲列国均从自身利益的角度出发，对日本在我国东北地区的侵略行径保持着“中立”态度，对日本与我国东北地区之间的战争问题采取“不干涉”“不参与”的态度。随后日本与俄国为了争夺在我国东北地区的绝对控制权，发动了日俄战争，最终这场战争以俄国的失败而告终。为此，俄国不得不交出辽东半岛特权。借此机会，日本帝国主义占有我国东北地区的狼子野心也日渐暴露，他们逐步扩大在东北地区的势力范围。

1931 年 9 月 18 日，日本关东军蓄意制造了震惊中外的“九一八”事变。日本侵略者按照精心策划的阴谋，首先炸毁沈阳柳条湖附近日本修筑的南满铁路，然后处心积虑地将这件事情嫁祸给中国官兵，并以此为借口进攻、侵占我国东北地区的沈阳城。由于当时国民党政府下达了不抵抗命令，日本侵略者一夜间便占领了整个沈阳城。“九一八”事变由此爆发。“九一八”事变的爆发，不仅改变了我国东北地区的命运，也改变了整个中华民族的命运。短短几月，东北地区便全面沦陷，东北局势也随之发生微妙的变化。美国、英国以及苏联三国均从自身利益出发，采取消极应对的方式，遵从绥靖政策，放任日本在我国东北地区的侵略行径。不久，位于吉林市的桦甸地区便沦陷了。

面对国家沦陷、民族危亡的悲惨状况，无数中华儿女义愤填膺，民族认同感与民族责任感得到前所未有的激发。① 他们纷纷拿起手中的武器奋起抵抗，共赴国难。1935 年，桦甸市红石林区迎来了一位英雄将领——杨靖宇将军。杨靖宇将军在蒿子湖密营、西南岔密营两座密营中度过了艰苦的五年时光。1936 年 7 月，“河里会议”召开后，东北人民革命军第一军改编为东北抗日联军第一路军，杨靖宇任军长兼政委。1937 年的夏天，东北抗联第一路军在杨靖宇的带领之下，在桦甸地区先后三次攻打红石砬子，突击木其河木场，并且缴获众多生活物资和枪支弹药，给日本侵略者造成重大的打击。在这片热土上，杨靖宇先后指挥并且参与大大小小的战斗百余次，进行多

---

① 郑大华．论“九一八”事变后“中华民族复兴”思潮的形成［J］．史学月刊，2015（05）：64-72.

次抗战部署。其中，比较具有影响力的战役包括“火烧木其河老集团之战”“柳树河子之战”等。

1939年末，日伪政权逐步意识到形势的严峻性，于是开始对吉林市红石林地区的东北抗联将士进行疯狂残害和大规模屠杀。日本侵略者一个重要举措是推行“集家并村”政策，制造无人区。他们妄图将东北抗联围成一个“孤岛”，断绝抗联与外界群众的各种联系，从而让他们逐渐失去战斗力。[①] 杨靖宇在红石砬子主持召开东北抗联第一路军的高级干部紧急军事会议，会议对当前的紧迫局势进行全面讨论。会议一致决定，为了避免日军的残酷围攻和疯狂打击，同时尽可能地保存实力，抗日将士们需要进行分散式活动，将军队目标由大化小。[②] 根据会议决定，杨靖宇将军首先带领一小股将士转移至蒙江一带。面对这样的情况，一些意志力薄弱、思想信念不坚定的抗联战士成了组织的叛徒，投靠了日本侵略者。这使东北抗联的处境更加艰难。面对这样的状况，东北抗联将士们不得不采用保存实力的方式，暂时退居到辉南和蒙江附近的深山密林之中。即便处于深山之中，面对如此艰苦的环境，抗联将士也不曾有一丝的停歇放松。他们积蓄力量、收集情报、治疗伤员、补充军需、谋划作战，始终顽强地进行着敌后游击斗争。抗联将士们生活和战斗过的地方被当地的人民群众称之为“密

---

① 霍辽原．东北抗日联军第一军［M］．哈尔滨：黑龙江人民出版社，2005：40.

② 宋晓宏，高峰，傅伟．永久的丰碑：杨靖宇将军资料汇编［M］．长春：吉林文史出版社，2005：23.

营”。

1940年2月23日，杨靖宇的藏身之处被日伪军层层包围。杨靖宇在与日军激战许久后，在敌众我寡的状况下，不幸被日军残害。日本侵略者原以为东北抗联第一路军在失去杨靖宇将军这个“神”一般的将领坐镇指挥后会军心大乱，丧失军队战斗力，进而一蹶不振。可是，东北抗联第一路军没有放弃，依旧顽强抵抗。这也使得日本侵略者意识到，即便失去杨靖宇将军，抗联将士们顽强的抵抗力量也是不容低估的。抗联将士沉重打击了日本侵略者的嚣张气焰，最终赢得了东北地区的解放，甚至是整个中华民族的胜利和解放。位于红石林区的抗联密营，生动诠释了抗联将士们不屈不挠的精神品质，记载着抗日名将杨靖宇的英雄事迹。

回顾杨靖宇将军的一生，他早年便积极投身到中国革命事业之中。作为民族尊严的坚决捍卫者和党的忠诚党员，他一生致力于中华民族的解放事业。不论是在白区从事党的地下工作，还是在抗日前线英勇杀敌，杨靖宇始终坚贞果敢，有勇有谋，将满腔的爱国热情投身于拯救民族危亡的伟大事业中。杨靖宇将军的英勇事迹及其展现出的伟大抗联精神至今激励着众多的中华儿女。桦甸市地方志以及相关资料也记载着杨靖宇将军的英雄事迹。东北抗联密营正以别样的方式讲述着英雄的传奇故事。

（二）东北抗联密营的发展历程

密营是特定自然环境与历史背景下形成的微型根据地。因东北地处高寒区域，冬季时间较长，密营的自然条件相对恶劣。位于桦甸地区的抗联密营是现存的东北抗日战争的重要历史遗址，为抗战的胜利贡献了巨大力量，为抗联的生存与战斗提供了坚实保障，杨靖宇密营便是抗战时期的众多密营之一。[①] 东北抗联蒿子湖密营（杨靖宇密营爱国主义教育基地）作为杨靖宇将军带领抗联第一路军进行抗日战斗的重要根据地，为抗日战争的顺利进行保存了战斗力量与革命火种。基于东北抗联密营的历史脉络，目前多将密营的发展划分为三个重要阶段，分别是抗战存在期、发掘恢建期和特色发展期。

1. 抗战存在期：斗争的坚实基地

这一阶段的密营主要发挥着后方支持保障作用，是抗日战争中东北抗联将士们的坚实堡垒。日本侵略者为实现占领我国东北地区的狼子野心，对杨靖宇将军领导的东北抗联第一路军实施了残忍疯狂的军事围攻行动和严格的经济封锁政策，致使东北抗联将士们失去了后方的革命依托。为了保存军队实力，杨靖宇将军带领战士们转战来到杳无人烟的深山密林之中。杨靖宇密营始建于 1936 年。1936 年至 1940 年间，东北抗联第一路军的部分将士生活、战斗于此。密营内各类生活与战斗设施较为完备，包括被服厂、修械所以及居住的地窨子等。[②] 抗联将士在敌强我弱的艰难条件下建造密营、扎根密营、利用密营，将密营作为战斗的坚实堡垒，巧妙睿智地保存了抗战力

---

① 中国人民解放军历史资料丛书编审委员会．东北抗日联军：文献［M］．沈阳：白山出版社，2011：78.

② 王瑛，宋世章，李立新．“碧血青蒿两千古　于今赤旆满山河”——纪念杨靖宇同志殉国四十周年［J］．社会科学战线，1980（01）：4-7.

量，为后续抗日战争的胜利打下坚实的基础。

2. 发掘恢建期：记忆的重构再现

在吉林桦甸的红石林区内，东北抗联密营遗址多达三十余处。令人遗憾的是，因战火洗礼与时间的沧桑，很多密营都存在不同程度的破损，大多数密营已经坍塌，只有部分的房基设施和框架被存留了下来。根据《桦甸县文物志》记载，自 20 世纪以来，曾有多支踏查队来到蒿子湖密营进行实地调研。后来，东北烈士纪念馆在对密营进行勘探的过程中发现了大量遗物，通化市和桦甸市的文化部门也对密营进行了仔细勘探。直至 2005 年，在红石林业局领导的支持下，当地人民群众开始在原有遗址的基础上对东北抗联密营进行恢复重建。重建工作自 2005 年开始，持续至 2015 年年末，共计十余年的时间。目前密营内有二十余处遗址，由司令部、地窨子、将军井、青松灶、碾盘、李二桥、红石砬子会议遗址、兵营两座以及东北抗联蒿子湖密营纪念馆等部分组成，占地总面积为 225 公顷，是吉林省东北抗联遗迹的重要组成部分。

3. 特色发展阶段：资源的深度挖掘

密营在恢复重建、修葺完善之初，因各方面条件欠缺，主要以展览、参观遗址为主要活动方式。随后，为进一步深化红色文化传承、挖掘利用红色资源，抗联密营的主管部门加大资金、人力、物力等多方面的投入，加上政府大力发展红色资源的政策号召，密营很快进入特色发展阶段，迎来了发展建设的黄金时期。管理单位成立专门的管理队伍，对密营的建设发展进行全方位规划。规划建设的内容主要包括对红色资源的挖掘、整合与利用，同时充分发挥密营红色资源的性质特色，将密营的红色资源与红色教育有效结合，以此来实现“红色资源课程化”，提高红色教育的有效性。在传承东北抗联历史与东北抗联精神的同时，密营注重促进自身的高质量发展。经过系统化设计与精细化加工，当前杨靖宇密营红色教育主要以宣讲东北抗联史、开展红色研学教育、组织红色培训等方式为主。密营管理者通过多样化的方式来弘扬爱国主义精神、传承东北抗联精神，东北抗联密营也先后被评为“全国中小学生研学实践教育基地”“吉林省东北抗联红色教育基地”等。每年清明时节，全国各地的爱国人士会自发前往吉林省白山市靖宇县缅怀和追思杨靖宇将军。当地政府依托杨靖宇红色资源，以项目化的方式进行深度资源开发，为全国各界爱国人士提供沉浸式的爱国主义教育资源。

（三）东北抗联密营的空间刻画

东北抗联密营经过长时间的历史洗礼与系统化的恢复重建，如今呈现出何种状态、展现出怎样的精神风貌是对其进行刻画、阐释的重点。对东北抗联密营进行空间刻画与阐释，能够带领我们回到那个弥漫着战火硝烟但又充满拼搏斗争精神的堡垒之中，深刻感受抗联将士们的英勇无畏。

1. 零星分布：点点星火编织信念之网

东北抗联密营实质上是一种特殊的游击斗争遗存。面对日本侵略者的严密封锁与疯狂残害，抗日联军为了保存实力、继续斗争，不得不转战深山密林之中。考虑到东北地区的地理环境以及现实条件，抗日联军在借鉴东北传统民居文化的基础上，仿照地戗子的建筑形制修建了抗联密营。[①] 因为地处深山密林之中，崎岖险要的地形使得密营多呈现出分散式的分布格局。为了躲避日军的袭击，有效地保存和积蓄力量，密营多为小型、微型的建筑结构。东北抗联第一路军修建完成的抗联密营有百余所，当前被发现考证的抗联密营主要分布在我国的东北三省地区，集中在辽宁的本溪、丹东以及吉林的通化、磐石、桦甸等地，可谓星罗棋布。杨靖宇将军所在的吉林省红石林地区，抗联密营旧址就多达三十余处。在这三十余处的旧址中，不仅有他们的居住地，还有一些会议所和训练室。这些密营零星地分布在红石林的不同区域，像点点繁星散落在密林之中。虽然相隔遥远且力量微弱，但是因为共同的理想目标，它们汇聚成了民族解放的信念之网。

2. 地势险要：深山密林庇佑抗日英雄

吉林省白山市靖宇县是东北抗日的主战场。杨靖宇将军作为东北抗日联军的第一路军总司令，率领全军将士在这里与侵华日军进行了艰苦卓绝的斗争。蒿子湖密营属于长白山原始林带，群山环抱，川流错杂，一条东西走向的大川奔流而过，整个区域没有一条平坦的山路。复杂的地形常常使初到这里的人迷失方向。因此，这里也被当地人称为“迷魂阵”。如此复杂且相似的地形在一定程度上也为东北抗联将士们提供了天然的保护屏障，让他们能够隐藏其中且不被日本侵略者发现。杨靖

① 王丽君．东北抗联密营的建设及历史作用［J］．长春师范大学学报，2022（01）：56-62.

宇将军的密营就修建在跳石塘内，密营依地势而建，东西长约50米，南北宽约40米，由两个长方形的地戗子拼接而成。值得一提的是，在灶房的门前有一棵根部被大火灼烧而中空的红松树，这棵红松高大笔直、枝繁叶茂，当年它不仅是密营的重要地理标志，帮助将士们准确找到密营的所在地，而且还发挥着“保护伞”的作用，将两个戗子紧紧地罩住，迷惑敌人的视线。

3. 恢宏秀美：巨大浮雕再现革命力量

杨靖宇将军的殉国地是杨靖宇密营的核心所在。整个殉国地有三处彰显抗联精神的重点景区，分别是“城墙砬子会议”遗址、“那尔轰会师”遗址和“曹亚范殉难地”遗址。近年来，当地政府不断对其进行修葺重建，在杨靖宇将军殉国地内建造了各种浮雕。今天，再次走进杨靖宇将军密营，这里草木葱郁，山风拂面，早已没有了八十多年前日本侵略者烧杀抢掠的血腥与硝烟。一座座精美震撼的浮雕生动形象地再现了当年的密营场景。满是青苔的石磨碾盘是抗联将士以橡子果腹的历史证物，密营的破壁残垣是抗联将士不懈斗争的生动诠释。尤其是杨靖宇将军的雕像，他身着军大衣，头戴棉军帽，脚踩草编鞋，一手持短枪，一手握着望远镜，在蓝天的映照下显得更加威武坚毅。密营中每一处遗址、每一座雕像都在向人们诉说着那段惨痛的历史，同时也在传达着伟大的抗联精神。

（四）东北抗联密营的典型特征

密营在抗联斗争中具有举足轻重的历史地位，它是东北抗日联军在东北这片土壤下孕育而生的特殊产物，也是杨靖宇将军领导东北抗联第一路军进行抗日游击斗争的重要载体依托。

把握密营属性、分析密营特征能够帮助我们从整体上理解东北抗联密营的时代价值，理解其背后蕴藏的抗日精神。

1. 权宜性的战斗堡垒

东北抗联密营本质上是一种特殊形式的游击堡垒，是特殊条件下为积蓄革命力量的权宜之举。密营的建造主要出于对以下诸因素的考量，一是面对侵华日军全面、残忍的围攻讨伐，东北抗联战士失去了已有的固定根据地。此时，再与日本侵略者进行正面交锋，自身力量已经难以维系。为了保存革命力量，抗联将士们被迫转至日本侵略者难以发现的深山密林之中。二是面对东北地区的全面沦陷，在敌我力量悬殊的现实状况之下，公开的根据地建设是极其困难的。尤其是在东北这样一个自然地理条件相对恶劣的环境下，隐蔽的根据地成了东北抗联将士们积蓄力量、持续斗争的最佳选择。三是东北抗联将士们素来拥有良好的群众基础，他们与当地人民群众保持着紧密的联系。密营为抗联将士联络人民群众、发展群众力量以及开展隐蔽斗争提供了有利的条件。

2. 综合化的战略基地

东北抗联将士们充分发挥集体智慧，根据地理环境、交通条件等多方面因素，修建了规模不一、种类不同的诸多密营。据史料记载，抗联将士们修建的密营涵盖联络点、兵工厂、机关处、印刷厂、储粮所、医务室等基础设施。这些设施主要用于战略商议、休养整顿、补充物资和医治伤员等。抗联密营在很大程度上成为东北抗联将士们积蓄力量的“补给站”，为抗日游击战争的顺利开展提供了战略支撑。虽然抗联密营不同于系统性和稳定性都较强的一般的抗日根据地，但是从本质上来看，它们所具有的抗日属性是一致的。综上所述，密营不仅仅是抗联将士们在面对日本侵略者疯狂残害时的藏身之处，更是一个集学习、作战、生活和生产于一体的综合化的战略基地。当日军的铁骑践踏整个东北地区时，抗联将士们之所以能够持续地斗争反击、殊死拼搏，与抗联密营的修建有着密不可分的联系。密营在整个抗日战争中具有重要的历史地位，为抗联将士们提供了全方位的支持与保障。

3. 原生性的安身之所

东北抗联密营表现出鲜明的因地制宜、就地取材的取向特征。有史可查的东北抗联密营多达百余所，但是，密营的分布并不是主观随意的，而是往往为成组分布。由于地处深山密林之中，密营的墙体多采用木楞制成，房顶则利用当地的桦树皮进行覆盖。为了达到隐蔽的效果，密营多采用地下或半地下的结构。对现存的密营进行搜集、梳理和归类，可以发现主要存在以下四种不同形式的建筑形式。

第一种是马架子式密营。这种密营的建造主要是在房屋的两端采用粗壮的木杆交叉作为支撑，中间搭建上横木，两侧填充上较小的木头，最后在木缝之间填充上泥巴风干，盖上树枝杂草隐蔽即可。整个密营没有窗户，只有一扇进出的门，所以光线阴暗、密不透风。第二种是地窨子式密营。它建造在向阳的山坡上，在数尺深的地基之上用圆木或石头搭建起墙体。屋内用泥土和石头制成炕，用来生火取暖。这种类型的密营对地理位置的要求比较高，密营的大小需要根据地势条件而定。但是相比于马架子式密营，它的保暖性更强，环境更加舒适。第三种是霸王圈式密营。它一般修建在山里的沟膛子中，主要是将沟膛子的一侧向下挖至 2 米左右深，用木头填充四周，然后在上面搭上棚子，棚子的顶部用枯树枝进行遮挡掩盖。这样的密营能够容纳众多战士，适合战士们的聚集性生活。第四种是天然式密营。这种密营直接建造在山洞里，不需要挖地、搭建和填充，相较于前三种而言，隐蔽性更强，更不容易被外界所发现。

二、浴血奋战的铁证：东北抗联精神的物质载体

离开主体活动的物质载体是一个没有灵魂的空壳。正是主体的实践活动，才让平平无奇的物质载体拥有了特殊的意义。正是因为以杨靖宇为代表的抗日英雄们舍生忘死、顽强拼搏，才造就了今天东北抗联密营这弥足珍贵的精神财富。因此，物质载体与实践活动的紧密相连，是深度把握抗联密营精神意蕴的重要途径。基于此，本节将从东北抗联密营的活动实践出发，围绕东北抗联密营的组织建设、游击斗争、艰苦生活三个方面再现密营的抗日活动，阐释其中的伟大精神力量，重温、感受这浴血奋战的铁证。

（一）东北抗联密营中的组织建设

东北抗联密营中的组织建设是抗日斗争胜利的重要保障，也是密营活动实践的核心内容。在密营中开展广泛而多样的政治、军事、文化教育等工作，能够帮助抗日战士坚定理想信念、提高自身本领、不断顽强奋斗。

1. 理论学习：以思想自觉引领行动自觉

政治理论学习是东北抗联组织建设中的先行者，加强组织建设首先要提高思想认识。东北抗联将领们深刻认识到政治理论学习的重要性与迫切性，常常利用各种机会对将士们进行思想政治教育。[①] 政治理论学习的主要目的是希望通过系统化的思想理论教育，强化抗联将士们的理想信念，坚定将士们的抗日决心，以伟大的民族胜利来凝聚力量，提升战斗力。政治理论学习的形式丰富多样，通常是在抗联将士休整期间，以短期党员训练班、军政训练班等多样化的形式开展。政治理论学习的内容主要以阶级教育为基础，围绕无产阶级政治教育和反对日本帝国主义侵略的革命主义教育，启发抗联将士对抗民族敌人和拥护中国共产党的领导。杨靖宇将军时常采用深入浅出的方式为将士们做思想政治报告，帮助将士们明白为什么选择抗日，帮助他们厘清抗日战争的严峻形势，明确东北抗联的核心任务，筑牢思想根基，进而让将士们更加清晰自己每一步行动的价值和定位。这些思想政治教育对抗联将士具有重要价值，促使其成为富有纪律性、自觉性的革命战士。

2. 队伍建设：以个体进步助推组织进步

队伍建设是提升党的组织凝聚力和战斗力的重要手段。队伍建设一方面包括干部队伍建设，另一方面包括党员队伍建设。党的干部队伍建设在党的组织建设中居于核心地位。领导

---

① 王丽君．东北抗联密营的建设及历史作用［J］．长春师范大学学报，2022（01）：56-62.

干部是党组织的骨干，是党的路线、方针、政策的主要执行者，是实现抗日战争胜利的决定性力量。在队伍建设过程中，应首先充分发挥将领们的先锋模范作用。杨靖宇将军时常给大家宣读《共产党宣言》等马克思经典理论著作，讲授无产阶级革命知识，让将士们围绕其中的内容展开激烈讨论，表达内心的想法，畅所欲言。他与将士们共同交流、共同进步，不断提高政治素养和思想觉悟。此外，杨靖宇将军还要求每周召开一次组织生活会，将士们要对自己的学习、生活、思想、工作等方面进行批评与自我批评。1937 年，针对党员队伍建设，抗联第九军在方正县的密营中组建了军政训练班。通过三期的学习与实践，百余名干部将士得到了培训，这在一定程度上提升了将士们的政治素养和思想觉悟。第九军还在四道河子密营开办了短期训练班，80 余名学员得到了培训。通过队伍建设，密营收获了源源不断的有生力量。

3. 文艺活动：以精神愉悦增强精神力量

密营中的生活训练虽然艰苦，但是为了丰富将士们的精神生活，他们也时常开展文艺文化活动。文艺文化活动是有效舒缓将士们的焦虑紧张情绪、为其提供强大精神支柱、凝聚军队向心力的重要手段。东北抗联军队在思想政治教育、系统军事训练的基础上积极开展简单朴实而又丰富多彩的文艺文化活动，帮助将士们更好地投入到抗日斗争之中。文艺文化活动采取军民联欢会、文艺晚会、诗歌朗诵会与话剧表演等将士们喜闻乐见的方式。文艺娱乐活动使将士们能够相聚一起，谈理想、忆往昔、聊人生，帮助将士们在学习、训练之余丰富精神生活。抗联战士王铁环曾回忆道："冬天快过年的那会儿，战士们都会回到山里过年。过年会举办晚会，十分热闹，有文艺活动，大家唱歌、演话剧、猜谜，十分开心。"杨靖宇将军充分发挥他的文艺才能，编写了话剧《王二小放牛》，以此来深刻揭露日军的残酷暴行，坚定军民协作抗日的决心。话剧贴近人民群众与军队将士的日常生活，因此受到了普遍欢迎。不仅如此，一些战士也自发地编写革命歌谣，如《当红军歌》《追悼歌》《四季歌》等。这些歌曲一方面反映了抗联密营中的艰苦生活，另一方面也展现出他们抗日救国、杀敌报国的决心和信念。

（二）东北抗联密营中的游击斗争

游击斗争是将士们开展的主要抗日活动，是抗日战争中的重要作战方式。就军事力量而言，日本属于比较强大的帝国主义国家，拥有着先进的武装力量、雄厚的经济实力和统一的组织力。而东北抗日联军所拥有的资源和力量相对薄弱。在这样实力悬殊的状况下，东北抗联将士采用灵活机动的斗争形式来抵抗外敌入侵。为了能够发挥巨大的战斗力，东北抗日联军从制定机动灵活的战略战术、构筑抗日民族统一战线、发动群众建立武装力量等方面，与敌人展开殊死搏斗。

1. 以弱制强：机动灵活的战略战术

"七七"事变后，日本侵略者对东北抗联的围攻更加毒辣和疯狂。由于受到日本侵略者的全面围攻与疯狂残害，东北抗联军队损失惨重。面对如此严峻的斗争形势，杨靖宇将军带领抗联部队迅速撤退到蒙江和辉南一带的深山之中，以游击战的形式反抗日本侵略者。1936 年 6 月，为发挥团队作战的功能，杨靖宇不断策划谋篇，将其领导的抗联一军与魏拯民领导的抗联二军进行合编统整，在金川河里区域附近形成东北抗联第一路军。因为合并重组，战士人数一下子发展到了六千余人。他们坚持“敌明我暗”的作战思路，采用“夜袭”“声东击西”“小部队活动”等方式，利用东北的“冰趟子”等自然地理资源，以桦甸东南部山区的密林为主战场，以游击战的形式对敌人进行反击，沉重地打击了日本侵略者的嚣张气焰。[①] 1937 年，杨靖宇将军率领东北抗联第一路军先后三次在桦甸地区向日本侵略者发起进攻，缴获了大量的军备物资，这些军备物资在一定程度上缓解了东北抗联将士的艰苦困境。虽然抗联战士们在武装力量上不及日本侵略者，但是机动灵活的战略战术让他们一次次击败敌人，巧妙地赢得了战斗的胜利。

2. 内外联动：多方协作的统一战线

单纯依靠抗联的力量难以更全面地打击日本侵略者。抗日民族统一战线是中共争取抗战胜利的一大创举。统一战线是以共产党为核心，领导中间势力，打击敌对势力，形成内外联系、内外有别、动态变化的复合结构。[②] “七七”事变后，杨靖宇深刻地意识到建设和发展抗日民族统一战线的重要性，决定要在农村地区构筑起坚实的抗日根据地，以宣传群众、组织

---

① 唐棠，亓才，刘华．抗联战东北：东北抗联抗日影像全纪录［M］．北京：长城出版社，2015：179-182.

② 马思宇．中国共产党与抗日民族统一战线［J］．抗日战争研究，2021（03）：33-39.

群众和武装群众。他号召人民群众加入抗日斗争之中，本着“天下兴亡，匹夫有责”的精神，为“恢复中国人之东北”而奋战。为此，他躬身实践，每到一地都始终把发展群众力量作为重要工作。为了能够让抗日救国的理想信念深入群众内心，杨靖宇和抗联将士们一道为百姓们挑水砍柴、耕地收播，还为贫苦百姓送去生活物资，真正做到了“从群众中来，到群众中去”。此外，他还定期召开人民群众座谈会，为百姓们讲解抗战知识、抗战目的，描述实现解放胜利后的美好图景，让深刻的道理入耳、入心。在具备较好的群众基础之后，杨靖宇开始进一步组织发动群众力量。他首先在东北地区组建“反日会”，号召工人、农民、妇女、青年、儿童加入抗日团体之中。[①] 其次是建立农民委员会，发动和领导农民群众进行抗日斗争，把农民委员会变为真正的农村政权机关。最后是建立和召开农民代表会议，利用会议来表达意见，巩固统一战线。

3. 持续造血：系统严格的军事训练

中共中央强调，要打败日本侵略者，夺取抗日战争的最后胜利，必须努力提高人民军队的现代化水平。[②] 抗日战争时期，尽管东北抗联将士们长期处于灵活分散的游击斗争之中，但是他们对军队现代化、正规化建设的目标追求从来没有松

---

① 霍辽原．东北抗日联军第一军［M］．哈尔滨：黑龙江人民出版社，2005：80.

② 潘泽庆．抗日战争时期中国共产党对人民军队建军思想的创新发展及启示［J］．军事历史，2014（06）：38-42.

懈。军事训练是东北抗联实践的核心环节，也是提高军队战斗力和整体素质的重要途径。军事训练的主要内容是进行有关军队建设方面的系统理论学习与实战强化训练。东北抗联第一军将军事训练有计划、有步骤地融入日常生活之中，因地制宜地开展了军事学校、短期训练班、教导队等多种形式的军事训练，以“造血”来弥补“缺血”的困境。军事理论课主要讲授战争军事知识、游击战的战术战法、军事地图的操作使用等，让战士们懂得一些基础性知识。而军事训练课则主要以实地操作训练为主，帮助战士们提升应战能力。根据当时的军事装备条件和自然地理环境，战士们主要学习的是一些比较实用的战略战术，如射击、打坦克、掷弹筒、投掷手榴弹等。同时要求战士们在雪地中训练，学习滑雪技术，提升实战能力。其中，1936 年东北抗联第四军副师长李学福在小别拉坑密营中挑选了四十多名优秀的抗联战士，在军事政治学校中对他们进行了为期三个月的严格培训。令人欣喜的是，经过系统化的军事训练，战士们的政治、军事素养普遍得到了大幅提升，相继担任了部队中的副团长、连长、指导员等重要职位。

（三）东北抗联密营中的艰苦生活

后勤保障工作是密营建设的重中之重，也是密营能够长期存在下去的重要前提，更是抗联将士持续作战的关键。但是，由于东北抗联密营位于祖国的东北地区，冬季气候严寒，生活物资极为匮乏，这给将士们的生产生活带来了严峻挑战。杨靖宇等抗日英雄们也在这里度过了人生中最艰难的一段时光。现今保存完整的抗联密营遗址生动地诉说着抗联斗争的艰辛与不易，彰显了伟大的抗联精神。

1. 饥寒交迫：生活物资的匮乏

生活物资的匮乏是密营艰苦生活的常态，它主要体现在粮食与被服的短缺上。特别是在抗日战争后期，日本侵略者想尽一切办法来切断抗联与人民群众之间的联系，以此达到迫使抗联主动投降、放弃抵抗的邪恶目的。即便深陷外无援兵、内无粮草的困顿局面，东北抗日联军依然没有放弃，而是毅然决然地选择与日本侵略者斗争到底。1938 年以后，抗联的粮食短缺问题更加突出。野草、树皮、山果、草根等都成了抗联将士们的食物。① 据东北抗联第三路军政委冯仲云回忆，他们的队员饿死的很多，没有一个没挨过饿的，就连第三路军总指挥张寿篯也曾经五十多天没有粮食吃，只能吃点野菜。② 在这样的条件下，将士们没有坐以待毙，而是积极寻找途径来补充粮草。抗联将士一是通过袭击日伪据点来缴获一些粮食；二是秘密同当地老百姓联系，由百姓偷偷将粮食送往山里；三是开垦耕种，自给自足。即便拥有了粮食，为躲避日本侵略者时刻盘旋在上空的侦察飞机，抗联将士也不敢让做饭的炊烟飘散出去，这也导致他们吃的饭很多时候都是夹生饭。

填饱肚子尚且困难，遑论御寒的棉衣。抗联将士们没有统

---

① 孔令波，王承礼．东北抗日联军［M］．长春：吉林人民出版社，2005：340.

② 冯仲云．东北抗日联军十四年苦斗简史［M］．北京：中央文献出版社，2008：74.

一的军服，他们的御寒衣物大部分来自当地人民群众送的便装、缴获的日伪军服装和自己加工的黄土布衣服。这些衣服的式样、颜色不尽统一。① 为了躲避日军无孔不入的围攻，在零下四十度的天气下，点火取暖都成为抗联将士的奢望。

2. 弹尽援绝：军用物资的不足

军用物资不足直接制约抗联斗争的开展。为打破这样的局面，东北抗联将士们积极谋划应对策略，想方设法地拓宽军用物资的补给渠道。在无固定武器和军费援助的双重困境中，抗联将士们依靠自筹、缴获等方式获取军用物资，开展艰苦卓绝的对日斗争。② 杨靖宇将军带领将士们，一方面对旧有的破损军用装备进行修葺，另一方面他们积极建立属于自己的兵工厂，进行军用物资的生产与制造。1936 年的秋天，抗联第一军和第三军在大罗勒密附近修建了修械所，主要负责对旧有兵器的修复和完善工作。修械所共有三个车间，拥有百余名战士和工人。此外，抗联将士们还在延吉、珲春、安图、汪清等地修建了四个兵工厂。这四个兵工厂主要负责兵器的修缮工作和土炸弹的研制。通过这两种方式，虽然不能获取充足的军用物资，但也在一定程度上缓解了抗联军用物资不足的困难。即使面对如此艰苦的条件，他们必胜的信念也从未动摇。东北抗日联军凭借着坚定的理想信念，一次又一次地与日本侵略者展开

---

① 高术乔．东北抗日联军第一军在辽宁史料长编［M］．沈阳：白山出版社，2001：188.

② 张万杰．东北抗日义勇军武器、军费来源问题考察［J］．长白学刊，2020（05）：133-139.

殊死搏斗。无数抗联将士和革命群众为中华民族的伟大胜利付出了宝贵的生命。他们创造了无数可歌可泣的英雄事迹，传承下来的东北抗联精神至今鼓舞着我们不断前进。

3. 捉襟见肘：医疗卫生的简陋

在敌强我弱的现实状况下，东北抗日联军将士的负伤已是家常便饭。如何救治受伤的官兵，成为东北抗日联军必须考虑的现实问题。东北抗日联军在丛林、山洞等隐蔽场所修建了医院，可是由于日伪当局的经济封锁和全面围攻，东北抗日联军的医院受到巨大的影响。① 一方面，医院人满为患，有限的医疗条件已经难以容纳数量庞大的抗战伤员。另一方面，密营中的医疗卫生条件简陋，医疗设备比较紧缺，必要的医疗药品极其匮乏。不仅如此，就连最关键的医护人员，密营中也常常得不到有效满足。例如，在河里抗日游击根据地的密营医院中，整个医院仅有医官三四名，护理人员七八人。为了能够迅速治疗伤病战士，保持抗日战斗力，抗联各军纷纷建立起了密营医院。密营中的医院主要有医疗所和小型医院两种。1936 年的冬天，抗联第三路军、抗联第五军和抗联第六军在桦甸多地前前后后修建了数十所密营医院。因为条件的限制，密营医院并没有专职的医务人员。医务人员多是流动性质的，仅能提供一些简易床铺。抗联第十军战士在摩天岭、九十五顶子山的密营医院养伤时，创作了一首抗日歌谣：“抗联医院不简单，条枝

---

① 李禹晨．救死扶伤：民众支援东北抗日联军医疗问题探析［J］．锦州医科大学学报（社会科学版），2021（05）：29-33.

软床稀乱颤，松树桦皮当天棚，绿草青苔当地毯。伤员们，钢铁汉，没有医药不呻唤。”① 歌谣一方面展现了抗联将士医疗卫生条件的艰苦，另一方面也反映出他们积极向上的精神面貌。

三、民族精神的丰碑：东北抗联精神的深度解读

中华民族的抗日战争持续了十四年之久。在这期间，东北抗日联军、东北广大群众同日本侵略者展开了顽强的斗争。面对极端恶劣的自然环境和军事力量的悬殊，抗联将士始终不畏强敌、奋勇抗争，充分展现了中华儿女舍生忘死、勇于追求的宝贵品质和中华民族爱好和平、团结友善、勇敢自强的革命斗争精神。这就是伟大的东北抗联精神，是一种生生不息的精神力量，也是抗日战争取得最终胜利的关键所在。东北抗联的历史虽已久远，但是东北抗联精神所蕴含的价值却历久弥新。深度解读东北抗联精神有助于其新时代育人价值的充分发挥。

（一）东北抗联精神的基因释读

基因释读主要是阐释东北抗联精神的生成逻辑，即东北抗联精神产生的时代背景与孕育土壤。通过前文对东北抗联斗争和抗联密营的详细阐释，可以发现东北抗联精神是伟大民族精神的重要组成部分。它孕育于从国难危亡走向伟大胜利的历史洪流之中，形成于中国共产党发挥中流砥柱作用的抗日斗争之

---

① 叶忠辉，李云桥，温野．东北抗日联军第八——十一军［M］．哈尔滨：黑龙江人民出版社，1986：141.

中，根植于中华民族“家国天下”的文化基因之中。

1. 孕育于从国难危亡走向伟大胜利的历史洪流之中

鸦片战争以后，帝国主义列强的军事侵略、经济掠夺与政治瓜分使中华民族陷入了危急存亡之中。“九一八”事变更是全面地展现和暴露了日本帝国主义侵吞我国领土的野心与阴谋。随后，日本仅用四个半月的时间便占领了我国的东北三省。面对日本帝国主义的蚕食鲸吞，中华儿女积极投身到反日救国的革命洪流之中，努力寻求救国方略，掀起了大规模的“抗日救亡”运动。[①] 在民族危亡之际，中国共产党毅然决然地站了出来，领导全国人民开展抗日救亡运动。在中国共产党的号召之下，涣散薄弱的东北抗日武装力量迅速集结起来，形成全民抗日统一战线。东北抗联正是在这样的背景下产生的。毛泽东在论《联合政府》中曾指出，中国人民的抗日战争是在曲折的道路上发展起来的。东北抗联曾经发展到很大规模，中间经过许多困难曲折，但始终没有被敌人消灭。[②] 东北抗联将士不畏强暴，进行了艰苦卓绝的抗日斗争。东北抗联精神正是形成和发轫于抗日民族统一战线的过程之中，孕育于从国难危亡走向民族解放的历史性关键时刻。

2. 形成于中国共产党发挥中流砥柱作用的抗日斗争之中

东北抗联精神的孕育、形成和发展离不开中国共产党的坚

① 李广，王奥轩，苑昌昊．国难教育、社会创伤记忆与国家形象建构——爱国主义教育视域下日本侵华史料研究的逻辑理路［J］．东北师大学报（哲学社会科学版），2022（01）：140-148.

② 张洪兴．东北抗联精神［M］．沈阳：白山出版社，2010：24.

强领导。“九一八”事变后，面对国民党政府采取的“消极政策”，中国共产党第一时间从民族大义出发，谴责国民党政府不顾民族危亡，号召全国各族人民加入民族救亡之中。中国共产党第一时间赶到东北，集结东北地区零散的抗日力量，火速成立东北抗日联军。这让原本涣散的革命力量迅速拧成一股绳。作为东北地区抗日战争的坚强领导者，中国共产党始终将民族大义置于首位，以坚定的民族信念感染和推动着东北抗联斗争的开展。他们意志最坚决、纪律最良好、作战最英勇、群众关系最密切。因此，他们也成了全东北抗日游击队的核心和骨干力量。① 从中共中央到满洲省委，作为东北抗联的关键缔造者，中国共产党始终不遗余力地推动抗日民族统一战线的形成，团结一切可以团结的力量，号召东北抗联将士带领中华儿女一起投身抗日斗争之中。虽然在很长一段时间内，中国共产党与东北抗联将士失去了直接联系，但是东北抗联将士始终坚持着伟大的革命精神，始终保持着共产党人的自觉性，展现出了中国共产党人坚持不懈的精神品质。

3. 根植于中华民族“家国天下”的文化基因之中

东北抗联精神的形成不是主观随意、一朝一夕的事情，它有着深刻的文化基因。首先，它根植于中华民族“天下兴亡、匹夫有责”的家国情怀。爱国主义精神是中华民族共同的价值观念与精神追求，是每一位中华儿女的自觉担当，更是中华优

---

① 冯仲云．东北抗日联军十四年苦斗简史［M］．北京：中央文献出版社，2008：16.

秀传统文化的典型彰显。东北抗联将士在零下三四十度的地区，没有粮食、没有棉被、没有鞋穿、没有武器，不少将士被冻掉了手指和脚趾。即使面对如此恶劣的状况，他们也不曾放弃，不曾退缩，舍生忘死。如果没有强烈的爱国主义精神，没有深沉的文化基因影响，这是根本无法实现的。他们以国家兴衰为己任，毅然决然地投身到东北抗日斗争之中，以血肉之躯筑起民族的未来。不仅如此，面对敌强我弱的局面，东北抗联将士“威武不能屈”的自强精神更是中华民族优秀精神的集中展现。他们勇于献身、不怕牺牲、坚贞不屈、誓死抵抗。这种舍生忘死的精神品质是熔铸在中华儿女血液中的高贵气节，是中华民族勇于超越的集中体现。正是因为他们在极端艰苦的环境下依然不放弃、不泄气的决心和信心，才最终战胜了日本侵略者，赢得了民族解放、民族复兴与和平发展。

（二）东北抗联精神的内涵阐释

有关东北抗联精神的相关研究萌芽于21世纪初。随着抗日战争时间跨度由八年到十四年的重大转变，东北抗联受到了空前的关注，东北抗联精神的影响力也随之提高。东北抗联精神是东北抗联将士在白山黑水间顽强抵抗侵略、用满腔热血换来民族解放过程中所淬炼的精神结晶。厘清其基本内涵，能够更好地理解和践行东北抗联精神。由此，学术领域关于东北抗联以及东北抗联精神的研究也不断深入，研究领域不断拓宽，研究成果大幅增长。虽然研究者们对东北抗联精神的内涵理解不一而足，表述方式也不尽相同，但这些研究主要聚焦以下四点核心内容。

1. 矢志不渝、坚贞报国的爱国主义精神

矢志不渝、坚贞报国的爱国精神不仅是凝聚中华民族的一面伟大旗帜，也是彰显中华优秀传统文化的核心所在。爱国主义精神是中华民族千百年不断发展凝练而来的，是对祖国和人民最深沉、最厚重的情感。它是每一个中华儿女的根脉，是赢得民族解放的强大动力，也是民族精神的核心内容。爱国主义精神凭借着其强大的感召力、向心力与凝聚力，鼓舞和激励着抗联将士们。抗日战争是我国近代以来发生的规模最大的民族解放战争，中华儿女在爱国主义精神的指引下，与日本帝国主义侵略者进行了长期的顽强斗争。他们用自己的鲜血和生命赢得了民族的解放，这是爱国主义精神的生动展现。

“九一八”事变后，中国共产党立即号召广大人民群众团结抗日，先后发表了一系列有关抗日的文件和决议，以迅雷不及掩耳之势火速开展抗日行动。面对日本侵略者的残酷暴行，东北将士和普通民众不惧强敌，奋力抵抗，在冰天雪地的深山密林之中，凭借着满腔的爱国热血与日本侵略者进行着殊死搏斗。他们用心中最坚定的爱国信念筑起了一道坚实的爱国主义防线。这一时期，在中国共产党的倡议下，不仅有由战士们组成的抗日联军，还有来自工人、农民、青年、学生等多重爱国力量的加入。哈尔滨地区的无产阶级工人和爱国学生也积极参与到抗日活动之中，冒着重重的危险与敌人斗争，最终许多人都为抵御日军的暴行而献出了宝贵的生命。① 这充分彰显了东

---

① 吕路军．东北抗联精神研究［D］．长春：吉林大学，2017.

北抗联的广泛性，团结一切可以团结起来的力量。他们抱着一致的信念，坚定地要为中华民族的解放自由奋勇向前。在国家陷入危亡之际，每一位中华儿女都不曾退缩，他们一致对外，毅然决然地挺身而出，支撑他们的是那份深厚的爱国主义情怀。同时，爱国主义精神也支撑和激励着中华民族各族儿女为了中华民族的伟大复兴而不断奋进。

2. 勇于担当、前赴后继的革命主义精神

抗联精神中不仅饱含着深厚的爱国主义情感，更包含着勇于担当、前赴后继的革命主义精神。从 1931 年“九一八”事变到 1945 年抗日战争胜利的这十四年间，日本侵略者对我国展开不间断的进攻掠夺，侵略意图愈加明显，给中华儿女带来了深重的苦难。但在极其艰苦的条件下，东北抗联将士们仍旧顽强斗争、不畏牺牲，最终迎来抗日战争的伟大胜利，实现了中华民族的涅槃重生。东北抗联可谓中国乃至世界史上的一大奇迹。这场战斗，范围深广、历时漫长、力量悬殊、场面酷烈、灾难深重，无论从哪方面而言都可谓是一场战争奇迹。

这种以少胜多、以弱制强、攻无不克、战无不胜的局面离不开抗联将士们勇于担当、前赴后继的革命主义精神。据史料记载，十四年的艰苦奋战中，东北各抗日武装部队进行大小战斗 154761 次，参加抗战 21725625 人次，歼灭大量日伪军警。①东北作为一个具有光辉革命传统的地区，历经十四年的艰苦抗战，涌现出无数战地事迹与英雄故事，伟大的东北抗联精神也

① 张洪兴．东北抗联精神［M］．沈阳：白山出版社，2010：143.

随之孕育而生。中国共产党领导下的革命军队之所以能够在力量悬殊、环境恶劣的情况下一次又一次地创造奇迹，最终取得近代以来中华民族反抗外敌入侵的最大胜利，究其原因在于中国共产党领导下广大抗联将士和人民群众不畏艰险、舍生忘死、前赴后继，在民族国家陷入危亡之时敢于承担、积极应对。在抗日战争中，即使环境恶劣仍旧坚定信仰，他们巧妙智慧地化解困境，利用自然地理条件同日本侵略者进行游击斗争。东北抗日联军不是孤军奋战，他们在抗战初期就积极响应党中央的统一战线号召，联合各地爱国志士和爱国团体，协同作战一致对敌，每一个中华儿女都在为中华民族的胜利与复兴贡献力量。东北抗联精神作为与延安精神、井冈山精神等同样重要的精神财富，在继承与弘扬革命精神方面具有重要意义与价值。

3. 不畏艰难、百折不屈的艰苦奋斗精神

东北抗联将士们不畏艰难、百折不屈的艰苦奋斗精神是抗日战争取得胜利的重要支柱。特别是在 1938 年的冬天，日本侵略者在东北地区实施“集团部落”政策，阻断东北抗联将士与外界的一切联系。[①] 1939 年末，日本侵略者意识到局势越发紧迫，遂开始对东北地区的抗日组织及军队等实施近乎疯狂的围攻行动。加之意志薄弱的叛徒告密，东北抗联第一路军一度陷入了弹尽粮绝的窘境。在现实形势的压力之下，他们不得

---

① 董滨，魏纪奎，石礼文．东北抗日联军 图文版［M］．北京：光明日报出版社，2005：57.

不选择退至辉南和蒙江一带的密林深山之中以保全战斗力量。在东北密营之中，将士们的生活条件十分艰苦，食无粮，居无所，身无衣。尤其是在天气极度寒冷的零下三四十度，抗联将士们为了躲避日军的搜查杀害，晚上不敢生火取暖，白天也不敢排烟做饭，生活条件极度恶劣。即便如此，抗联将士仍旧坚持与敌军斗争。正如抗联老战士回忆时所说的那样，抗联密营中的生活是“天大的房子，地大的炕，火是生命，森林是家乡，野菜野兽是食粮”①。

面对日本侵略者的残酷手段，中华儿女没有畏惧，而是选择奋起反抗。即使在敌强我弱的形势下，东北抗联队伍依旧信仰坚定，将国家和民族的命运置于首位，坚守在抗战第一线。抗联将士同敌军不屈不挠的斗争沉重打击了日本侵略者。作为党的忠诚守护者和民族尊严的坚强捍卫者，抗联将士们投身革命事业，在中国共产党的领导下，始终坚定果敢，将满腔的爱国热血倾注于挽救民族危亡的伟大事业上。中华民族正是在不畏艰难、百折不屈的艰苦奋斗精神的鼓舞下历尽万难，最终取得了抗日战争的伟大胜利。这些英勇事迹生动地彰显了抗联将士们勇敢、坚韧、顽强的优良品质。抗联将士们的英勇事迹与其中蕴含的抗联精神至今依旧感染着众人，是中华儿女坚守初心和不断奋进的榜样。

4. 团结协力、休戚与共的国际主义精神

东北抗日联军与日本侵略者的斗争是中国抗日战争和世界

---

①　霍辽原．东北抗日联军第一军［M］．哈尔滨：黑龙江人民出版社，2005：158.

反法西斯战争的重要组成部分。抗日战争的胜利并不是属于某一个人、某一个国家的，而是中、朝、苏三国人民在世界反法西斯旗帜的号召下，同舟共济、团结协作、休戚与共，用鲜血谱写的一曲曲气壮山河的国际战歌。

抗日战争爆发后，我国东北地区在日本侵略者的铁骑下变得千疮百孔。临近东北地区的朝鲜人民也迅速加入到抗日战争之中，成为抗联军队中的一员。他们组成朝鲜抗日游击队，同我国将士一起反对日本军国主义的侵略。在长达十四年的艰苦抗战中，几乎每一支抗日队伍中都有朝鲜人民的身影，他们与我国的抗联将士团结协作，共同抵御日本侵略者，很多人就此失去了生命，永远留在了中华大地上。此外，苏联也对东北抗联将士们提供了大力的帮助和支持。他们不仅为我国抗联将士们提供必要的生活、军用物资，还指派军官协同抗联将领进行军队训练。正是中朝苏三国同生死、共患难，精诚合作，相互配合，团结一致对外，才让抗日斗争变得无坚不摧，并且最终取得了空前的胜利。热爱和平的基因一直流淌在中华民族的血液之中，东北抗联更是中华民族热爱和平的鲜明展现。中国抗日战争的全面胜利也为世界反法西斯战争的伟大胜利作出了不可磨灭的历史性贡献，这也体现了中华民族的博大胸襟和英雄气概，彰显了我国愿与世界各国一道维护和平、携手共进、团结合作、共同发展的国际主义精神。进入新时代，面对复杂多变的国际环境，构建人类命运共同体，充分发挥不同国家间的团结协作、睦邻友好关系，对世界各国的繁荣发展至关重要。

（三）东北抗联精神的历史地位

东北抗联精神的丰富内涵使得其在人类精神宝库中占据着重要的历史地位。它同延安精神、井冈山精神等革命精神一道构成了我国宝贵的精神财富，在历史发展过程中熠熠生辉。继承与弘扬东北抗联革命精神，发扬东北抗联精神的时代价值，在新时代具有重要的意义。

1. 东北抗联精神是中国共产党精神谱系的重要构成

中国共产党精神谱系是指在马克思主义的指导之下，在共产主义坚定信仰的基础之上，展现中国共产党理想信念、根本宗旨、精神风貌和初心使命的具有同一性、系统性、完整性的精神体系。中国共产党精神谱系是中国共产党长期坚持且不断践行的优良品质。东北抗联精神之所以能够在中国共产党精神谱系中占据关键的位置、发挥独树一帜的作用，主要是因为在极度恶劣的自然环境下，东北抗联将士面对日本侵略者的残忍杀害，依然能够奋勇向前、不怕牺牲、不畏艰险，充分展现出了中国共产党始终将祖国和人民的利益置于首位，全心全意为人民服务的精神品质。东北抗联将士们在生死关头所发出的慷慨宣言“为中国民族的解放战斗到底，争取彻底的最后胜利，是要用我们最后一滴血去换取”① 更让这份精神品质熠熠生辉。他们的宣言是中国共产党精神品质的充分展现和集中缩影，彰显了中国共产党人的使命担当，弘扬了中国共产党的红

① 张洪玮，王慧姝．东北抗联精神赓续传承的价值意蕴［J］．社会科学战线，2022（02）：252-256.

色基因。东北抗联精神将永远激励着各族儿女奋勇向前，不畏艰险。

2. 东北抗联精神是我国爱国主义思想的重要构成

热爱祖国是中华民族的优秀传统。爱国主义是千百年来中华各族儿女积淀形成的对祖国和人民最深沉、最厚重的情感体验，也是每一个中华儿女的基本品德修养，更是中华民族精神的核心内容。爱国主义以其强大的感召力、向心力、凝聚力，鼓舞着中华各族儿女不断努力，勇敢拼搏，舍生忘死。[①] 抗日战争是我国近代以来取得胜利的规模最大的解放战争，中华儿女在这场斗争中付出了宝贵的鲜血和生命。面对日本侵略者的残酷暴行，东北抗联将士们不惧强敌，奋起反抗，舍生取义，以天下为己任，这正是爱国主义精神的集中体现。在极端的自然条件下，支撑和鼓励抗联将士们前进奋斗的是民族的命运、国家的未来以及人民的幸福。即便面对日本侵略者惨无人道的烧杀抢掠，他们也不曾退缩、不曾放弃，生动鲜活地展现出愿意为祖国和人民奉献生命直到最后一刻的英勇无畏精神。爱国主义情怀是东北抗联精神中最根本、最深厚、最核心的思想精髓，是东北抗联将士在黑山白水之间苦熬十四年依然坚持不懈、屹立不倒的精神支柱。

3. 东北抗联精神是世界反法西斯精神的重要构成

面对帝国主义的侵略，不同国家的正义之士们走向大联

---

① 郑师渠．中华民族精神研究［M］．北京：北京师范大学出版社，2009：197.

合。反法西斯国际主义精神是在二十世纪三四十年代的世界反法西斯战争中形成和发展出来的，它是全世界人民的宝贵财富，是弥足珍贵的和平象征。我国的抗日战争是世界反法西斯战争的东方主战场。其中，东北抗日联军充分发挥他们的游击战术，通过顽强不懈斗争与誓死抵抗，东北抗日联军成功地打击和消耗了大量日军兵力，有效地阻挡了日本侵略者的进攻步伐，让日本侵略者的狼子野心得以颤动。同时，东北抗日联军成功打击了日本侵略者的侵略计划，让他们继续北上侵略苏联的计划得以中止。这样的结果也使得苏联免于同时应对德国和日本两个国家，陷入东西两线同时作战的困境。东北抗联将士们的英勇奋斗不仅换回了中华民族的全面解放与伟大胜利，也沉重打击了世界法西斯力量，支援了世界反法西斯战争的胜利。这种伟大的国际主义精神是中华民族优秀文化生动淋漓的展现，是中国人民热爱和平、维护和平的真实写照。东北抗联精神是世界反法西斯国际主义精神的重要组成部分，也将在未来的日子中绽放更多光芒。

第五章

红色资源：东北抗联精神课程开发的价值内涵

红色资源是在中国共产党的坚强领导之下，我国进行民族革命、社会主义建设以及改革开放所留下的宝贵财富与精神印记。它是我国百年辉煌历程的真实见证，是我国百年艰苦奋斗的真实写照，是中华儿女勇于拼搏的真实展现，是弥足珍贵的“活化石”。习近平总书记在 2021 年中共中央政治局第三十一次集体学习时强调，“红色资源是我们党艰辛而辉煌奋斗历程的见证，是最宝贵的精神财富。红色血脉是中国共产党政治本色的集中体现，是新时代中国共产党人的精神力量源泉”①。从浙江嘉兴南湖的游船到陕西延安的革命圣地，从 1921 年中国共产党的诞生到 1949 年伟大的新中国成立，从全国各族儿女抵御列强侵略到中华民族奋力拼搏以谋求伟大复兴，从不

① 习近平．用好红色资源 赓续红色血脉 努力创造无愧于历史和人民的新业绩［J］．求是，2021（19）：4-9.

惧烈火、坚守心中信念的邱少云到奋力拼搏、为国献身的铁人王进喜，回望百年发展历程，这些伟大的革命力量已经化为一抹重要的精神底色融入中华儿女的生命与血液之中，始终激励着我们在新时代不断向着中华民族伟大复兴的中国梦前进。

抗日战争持续了十四年之久。在这期间，东北抗日联军与东北广大人民群众团结合作、万众一心，与日本侵略者展开了顽强的斗争。在极端恶劣的自然环境之下、在武装军事力量悬殊的情况之下，东北抗联将士不畏困难，奋勇斗争，充分展现了中华儿女不惧强权、勇于拼搏的宝贵品质和热爱祖国、爱好和平、勇敢自强的革命斗争精神。这是一种生生不息的精神力量，是抗日战争取得胜利的重要保证，是实现中华民族伟大复兴的不竭动力，是宝贵的区域红色资源。进入新时代，大力弘扬东北抗联精神与抗联事迹，赓续红色血脉是发扬伟大抗联精神、汲取抗联精神力量的重要举措。其中，基于东北抗联精神的区域红色课程资源开发是用好红色资源的关键途径，有助于红色资源深入学校教育，以更加系统化、规范化的方式传播与赓续。本章围绕东北抗联精神课程开发的价值内涵进行深度阐释。从东北抗联精神课程开发的价值载体、东北抗联精神课程开发的价值诉求以及东北抗联精神课程资源开发的价值旨归三个维度进行剖析。通过区域红色资源的开发与利用，落实立德树人根本任务，让新时代中国特色社会主义的建设者与接班人在先辈热血抛洒的沃土上汲取力量，为实现中华民族伟大复兴的中国梦谱写奋斗不息的华美篇章。

一、区域资源：东北抗联精神课程开发的价值载体

东北抗联精神本质上是一种区域红色资源。区域红色资源作为一种特殊的资源类型，兼具“区域性”与“红色性”双重属性。它不仅是中国共产党领导人民群众在革命战争年代进行革命斗争所留下的特定符号，而且区别于一般类型的红色资源，展现出鲜明的地域性特征，是某一区域所特有的精神与文化。① 厘清区域红色资源的本体是探究区域红色资源课程开发的首要前提与重要基础。基于此，本节将主要从区域红色资源的内涵理解、典型特征和多维价值三个方面进行释义，揭示其独特内涵。

（一）区域红色资源的内涵理解

区域红色资源的内涵理解旨在阐明何为区域红色资源。这是把握区域红色资源本体的首要前提。具体将从核心要素、时间跨度、形态类型三个方面进行阐释。其中，核心要素主要点明了区域红色资源的关键构成，时间跨度澄清了区域红色资源的内容属性，形态类型主要解释了区域红色资源的存在形态，三者相结合立体化地呈现了区域红色资源的本体内涵。

1. 核心要素：“红色”与“区域”的双重限定

区域红色资源的相关研究虽然当前仍处于萌芽阶段，但不少学者已进行了大量的概念界定与价值阐释工作，理性认识及

---

① 张泰城．红色资源是优质教育资源［J］．井冈山大学学报（社会科学版），2010（01）：14-18.

学术研究也呈现出由浅入深、逐步完善的发展样态。“区域红色资源”属于复合概念，需要对其进行深度剖析、拆分与厘定来准确界定。它是“红色”与“区域”在“资源”这一概念上的双重限定。因此，界定区域红色资源这一概念必须要从构成要素上进行分析并加以阐释。

首先，“红色”具有多重含义。在色彩层面，“红色”作为一种颜色，是一种视觉效果十分强烈的色彩，象征着热闹、喜庆、吉祥、成功和主动。在符号层面，“红色”是革命战争时期中国共产党及其领导的中国人民进行革命的特定象征，是无产阶级革命的中国化阐释，是无产阶级革命和思想政治觉悟的一种符号化表现，例如红军、红船、红色精神等，展现出鲜明的中国本土原生性。由上述分析可知，“红色”是“资源”的限定词，指明的是资源的类型，同时也点明了资源的时空样态与主体特征。红色资源是指中国共产党领导广大人民群众在新民主主义革命、社会主义建设时期和改革开放时期，所形成的具有鲜明育人属性与教育功能的革命主义精神及物质资源的总和。其次，红色资源虽然没有明确或严格的空间与时间维度上的界限，但因其地域分布广泛，历史背景与发展特点存在差异，红色资源呈现出鲜明的区域特点，通过与地域文化相融合，最终形成与众不同的区域特色。例如苏区文化、井冈山精神、东北抗联精神等。红色资源与中国共产党领导中国各地人民群众的革命历史进程相呼应，展现出鲜明的区域性特征。在红色资源的产生、发展与传承过程中，区域特质对红色资源具有独特影响，同时红色资源的区域性对区域内红色文化的发展以及红色精神的传承也具有重要影响。区域红色资源凭借其所在区域的地理优势，发挥着独特的育人功能和社会价值。

2. 时间跨度："历史"与"当下"的贯穿承继

在时间跨度上，区域红色资源的范围与内涵并不是固定僵化的，而是一个动态开放的时间进程。资源的价值定位表明，资源是一种可以被人们开发与利用，同时这种开发与利用同样能够产生新的价值与需求的行为。① 最初谈及红色资源时，主要指代在浴血奋战的革命战争时期所形成和积淀的宝贵财富与精神印记。区域红色资源的内涵随着历史车轮的前进而不断变化与丰富。它既包含中国共产党带领中华儿女进行的浴血奋战的民族革命、艰苦卓绝的社会主义建设，也包含翻天覆地的改革开放所带来的生动实践。

自中国共产党成立之日起，从浙江南湖的红色游船、红色革命根据地延安，到中华人民共和国成立，再到改革开放后的飞速发展，中国共产党带领中国人民从一个积贫积弱的旧中国走向了一个欣欣向荣的崭新的社会主义国家。在这样一个伟大的历史进程中，中华民族积淀和绵延了不胜枚举的宝贵财富与精神印记。红色资源蕴含着中国共产党带领广大人民群众追逐理想信念的原初力量，饱含着中国共产党人始终为人民服务的初心使命，印刻着中国共产党始终艰苦奋斗的优良传统。许多红色资源虽然在时间上是远离当代的，但在价值上是服务当代

---

① 张泰城．论红色文化资源［J］．红色文化资源研究，2015（01）：1-11.

的。它们不仅停留在历史长河之中，而且存续绵延于当下与未来的每一时刻。因此，中国共产党走过的道路就是红色道路，中国共产党的活动实践产物都具有红色资源的意蕴，它们都是中国特色社会主义建设的宝贵财富。① 通过上述分析，红色资源主要指代那些在革命战争时期、社会主义建设和改革开放发展时期，由中国共产党与中国共产党领导之下的广大人民群众所共同创造生成的宝贵资源。它贯穿“历史”与“当下”，是“历史”在“当下”的承继与发展。充分开发与利用红色资源是党和国家永葆青春的重要法宝。

3. 形态类型：“物质”与“精神”的交融渗透

“资源”一词已从单一的物质形态走向了物质与精神兼具的双重内涵。根据区域红色资源的存在状态，可将其划分为物质形态和精神形态两种主要类型。物质形态主要指那些具有一定实在承载性的红色资源，而精神形态主要指代那些并不具备一定实在性的资源，它们更多以思想、文化等形式存在于人脑之中。② 东北地区因其特定的地理位置和独特的历史背景等因素形成了丰富的红色资源，尤其是在抗日战争时期以及解放战争时期。其中，以东北抗联精神为代表的红色资源已成为东北地区不可磨灭的历史记忆和宝贵资源。

东北抗联红色资源类型众多。在物质形态方面，纪念馆、

---

① 喻学林，向慧芳．红色文化、红色资源和红色基因三者关系及其研究价值论析［J］．红色文化学刊，2021（04）：96-102+112.

② 张泰城．论红色文化资源的分类［J］．中国井冈山干部学院学报，2017（04）：137-144.

烈士陵园、密营革命遗址等作为典型的红色资源，具有强烈的真实性和感染性，对于革命精神的传承具有不可替代的作用。为了更好地纪念革命历史、弘扬革命精神，各地根据历史背景和地域特色修建了众多革命纪念馆、历史博物馆和爱国主义教育基地等场馆，以便更好地保存和弘扬抗日战争时期东北抗联的光辉革命历史。东北抗联红色资源不仅包括物质形态的资源，还涵盖那些以精神符号存在的红色资源，包括人们耳熟能详的革命历史事迹、革命思想、东北抗联精神等。精神形态的红色资源虽然不可触摸，但可知可感，随着时间的积淀，它们不断演化、日益丰富，逐渐成为中华儿女重要的身份底色。

（二）区域红色资源的典型特征

区域红色资源蕴涵着深厚的民族基因和鲜明的区域特色，折射出革命先辈们的理想信念，承载着底蕴深厚的革命史、卓绝艰辛的奋斗史、鼓舞人心的改革史，是党和国家前进发展的精神养料和宝贵财富。厘清区域红色资源的典型特征将有助于更好地把握其本质内涵和发挥其独特价值。

(1) 革命性：立足红色基因，涵育民族底色

区域红色资源具有丰富的历史底蕴，革命性是其主要标志。区域红色资源是中华儿女争取民族独立、实现民族复兴的区域化实践的生动诠释。近代以来，我国一度处于被西方列强侵略欺侮的惨烈境遇之中。随着中国共产党的诞生、发展到不断壮大，中国共产党带领广大中华儿女坚持不懈地追求民族独立与解放，最终实现了中华民族的强盛与复兴。中华儿女历经风雨考验，在民族解放与伟大复兴的发展之路上，始终坚定理

想信念，肩负民族重任。他们与日本侵略者展开顽强抵抗与殊死搏斗，留下了浓重的历史印记。在这期间也涌现出众多的革命故事与英雄人物，孕育出催人奋进的革命精神。这些都成为中华民族弥足珍贵的历史财富，彰显出深厚的历史底蕴和民族底色。区域红色资源是红色资源的一种特殊类型，是在中国共产党带领中华儿女反抗外敌侵略与民族压迫的历史进程中逐步积淀而来的。不同地区的爱国同胞们为实现革命理想，不断实践、开创、挖掘、传承，区域红色资源由此产生和发展。革命斗争作为一条鲜明的主题线，贯穿于区域红色资源的发展历程始终，是革命基因在新时代、在不同地域的生动展现。①

（2）地域性：主题内容鲜明，地方特色突出

红色资源以革命战争为主线贯穿中华民族历史的全进程。抗日战争持续十四年之久，中国共产党的“红色”足迹跟随着战争的硝烟遍布中华大地，街头巷尾也都流传着抗日英雄们的革命故事。正因如此，展现中国共产党和中国人民不畏艰险的红色资源也呈现出分布范围极其广泛、形式多样的特征。从浙江嘉兴的南湖游船到江西瑞金、陕西延安的革命圣地，从宁死不屈、视死如归的狼牙山五壮士到抗日小英雄王二小，在这百年发展历程中，红色资源随处可见。由于时间上的阶段性以及地域上的分隔化，不同的历史背景以及历史阶段中都蕴涵着特色鲜明的红色资源，也都形成了与地域文化相匹配的革命精

① 周静．论新时代红色基因传承的鲜明特色［J］．河海大学学报（哲学社会科学版），2021，23（02）：16-20.

神，例如井冈山革命、南昌起义、长征、东北抗日等。这些不同地域的红色资源，扎根地方特色，与当地文化和人民群众有机地融为一体，形成了不同的主题内容。它们是土生土长的红色基因，是该地区独有的革命故事，是内容鲜明的文化之基。

(3) 思想性：价值导向鲜明，引领思想发展

区域红色资源之所以称为一种资源，归根到底在于思想性这一典型特征。红色资源是中国共产党带领广大中华儿女在历史革命时期、社会主义建设时期和改革开放时期进行伟大社会实践所留下的宝贵遗产与精神财富。在时代的发展过程中，红色资源与社会发展实践巧妙结合，这些宝贵遗产和精神财富被不断赋予新内涵，展现出新形态，成为引领思想发展的重要力量。红色资源不仅是中华民族优秀文化的典型代表，也是时代精神的重要体现，具有不可替代的价值性。红色资源蕴含的革命精神、革命文化是革命历史的宝贵见证，是先进思想、崇高精神的现实体现，是中华民族前进发展的不竭动力。今天，红色资源的价值在于它能够提升中华儿女的思想道德素质，涵育中华民族精神，树立坚定的政治理想，增强社会主义核心价值体系在新时代的实效性。① 红色资源具有引领思想意识、促进价值观发展的重要作用。红色资源蕴含的思想政治理论、政治观念等意识形态在一定程度上是社会历史发展的直观反映，能够透射历史发展规律，具有指引未来发展方向的作用。

---

① 张泰城，张玉莲．红色资源研究综述［J］．井冈山大学学报（社会科学版），2013，34（06）：15-21.

（三）区域红色资源的多维价值

区域红色资源的多维价值强调的是区域红色资源在新的历史时期所具有的鲜明价值功能。这些价值功能并不是单一的，而是呈现出多维多面的典型特征。根据功能的发挥方式可以将其划分为本体价值与衍生价值。本体价值是指区域红色资源本身所具有的价值，而衍生价值则是指区域红色资源经过一系列中介效应所具备的价值。这里结合本体价值与衍生价值的双重属性，从历史价值、社会价值、文化价值以及教育价值四个方面对区域红色资源进行深度解读。

1. 传承历史记忆，弘扬民族精神

区域红色资源是区域历史的独特书写，是区域记忆的集中缩影，是民族精神的生动呈现。区域红色资源的价值首先表现为传承历史记忆，弘扬民族精神。国家的历史不可复制，抗联的革命精神不可遗忘。挖掘和利用好东北抗联这段独特的历史记忆，对新时代身份认同的建构尤为重要。

东北抗联红色资源蕴含着东北地区人民艰苦卓绝的斗争史。无数抗联战士们血洒疆场，为的是更多的人能够拥有美好生活的机会。一批又一批的抗日英雄以“捐躯赴国难”的家国情怀在保卫家国的第一线同西方列强进行着顽强的斗争。也正是这种无惧牺牲、勇于拼搏的伟大精神，使革命战士们震慑了西方列强、击败了侵略者，赢得了战争的胜利与祖国的解放。这种革命精神时刻感召着每一位中华儿女。东北抗联精神是中华民族精神的伟大传承，更是中华民族强盛复兴的力量之源。以历史记忆真实高效地传递革命精神、传承民族情怀，在新时代具有重要的价值意义。东北地区在抗联时期的遗址遗迹等红色资源作为连接历史与当下的纽带，有利于根植红色基因，继承和发扬红色精神。充分利用区域红色资源，有利于形成无坚不摧的民族凝聚力，也正因为这种民族力量使中国共产党始终走在时代的前列。

2. 坚定理想信念，回应现实问题

区域红色资源除了能够帮助人们连接历史与当下，发挥历史价值，还具有鲜明的社会价值。区域红色资源的社会价值主要体现为坚定理想信念，回应现实问题。中华民族伟大复兴的实现不但需要良好的内部机制，也迫切需要和平安定的国际环境。当前，我国正处于伟大复兴的关键时刻，面临着更加复杂和充满不确定性的现实挑战。区域红色资源是应对复杂形势的宝贵财富。

历史的伤痕依然鲜血淋淋，现实的挑战正在不断加剧。伴随着中华民族的伟大复兴，面向我国的冷战思维正在持续发酵，世界各国的疑惧敌意此起彼伏，甚至还存在着一些负面声音。习近平总书记曾指出："一些政治组织和政治人物依然在矢口否认日军侵略的野蛮罪行，依然在执意参拜双手沾满鲜血的战犯亡灵，依然在发表美化侵略战争和殖民统治的言论，依然在藐视历史事实和国际正义，依然在挑战人类良知。"① 虽

---

① 习近平：在纪念中国人民抗日战争暨世界反法西斯战争胜利69周年座谈会上的讲话［EB/OL］.（2014－09－03）［2022－08－20］. http：//www.gov.cn/xinwen/2014-09/03/content_2744972.htm.

然身处和平年代，当代中华儿女仍需铭记历史、学习历史，坚定情怀，时刻保持警觉。东北抗联区域红色资源是历史的见证，也是未来发展的指南。面对充满挑战的国内与国际环境，加强构建人类命运共同体，需要在新时代大力弘扬区域红色精神，弘扬抗联精神，使东北抗联精神入脑入心，进而转化为进行社会主义现代化建设的生动实践，成为培养中华儿女家国情怀的重要力量源泉。东北抗联在中国历史上留下了独特而又深刻的历史印记，它是中华民族共御外敌的典型见证，更是中华儿女用鲜血铸就的民族精神丰碑。它向中华儿女展现了我国自古以来坚贞不屈、不畏强暴的优秀民族精神，也向世界各国展现了中华民族追求和平发展、誓死维护民族尊严的决心。进入新时代，东北抗联历史以及抗联精神已成为中华儿女的重要精神力量。感悟历史与革命之势，需要在新时期追求更高目标和创新方式方法。区域红色资源连接历史与当下，形式多样且喜闻乐见，内容丰富且贴近生活，是开展红色教育的宝贵财富。

3. 丰富文化内涵，增强文化自信

文化价值是区域红色资源的重要价值之一。文化价值主要指的是在中国共产党的坚强领导下，随着时代的发展，精神载体逐渐进入中华民族文化之中并成为重要的一部分，进而展现出的鲜活的时代性、艺术性和民族性特点。[①] 区域红色资源是中华优秀文化的重要组成部分，深度挖掘和利用区域红色资源

---

① 刘建秀．红色文化的教育价值及有效途径［J］．前沿，2012（12）：150-151.

对中华优秀文化的传承、文化内涵的丰富以及文化自信的增强具有重要价值。

区域红色资源在丰富中国特色社会主义文化内涵方面具有重要价值。红色资源是中华民族历经苦难与磨砺，在中国特色社会主义发展道路上英勇无畏、不惧挑战的有力证明，更是中国特色社会主义未来发展之路上的重要指引。红色资源中展现的伟大革命精神是中华民族优秀文化的重要组成部分，是新时代中国特色社会主义建设的不竭精神动力。[①] 传承红色历史与弘扬红色精神是发挥红色资源文化价值的关键举措。为此，需要将红色文化、红色基因融入每一位公民的思想认识与个人行动之中。国家和民族的每一步发展都有其不可复制性和独特性。开发和利用东北抗联区域红色资源，能够推动革命历史教育和革命传统教育发展，使人感受历史发展脉络，领悟中国气节、中国特色与中国智慧。同时，最重要的是使后辈们看到在共产党的英明智慧领导下，中华儿女自强不息、勇敢追求自由与解放，追求民族富强、国家进步的不懈努力和伟大精神，鼓励全国人民坚定践行中国特色社会主义道路。

4. 开展红色教育，弘扬爱国精神

区域红色资源不仅可以作为一种历史遗迹或人文景观资源，还可以作为重要的教育资源。区域红色资源作为一种内涵鲜明的宝贵财富，展现了中国共产党的执政理念、根本宗旨，

---

① 韩洪泉．红色文化资源的利用与开发——以长征文化为例［J］．中国纪念馆研究，2020（02）：5-15.

生动形象地反映了一切为了人民、一切依靠人民的价值追求。[①] 这种伟大的革命精神，是新时代进行爱国主义教育的宝贵资源。

在党和国家的政策引导与资金支持下，爱国主义教育基地的职责日渐明晰，基于区域资源的红色教育也得到充分重视。东北抗联区域红色资源是东北抗联时期形成的优秀历史教育资源，是与中国国情紧密相连的红色资源。它是中国共产党领导中国人民抵御外敌、奋斗不屈的有力见证，也是中华民族风霜历史的宝贵积淀，具有特殊的政治意义和教育价值。在新形势下，充分利用东北抗联区域红色资源是增强理想信念、培养国家意识和民族意识的一项重要而又紧迫的时代课题。在区域红色资源课程开发过程中，注重加强红色教育基地与人民群众之间的紧密联系，为红色教育基地、爱国主义教育基地提供资金支持与物质保障，使之真正成为公民道德教育基地和社会实践场所。在此基础之上，红色教育基地与社会机构共享红色资源，共担育人责任，营造良好的红色氛围，形成教育合力与育人特色，进而营造积极向上、充满红色气息、和谐文明的社会大环境，实现“基地—社会”共享红色资源，共创红色发展。

二、立德树人：东北抗联精神课程开发的价值诉求

2012 年，党的十八大报告中提出，将“立德树人”作为

① 肖发生．多维视角下的红色文化资源［J］．红色文化资源研究，2015（01）：19-24.

我国教育发展的根本任务。① 2014 年，教育部发布《关于全面深化课程改革落实立德树人根本任务的意见》，明确指出“立德树人”是发展中国特色社会主义教育事业的核心所在。② 这是党中央对教育本质问题认识的进一步深化。党的十八大以后，习近平总书记多次强调“立德树人”的重要性与紧迫性。十九大报告中更是明确指出，要全面贯彻党的教育方针，落实“立德树人”根本任务，培养德智体美全面发展的社会主义建设者和接班人。③ 通过党中央擘画的教育事业蓝图，可以清晰地看到，有关“立德树人”这一教育根本任务的认识正逐步清晰且不断强化。落实立德树人根本任务，需要系统而深刻地回答“培养什么人、怎样培养人和为谁培养人”的根本性问题。在该目标导向下，厘清实践内容，探寻实践载体，明确“立什么德”“育什么人”显得尤为关键。东北抗联精神作为一种区域红色资源，是新时代开展立德树人根本任务的宝贵资源。东北抗联精神课程开发需要紧密围绕立德树人根本任务，为党和国家培育时代新人贡献力量。

---

① 胡锦涛．坚定不移沿着中国特色社会主义道路前进　为全面建成小康社会而奋斗：在中国共产党第十八次全国代表大会上的报告［J］．求是，2012（22）：3-25.

② 教育部关于全面深化课程改革落实立德树人根本任务的意见［EB/OL］．（2014－04－08）［2022－09－11］．http：//www.moe.gov.cn/srcsite/A26/jcj_kcjcgh/201404/t20140408_167226.html.

③ 习近平．决胜全面建成小康社会夺取新时代中国特色社会主义伟大胜利：在中国共产党第十九次全国代表大会上的报告［N］．人民日报，2017-10-28（01）.

（一）传承民族红色基因，增强国家认同

2019年10月24日，中共中央、国务院印发的《新时代公民道德建设实施纲要》明确指出，“要继承和发扬党领导人民创造的优良传统，传承红色基因，赓续精神谱系”①。红色基因是我国前进发展的不竭动力，它蕴含着丰富的历史经验和深刻的历史规律，是中华民族宝贵的精神财富。中华民族在任何时候都不能丢掉红色基因。区域红色资源是传承红色基因、赓续精神谱系的重要载体，是开展新时代爱国主义教育必不可少的组成部分。区域红色资源课程的开发与利用能够帮助学生了解国家的历史，看清来时之路，增强国家认同，从而更坚定地走好未来之路。因此，传承民族红色基因、增强国家认同成为东北抗联区域红色资源课程开发的首要诉求。

1. 知是前提：深层次理解红色基因内涵

东北抗联区域红色资源课程开发的首要目标是帮助学生深层次地理解红色基因内涵。知道红色基因的深层内涵是开展相应实践活动、感悟伟大民族精神的基础。东北抗联精神是中国共产党带领广大人民群众奋战御敌，在革命的战火硝烟之中创造的宝贵精神财富，是我国革命主义精神的重要体现，也是开展爱国主义教育、传承红色基因的优质素材。但是，东北抗联距离学生的现实生活相对较远。这就产生了学生理解与把握东

---

① 中共中央　国务院印发《新时代公民道德建设实施纲要》［EB/OL］.（2019-10-27）［2022-09-10］. http：//www.gov.cn/zhengce/2019-10/27/content_5445556.htm.

北抗联精神相对吃力、同时缺乏学习兴趣的问题。东北抗联区域红色资源的课程开发，可以依托生动鲜活的博物馆、纪念馆等物质载体，让学生走出单调空洞的书本，使其对东北抗联精神的理解与把握超越“是什么”的浅层知识识记层面，进入“为什么”和“怎么样”的深层知识感悟层面。真正明确东北抗联精神是在什么条件下产生、如何产生以及为何产生的，帮助学生串联起一条内在的逻辑线索，深刻理解东北抗联精神的内核。

2. 行是关键：具身化体验红色基因实践

2019 年 7 月 8 日，中共中央、国务院《关于深化教育教学改革全面提高义务教育质量的意见》明确提出，要“打造中小学生社会实践大课堂，充分发挥爱国主义、优秀传统文化等教育基地和各类公共文化设施与自然资源的重要育人作用，向学生免费或优惠开放。广泛开展先进典型、英雄模范学习宣传活动，积极创建文明校园”①。抗联密营遗址为新时代爱国主义教育提供了实践基地，拓展了爱国主义的教育方式和途径。东北抗联精神区域红色资源的课程开发应走出单调的书本学习、颈部以上学习的离身化学习，走向生动的实践学习、全身参与的具身化学习。以情境化的方式潜移默化地向学生讲述东北抗联将士们热爱祖国、依靠群众、无私奉献、艰苦奋斗的精

① 中共中央 国务院关于深化教育教学改革全面提高义务教育质量的意见［EB/OL］.（2019－07－08）［2022－08－20］. http：//www. gov. cn/zhengce/2019-07/08/content_5407361. htm.

神品质。[1] 相较于单纯的书本讲授，开展基于区域红色资源的综合实践活动能够为学生提供具身化的体验机会。身处深山密林之中，聆听抗联战士的伟大事迹，体验抗联战士的艰苦生活，这种教育方式能让抽象宏大的道理清晰生动地阐发出来，更能激发学生内心深处的爱国情怀和实现中华民族伟大复兴的责任感与使命感。

3. 情是归宿：全方位传承红色基因精神

区域红色教育资源课程开发的最终落脚点是增强学生对红色基因传承的认同感与责任感。这是新时代爱国主义教育的关键主题，更是追求国家繁荣、民族兴盛的重要密码。东北抗联区域红色资源主要分布在吉林桦甸的深山密林之中，这里地势险要，群山环抱，景色秀美，一草一木、一幕一景都令人心生敬畏。依托区域红色资源开发的课程能够让学生重温东北抗联将士们舍生忘死的革命精神，重走东北抗联将士们艰苦卓绝的抗战之路，感受抗联将士们的艰辛与伟大，了解美好生活的来之不易。此外，还可以将东北抗联区域红色资源与学科教育相结合，深入挖掘红色基因，有机整合内容体系，创新转化实施方式。充分发挥东北抗联精神区域红色资源课程开发在学科知识教育与爱国主义教育中的作用与价值，让革命历史与红色精神深植于每一位中华儿女的心中，传承红色基因，增强学生的

---

① 汪立夏．红色文化资源在大学生思想政治教育中的价值及实现——以江西省高校红色文化教育进校园为例［J］．思想教育研究，2010（07）：54–57.

民族认同感和自豪感。

（二）丰富学校课程资源，加强优质供给

课程资源是学生学习的重要载体，也是课程开发的必要基础。丰富多样的学校课程资源能够为学生提供更多、更好的精神养料，促进学生全面、个性、健康地成长。按照课程资源载体形式划分，学校课程资源可以划分为内生性资源、物化性资源和活动性资源三种主要类型。从这三个方面探究东北抗联区域红色资源开发的现实诉求，能够明确东北抗联区域红色资源对学校优质资源供给的重要意义。

1. 丰富内生性资源，多主体协同

内生性资源主要是指以人为载体的课程资源，是指高水平、高素质的专业化人员参与课程资源开发的过程与结果。不同主体的参与能够汇集不同的视角，倾听不同的声音，贡献不同的智慧，让课程资源开发更具科学化和规范化。为了更好地落实立德树人根本任务，满足学生多元且个性化的发展需求，学校需要站在时代发展前沿拓宽内生性资源，为学生提供丰富多彩的学习体验。其中，教师是课程资源开发的关键性因素。高素质、专业化和创新型的教师能够扩宽课程资源范围，优化课程资源利用方式，提升课程资源开发的科学水平，从而引发学生的深度思考，促进深度学习的落地。区域红色资源课程开发能够有效地发挥区域红色教育资源的独特价值，补充和优化学校课程体系，形成教育合力，促进教育资源供给侧结构性改革，更好地发挥课程的立德树人功能。东北抗联区域红色资源课程开发需要协同红色教育基地的负责人、讲解员、志愿者、

学校教师以及社会人员，构成一支专业多元、结构复合的教师队伍。他们通过深度合作与视野融合，打通彼此的知识边界，在对话交流中协同创生，高质量地参与区域红色课程课程资源的开发实践。

2. 丰富物化性资源，多内容整合

物化性资源主要是指以物质载体为主的课程资源，是指依托过去、现在以及未来的物化形态载体进行资源开发的过程与结果。物化性资源的存在形式丰富多样，只要是负载信息的物质载体，都具有成为物化性资源的可能性。① 东北抗联精神是东北抗联将士在白山黑水间顽强抵抗侵略，用鲜血浇灌出来的精神硕果，也是中华民族抵抗外来侵略的精神结晶。东北抗联精神作为一种重要的红色资源，是开展新时代爱国主义教育的重要载体，在加强思想道德素养、提升社会责任意识等方面具有关键作用。发挥区域红色教育资源价值的一个重要途径是充分利用革命博物馆、纪念馆中的馆藏资源，如战争装备、生活用品等物质载体开展教育活动。丰富的物化性资源能够有效地补充学校教育资源，从而优化基础教育供给侧结构性改革，为学生提供更多、更好、更公平的教育资源，同时有助于红色资源课程体系的构建，提高红色资源利用效率，提升红色课程品质，有效促进红色文化与红色精神的传承与发展，形成家校社协同育人新格局，肩负起培育社会主义建设者和接班人的时代重任。

---

① 黄晓玲．课程资源：界定　特点　状态　类型［J］．中国教育学刊，2004（04）：38-41.

3. 丰富活动性资源，多形式联动

活动性资源是指以活动为载体的资源，强调的是实践活动或特定情景中所蕴含的课程资源。活动性资源依托特定的时空情境而存在，具有不完全复制性。当前，学校课程资源在空间上主要集中于学校内部，载体上主要集中于书本教材，主体上主要集中于学校教师。这样的课程资源虽然能保障学生的学习效率，可是面临着相对单一和缺乏个性的问题。优化学校课程资源，加强优质教育资源供给是促进学生全面发展的必然要求，也是满足学生个性化发展的现实需求。区域红色资源课程并非简单的授课地点的改变，将传统意义上的学校课程搬到教育基地进行，而是强调课程方方面面的优化升级。对学生进行思想政治教育时，一定要避免简单的空洞说教，这样不仅难以激发学生的兴趣，还容易引起学生的抵触情绪。最好的思想政治教育方式是身临其境的实践体验。可以利用杨靖宇抗联密营中的丰富资源，让学生与教育基地中的实物、图片、资料以及至今仍然健在的革命战士等展开互动交流，拉近学生与历史的距离。这样一种鲜活的教材、真实的体验、触发心灵的震撼，能够将红色革命故事与红色精神带入学生的生活之中。通过寓情于景、寓教于行的方式，实现实践基地教育的独特价值，完善课程体系，在传承红色革命文化的同时，促进爱国主义教育基地的发展。

（三）加强传统文化教育，培育时代新人

教育是将文化或文明有目的地传递给下一代的过程。[1] 通

---

① 谭宏．昌明国粹　立德树人——思想道德教育中融入优秀传统文化的思考［J］．重庆高教研究，2020，8（06）：112-121.

过教育，可以将一个民族所创造的优秀文化成果系统地传递下去，使其不断发挥指导价值。党的十九届五中全会提出，要加强社会主义精神文明建设，推进社会主义文化强国建设，促进满足人民文化需求和增强人民精神力量相统一。学校应积极响应国家要求，在该目标指引之下，展开相应教育行动，为培育新时代的优秀青年而不懈努力。区域红色资源课程开发是传承优秀文化、增强文化自觉、推动文化创新的重要途径。

1. 传承优秀文化的重要基础

2019 年 9 月 16 日，习近平总书记在参观鄂豫皖苏区首府革命博物馆时指出："革命博物馆、纪念馆、党史馆、烈士陵园等是党和国家红色基因库。要讲好党的故事、革命的故事、根据地的故事、英雄和烈士的故事，加强革命传统教育、爱国主义教育、青少年思想道德教育，把红色基因传承好。"爱国主义教育基地、革命纪念馆、革命博物馆等机构肩负着传承红色精神、赓续红色文化的重要责任。中国特色社会主义道路是在五千年悠久文明基础上发展而来的。它不仅拥有着深厚的历史基础，也拥有着先进的时代精神。区域红色资源内藏巨大的教育潜能，蕴含着中华民族勤劳朴实、坚强勇敢、团结友好、爱好和平的优秀文化。区域红色资源课程的开发与实施是学校开展红色教育的一种补充方式。① 在资源整合过程中需要充分

① 孙秀玲．新疆红色资源在高校文化育人中的价值研究［J］．新疆师范大学学报（哲学社会科学版），2018（04）：56-62.

挖掘区域红色资源的特色并凸显其中的教育价值。通过东北抗联区域红色资源课程开发，帮助学生了解中华文化的悠久绵长与博大精深，引导学生感悟中华文化的历史积淀与时代价值，进而使其坚定拥护中国共产党领导、坚定走中国特色社会主义道路、坚定文化自信。

2. 增强文化自觉的重要途径

革命精神是中华民族优秀文化的重要组成，是民族自信心与国家自豪感的重要来源。红色教育是革命精神系统性、规范化传承的重要途径。区域红色教育资源是一种内涵深邃的教育资源。无论是红色研学、红色培训还是参观游览，基地肩负着传承红色基因的社会重任。红色资源课程建设的底色是红色，核心是精神，具有特定的政治意义和文化意蕴，在增强文化自信与价值观认同中发挥着重要价值。因此，在进行区域红色资源课程开发时要把握红色教育的本质属性，促进红色文化的传承与发展。一方面需要以丰富多样的红色资源来支撑学校育人实践。合理的课程目标可以使东北抗联区域红色资源从独立于教育系统的外部信息发展为能够满足学习者需要的内部资源，强化学习者学习兴趣，为东北抗联精神的传承与发扬奠定基础。另一方面，区域红色资源所包含的人物、场景、展品、活动等内容能够诠释出浓厚深沉的思想性、民族性以及文化性，让学生在感知、体验的过程中与国家的过去进行对话，是开展思想政治教育和学校德育的重要手段。这种感知体验能够超越书本上的固定内容，丰富了学校教育的内容。①

3. 推动文化创新的重要载体

文化是一个国家综合实力的集中体现，也越来越成为国家前进发展的重要动力。中华优秀传统文化是我国在复杂多变的国际形势中站稳脚跟的重要基础。针对优秀传统文化，不仅要传承赓续，更要创新发展。区域红色资源课程内容的价值集中体现在传承红色精神与创新红色文化两个方面。一方面，区域红色教育资源是区域特有的教育资源，它更容易被学生所接受，也更容易与学生拉近距离，同时也更容易引起学生的兴趣。对其进行深度开发有助于开展新时代思想道德教育，培育时代新人。另一方面，区域红色资源完善扩充了学校育人资源。区域红色资源可以和学科课程进行深度融合，利用区域红色资源补充学科课堂教学内容，为学生带来不一样的学习体验。东北抗联区域红色资源虽然在时间上远离学生当下生活，但是通过对区域红色资源课程进行系统开发以及红色资源进校园、进教材、进课堂，可以帮助学生感悟东北抗联精神的时代价值，体悟其新时代内涵。这样的育人方式，既能促进学科教学的高质量发展，又能强化课程思政的有效性，将学科知识和道德培养融为一体。

（四）开展理想信念教育，坚定共同理想

理想信念是思想之根，是前进之源，是奋斗之基。习近平

---

① 张泰城，王文礼．红色文化资源的教育价值与功能研究综述［J］．红色文化资源研究，2017，3（02）：206-215.

总书记曾提出："一个国家，一个民族，要同心同德迈向前进，必须有共同的理想信念作支撑。"失去了理想信念，我们便失去了前进的方向，迷失在无尽的慌乱之中。回首中国共产党百年来的辉煌历程，正是中国共产党拥有坚定的理想信念，才能不断克服前进道路上的艰难险阻，最终取得伟大的民族胜利与复兴发展。波澜壮阔的历史伟业离不开理想信念的支撑，复杂严峻的国际形势和艰巨繁重的国内改革发展稳定任务离不开理想信念的支撑，中华民族的伟大复兴同样离不开理想信念的支撑。

1. 传承赓续与创新发展相统一

历史是最好的教科书。党的十九届四中全会强调，要推动理想信念教育常态化、制度化。抗联密营作为区域红色资源的重要组成部分，生动再现了革命先辈们崇高的理想信念。杨靖宇将军在极端艰苦的条件下用自己的理想信念支撑起了抗联战斗，抗联战士们用自己的血肉之躯挺起了民族的脊梁。他们以坚定的信念、至死不渝的精神，深入群众、依靠群众，最终是为了群众。面对日本侵略者的残酷侵略手段，抗联战士们没有丝毫畏惧，而是选择奋起反抗。即使在敌强我弱、敌众我寡的严峻形势下，东北抗联队伍依旧信仰坚定、竭力报国，依旧将国家和民族的命运、人民群众的安危置于首位，始终坚守在抗战的第一，留下了大量可歌可泣的英雄故事，展现了抗联战士在抗日战争中不畏艰难、百折不屈的顽强拼搏精神。这些宝贵精神是中国共产党人的真实写照，也是中国共产党立党为公、执政为民的具体展现，更是中国共产党人初心和使命的深刻诠释。进入新时代，开展理想信念要把握好“变”与“不变”的相互关系。面向新环境、开拓新思路、解决新问题，有效地发挥东北抗联精神在新时代的价值意义。

2. 理论养成与实践体验相统一

理想信念是知、情、意、行的有机统一体。开展理想信念教育，一方面要加强学生的理论养成，另一方面也要强化学生的实践体验，让学生在理论养成与实践体验之中塑造个人理想信念。东北抗联区域红色资源的课程开发与实施有利于学生历史认知与价值观念的形成，帮助学生更加生动且深刻地明白和理解为什么历史和人民选择了中国共产党，帮助学生树立正确的理想信念、强化坚定的爱国意识，使东北抗联精神在当代仍具有不灭的革命荣光和不竭的精神力量。在理论学习之外，哈尔滨的东北抗联博物馆和东北烈士纪念馆、沈阳的“九·一八”历史博物馆等爱国主义教育基地为学生们铭记革命历史、传承革命精神提供了实践载体。无论是革命纪念馆、博物馆还是爱国主义教育基地，这些场馆都为学生身临其境地感知和躬身力行创造了宝贵机会，帮助学生做到知行合一。同时，要引导学生坚定共产主义信仰，传承革命精神，坚定为祖国贡献力量的决心，坚定拥护中国共产党的领导和走中国特色社会主义道路，树立正确的国家观、民族观和历史观，成为为人民谋幸福、为民族谋复兴的新时代践行者。

3. 系统教育与自我学习相统一

理想信念教育是以马克思主义及其中国化的理论为指导，通过有目的、有计划、有组织的影响，使学生形成符合社会发展需求的崇高理想、坚定信念以及坚韧意志等的社会实践活动。[①] 理想信念教育深刻回答了“立什么德”“树什么人”的重要命题。在艰苦卓绝的抗日战争中，东北抗联将士克服天寒地冻的自然环境条件和食不果腹、衣不蔽体的物质生活条件，于冰天雪地中同侵略者展开顽强斗争。东北抗联将士身上那份顽强的斗争意识和伟大的民族精神至今仍是中华民族的宝贵财富。东北抗联区域红色资源是新时代开展理想信念的重要载体，也是新时代坚定共同理想的宝贵资源。通过系统化、规范化的理想信念教育，有助于学生理想信念的形成。在十四年的抗战之中，流传着许多鼓舞人心的革命英雄事迹，如杨靖宇、赵一曼、赵尚志等一大批革命志士的革命故事，那段历史至今历历在目，触目惊心。纵然英雄已逝去，但英雄的精神长存。他们在东北这片沃土之上、在林海雪原之间浴血奋战的精神，至今感染并鼓舞着每一位中华儿女。伟大的革命事迹、革命人物以及革命精神，从精神层面上给人以熏陶和洗礼。在开展理想信念教育时，要充分调动学生的积极主动性，通过自我教育和自我反思，引导学生不断进行道德自省与信念锤炼。

三、基因传承：东北抗联精神课程开发的价值旨归

东北抗联精神课程开发是在传承区域红色文化的基础上，在回应新时代复杂矛盾且充满不确定性的现实背景下积极主动

① 项久雨，范海群．青年理想信念教育常态化制度化的百年回顾与新时代推进理路［J］．思想理论教育，2021（07）：47-53.

进行的资源开发与利用行为。东北抗联虽然发生在二十世纪，距离今天已经十分久远，但是其中蕴含的精神财富在二十一世纪的今天依然具有鲜活的生命力，依然是鼓舞人们拼搏前进的不竭动力，对其时代价值进行解读具有重要意义。一批又一批、一代又一代的抗日革命英雄在东北地区抛头颅、洒热血，留下了动人心魄的英雄故事与感人事迹。东北抗联精神作为一种区域性的红色文化，是新时代加强爱国主义教育的宝贵资源，是加强思想道德建设的生动教材。前文阐释了何为区域红色资源，厘清了东北抗联作为区域红色资源的价值定位，并在此基础上论述了东北抗联区域红色资源课程开发的现实诉求，梳理出了为何要进行东北抗联精神课程开发，点明外部的现实要求。本部分内容将对东北抗联精神课程开发的时代价值进行详细阐发，找到东北抗联精神课程开发的价值落脚点，即充分开发利用东北抗联区域红色资源是传承红色基因的重要举措与价值旨归。

（一）东北抗联精神是实现伟大复兴中国梦的力量源泉

2012 年 11 月 29 日，习近平总书记在参观中国国家博物馆《复兴之路》基本陈列时回顾和展示了中华民族的昨天、今天与明天，鲜明地提出："实现中华民族伟大复兴，就是中华民族近代以来最伟大的梦想。"① 2013 年，在十二届全国人大一次会议闭幕会上，习近平总书记明确讲道："实现中华民族伟

① 习近平．继续朝着中华民族伟大复兴目标奋勇前进［J］．思想政治工作研究，2013（01）：1.

大复兴的中国梦，就是要实现国家富强、民族振兴、人民幸福。……中国梦归根到底是人民的梦。”① 中国梦的内涵不断明晰，中国梦的期盼日益高涨。中国梦是中国共产党立党为公、执政为民的鲜明体现，是全国各族儿女踔厉奋发、笃行不怠的精神旗帜。今天，我们身处距离实现中华民族伟大复兴的中国梦最近的历史时刻，理想与追求从未如此强烈。中国梦的实现不是从天而降，它需要全国人民坚定中国道路、弘扬中国精神、凝聚中国力量。

东北抗联精神作为重要的精神财富，是新时代我国实现中华民族伟大复兴中国梦的重要支柱。首先，东北抗联精神能够让人们明确实现中华民族伟大复兴中国梦的重要性。近代以来，我国在清政府的统治之下日益走向衰败，曾经的天朝大国一去不复返。鸦片战争正式打开了我国的大门，西方列强蜂拥而至，瓜分我国的领土、欺压我国的百姓、掠夺我国的财富。在中华民族陷入危机的重要时刻，是中国共产党带领广大人民群众英勇抵抗，团结奋斗，不畏牺牲，不计后果。这阐明了一个深刻的道理，即落后就要挨打。只有顽强拼搏，不断奋斗，才能避免历史的悲剧重演，才能赢得和平安定的国际、国内环境，才能满足人民群众对幸福美好生活的不懈追求。

其次，东北抗联精神能够让人们明确实现中华民族伟大复兴中国梦的艰巨性。中华民族伟大复兴的实现并不是轻而易举

---

① 习近平．在第十二届全国人民代表大会第一次会议上的讲话［N］．人民日报，2013-03-18（001）．

的、一蹴而就的，它需要艰苦的努力和不懈的追求。为了实现中华民族的自由与解放，以东北抗联将士为代表的抗日团队，在极端恶劣的自然环境之下，抱着必死的决心与日本侵略者展开最后的殊死搏斗。正是他们的舍生取义才赢取了最终的民族胜利。从中可以看出，中华民族伟大复兴离不开每一个中华儿女的艰苦奋斗和顽强拼搏。同时，在面对重大选择时，应坚持集体利益高于个人利益，始终将祖国的发展、人民的幸福放在首位。

最后，东北抗联精神能够让人们明确实现中华民族伟大复兴中国梦的必然性。虽然实现中华民族复兴的过程是艰巨的且充满挑战的，但是从东北抗联战士以及东北抗联精神中可以深切地感受到其中蕴含的革命理想和坚定信念，感受到浓浓的爱国情怀与民族大义，感受到孜孜以求的民族精神。这些精神都深深地扎根在每一个中华儿女的心中。我们是英雄的后代，我们的身上同样流淌着鲜红的热血。东北抗联精神展现的无穷力量，将是每一个中华儿女实现中华民族伟大复兴的力量源泉。它也将鼓励每一个中华儿女成为一名有理想、有本领、有担当的时代青年，共同向第二个百年奋斗目标奋勇前进。

（二）东北抗联精神是新时代推进全面深化改革的精神动力

2013 年 11 月 12 日，中共中央《关于全面深化改革若干重大问题的决定》中指出，面对新形势新任务，必须在新的历史起点上全面深化改革，不断增强中国特色社会主义道路自信、理论自信、制度自信。[①] 全面深化改革是新时代我国社会发展的典型特征，也是增进人民福祉的重要手段。东北抗联虽然是远离当代的，但是其价值是服务当代的，它是新时代全面深化改革的重要的精神动力。在全面深化改革的重要时刻，可以从东北抗联精神中汲取不畏艰难、不怕吃苦、勇敢冲锋的伟大力量。

进入新时代，我国在政治、经济、民生、医疗、教育等各个方面都取得了历史性成就与伟大性变革，人民美好生活的需求正不断被满足。但是，随着社会主义建设的不断深入与改革创新的日益推进，仍然有许多隐藏的“硬石头”需要攻克。正如习近平总书记所讲到的，“中华民族伟大复兴绝不是轻轻松松、敲锣打鼓就能实现的”。如今，我国已经进入全面深化改革的攻坚期，改革的道路从来没有一帆风顺，过程中会遇到诸多艰难险阻。中华民族有着勤劳勇敢的优良传统，这种优良传统在东北抗联的斗争中更是体现得淋漓尽致。抗联战士在面对极端艰苦的生活环境时，不怕苦、不喊累。面对日本列强的围剿杀害，抗联战士冲锋在前、英勇无畏。东北抗联战士们正是秉持着这样的精神态度，才赢得了最后的胜利，迎来了中华民族的伟大解放。要想取得成功就必须不怕苦不怕累，这是历史的经验，也是时代的教训。只有锐意进取，才能克服前进道

---

① 中共中央关于全面深化改革若干重大问题的决定［EB/OL］.（2013-11-15）［2022-08-27］. http://www.gov.cn/jrzg/2013-11/15/content_2528179.htm.

路上的一切艰难险阻。

东北抗联战士们正是在这样的艰难险阻之中不断超越自我，不断克服困难。因此，我们要学习东北抗联精神，感受东北抗联精神，从东北抗联精神中汲取前进的动力。① 改革越深入，矛盾冲突越多，越需要坚定信心，不断克服困难。这就要求我们要时刻保持清醒的头脑，从革命先辈身上汲取力量，坚定信心。同时，改革的胜利不能仅依靠理想，还需要实干能力。如果只有理想，那么就会变成空中楼阁。如果只会实干，那就失去了前进的方向。东北抗联战士正是在理想与能力的双重作用之下实现的民族解放。他们一方面怀揣着中国共产党的理想信念，肩负着民族解放的伟大目标，另一方面积极研究战略战术。从杨靖宇、周保中等革命将领，到抗联队伍中的每一位战士，他们在极其有限的资源条件之下，因地制宜地展开抗日行动。在枪支武器明显不及日军侵略者的状况下，依然能够沉重地打击日军的嚣张气焰，取得一定程度上的伟大胜利。②作为新时代的青年，应该牢记先辈们奋勇拼搏、舍生忘死的英勇历史，更应该努力提升自身专业能力，全身心地投入到学习生活之中，脚踏实地，不断学习技能。③

---

① 张洪玮，王慧姝．东北抗联精神赓续传承的价值意蕴［J］．社会科学战线，2022（02）：252-256.

② 张冰．对高校思想政治教育融入东北抗联精神的思考［J］．东北师大学报（哲学社会科学版），2018（05）：63-67.

③ 徐斌，陈阳波．红色文化的基因延续与守正创新［J］．人民论坛，2020（14）：133-135.

（三）东北抗联精神是引领新时代精神文明建设的一面旗帜

精神文明展现的是人类普遍智慧和道德的进步状态，表现的是社会先进文化的发展样态以及追求这一目标的过程状态。新时代精神文明建设离不开我国的优秀传统文化和社会主义先进文化。红色资源蕴涵着厚重的红色基因，是革命先辈们坚定理想信念的重要体现，蕴含着革命先辈的伟大精神与坚定信仰，承载着底蕴深厚的革命史、卓绝艰辛的斗争史、鼓舞人心的英雄史，是国家民族发展的历史养料和珍贵财富。

东北抗联战士在自然条件异常艰苦的情况下，坚定爱国主义理想，在白山黑水之间与日本侵略者顽强抗争。面对日军野蛮的侵略手段和极端恶劣的严寒天气，抗日联军被迫转入深山密林中，进行分散式的游击战斗。即便如此，他们依旧向祖国和人民交上了一份满意的答卷。东北抗联精神集中体现了中华民族的团结合作、不畏艰险和奋发拼搏的爱国主义精神，是当今中国的民族之魂。抗联精神之所以能成为抗联战士坚持战斗的精神力量，是因为他们在中国共产党的领导下怀着保卫家国、取得民族独立和解放的强大信念，坚定的信念支撑他们与日寇进行殊死决战。①

爱国主义精神和艰苦奋斗精神永不过时。抗联精神与社会主义核心价值观有着共同的精神追求，即伟大的民族精神。这

① 史守林．东北抗联史研究述评［J］．社会科学战线，2020（08）：130-136.

种民族精神至今仍能够与社会现实紧密相连，能够与当今的社会主义核心价值观相融。东北抗联精神也必将成为当代人树立正确价值观的鲜明标尺与伟大旗帜。随着时代的发展，东北抗联精神在新环境中展现出新内容和新价值。将东北抗联精神融入生活的方方面面，并将其与社会主义核心价值体系相融合，对于弘扬新时代核心价值体系具有重要而深远的意义。对区域红色资源进行系统化的课程开发与建设，有助于东北抗联区域红色资源发挥更大的时代价值。东北抗联精神内含忠诚于党的坚定信念、无愧于人民的家国情怀，其中蕴含的丰富资源为红色资源课程的开发提供了良好的条件基础，使其在新时代依旧熠熠生辉，成为引领精神文明建设的一面旗帜。

（四）东北抗联精神是构建人类命运共同体的重要精神根基

“人类命运共同体”是近年来我国政府提出的有关于人类社会发展的崭新政治理念。习近平总书记在党的十九大报告中鲜明强调：“坚持推动构建人类命运共同体，中国人民的梦想同各国人民的梦想息息相通。”构建人类命运共同体是总结历史发展经验、适应时代发展需求的重大战略决策。新时代，党和国家的发展进步离不开和平、稳定的国际环境。中华民族自始至终都是一个热爱和平的民族。我国坚持改革开放，坚持维护世界和平，坚持同全世界热爱和平的人们一起推动人类文明的健康发展。

东北抗联精神是构建人类命运共同体的重要精神养料。东北抗联的伟大胜利是由中、朝、苏三国人民共同书写的。三国人民精诚合作，携手抗敌。在抗日战争过程中，东北抗日联军不仅得到全国各民族人民的鼎力支持，而且还得到来自苏联、朝鲜人民的大力援助。在战争的后方，无论是军需战备，还是医疗物资、技术等方面，我国都得到了来自众多国际组织的大力支持。这些支持为中国抗日战争的胜利提供了良好的基础。在十四年艰苦历程中，中国、苏联、朝鲜等国军民并肩合作，一致对外。他们虽然来自不同国家地区、流淌着不同的血液、使用着不同的语言，但他们却有着共同的目标，那就是打败法西斯势力，保卫国家和领土完整，守护国家和人民安全。在抗日战争中，中华民族充分发扬了团结协力、休戚与共的国际共产主义精神。正是这一宝贵的国际共产主义精神，使得中华儿女同世界各族人民齐心协力，坚定战胜世界法西斯力量信念，努力维护世界和平。东北抗联精神的赓续与弘扬为构建人类命运共同体提供了坚实的历史基础以及现实可能，让我们充分认识到团结协力、休戚与共的重要性以及维护世界和平、协同发展的必要性。只有坚持人类命运共同体，才能避免历史悲剧重演，才能实现高质量发展，才能营造良好的发展环境。东北抗联精神可谓是人类命运共同体理念的现实构型与真实写照。对东北抗联精神的学习与弘扬将有利于世界各国人民铭记和总结历史经验，维护反法西斯战争中来之不易的伟大成果，持续推动构建人类命运共同体，促进世界和平发展，推动各国合作共赢。

第六章

现状调查：东北抗联精神课程开发的现实样态

东北抗联精神课程开发是一个动态反思与持续改进的过程，是开辟课程研究新领域的理论创新过程，也是引领课程发展新方向的实践生成过程。截至目前，东北抗联精神红色资源开发与利用已取得一定成效，但其课程化进程仍处于初步探索阶段。厘清当前东北抗联精神课程开发的现实样态，是课程开发与实施走向开拓深化、实现创新发展的必要前提。本章通过探索东北抗联精神课程开发的实然状态，在现状的反思与分析中发现问题及其成因，为发掘东北抗联精神课程开发有效的实践路径提供事实依据。从资源类型层面来看，东北抗联精神课程开发关涉的红色资源涵盖物质形态和非物质形态，需要从多重视角审视两者的特点与价值的差异。就其资源应用而言，东北抗联精神课程资源因其丰富的教育意义与价值，主要应用于党性教育、革命传统教育、民族精神教育以及爱国主义教育等方面。从呈现形式层面分析，东北抗联精神课程资源的呈现有两种思路，即以资源为核心与以主题为核心，其课程类型表现主要以讲授观察类、活动体验类和启发熏陶类为主。与此同时，东北抗联精神课程开发在开发主体、开发形式、开发路径等方面存在现实实践困境。对比分析东北抗联精神课程开发的实然与应然差距，针对性地解决主要矛盾与问题，以期在反思与分析过程中探索出真正的合目的性与合规律性相统一的课程开发实践路径，进一步激活东北抗联精神课程发展的改进动力和思考空间，为更好地服务立德树人根本任务注入创新潜力。

一、东北抗联精神课程开发的资源类型

东北抗联精神课程开发的基础条件是资源的选择与整合，没有区域和地方红色资源作为支撑，课程开发就是无本之木、无源之水。东北地区因其特定的地理位置、独特的历史背景等因素具有天然的资源优势，尤其是抗日战争时期和解放战争时期，这片土地见证了中华儿女顽强不屈的斗争历程，这段革命历程留下了以东北抗联精神为代表的红色资源，这些都成为东北地区不可磨灭的历史集体记忆和宝贵历史素材。红色资源的建设、整理和优化，不仅要深耕以丰富的物质形态资源固有存在的自然地域空间，还要关注以多元的非物质形态资源动态生成的教育文化空间。换言之，东北抗联精神课程资源的利用和开发即为物质形态与非物质形态两种资源的不断增殖、融通，自然地域与教育文化两种空间的共筑共建、共创共生。任何一类课程资源形态的缺失和匮乏都无法保证课程开发与实施的持

续性和有效性。东北抗联红色资源类型众多，包括革命历史事迹、密营革命遗址和革命精神等。前文针对“红色资源”进行概念界定时便讨论了资源的类型，即红色资源可以表现为有形的、显性的物质形态，也可以表现为无形的、隐性的非物质形态。因此，在本研究中也采用“资源”的分类方式对东北抗联精神红色资源进行区分，从物质形态和非物质形态两个方面展开论述。

（一）物质形态

东北抗联精神课程资源的物质形态，主要是指以物质实体为基本载体、容易外显化和可视化的红色资源，具体可以细分为遗址遗迹类和场馆设施类，前者具有历史性和不可复制性，后者具有纪念性和可建设性。

作为资源物质形态之一，东北抗联精神遗址遗迹类资源具有隐秘而精小的地域特色，且其基本格局多以共生群落形式集中呈现。研究结果表明，东北地区抗联遗址遗迹资源的形成与特殊的战争地理位置和有限的战斗条件紧密相关，其空间分布与以游击战为主的密营、小型战迹地等分布大体一致，体现出遗址遗迹资源群整体分散、局部集中的区域特点。也正因如此，规模性的东北抗联革命遗址往往较少，许多零散资源面临整合和加工的困难，处于开发乏力的原生态。东北抗联的遗址、遗迹大多数聚集在黑龙江省、辽宁省以及吉林省三个省份，抗联密营等战争旧址在辽宁本溪、丹东以及吉林通化、磐石、桦甸等地均有分布；在现存的东北抗联遗址群中，坐落于黑龙江省鸡冠山的鸡冠山密营是目前已发现的规模最大的密营遗址；此外，在吉林省的红石林区有抗联密营遗址三十余处，还包括众多会议遗址等。由此可见，东北抗联精神遗址遗迹类资源可谓异常丰富、特色鲜明，虽然有的资源具有散而不聚的格局特征，一定程度上削弱其现场感和感染力，但是该类资源作为东北抗联精神的重要物质载体，其深远的教育价值和意义依然不容小觑。

以博物馆、纪念馆为典型的场馆设施类资源，是东北抗联精神课程资源开发的另一物质形态。为更好地纪念和弘扬革命历史以及革命精神，东北地区均根据其地区历史背景和地域特色修建了革命纪念馆、历史博物馆和爱国主义教育基地等众多场馆，以更好地保存抗日战争时期东北抗联的光辉革命历史，其中包括位于哈尔滨的东北抗联博物馆、东北烈士纪念馆，位于沈阳的“九·一八”历史博物馆等。虽然纪念馆的规模大小不一，陈列展出也各有不同，但它们本身具有的性质属性、产生的功能用途具有一致性，其中都蕴藏着深厚的文化价值和历史责任。每一座纪念馆、博物馆以及爱国主义教育基地的建设，都是为了使我们中华儿女能够铭记革命历史，传承革命精神，时刻警醒我们要以史为鉴，并从中汲取营养，不断坚定民族信仰，用红色资源筑牢育人信念。此外，随处可见的城市景观雕塑、纪念碑、广场等，同样也诉说着东北抗联的血泪历史，展现着东北抗联的红色精神，通过浓烈的红色文化氛围潜移默化地浸润着我们的心灵。无论是革命纪念馆、博物馆还是爱国主义教育基地，这些场所作为红色资源都承载着东北抗联革命历史，即使世事沧桑、时间变迁，它们都会永远记载着那段抹不去的历史记忆，赓续东北抗联的红色精神血脉，使得东北抗联精神在当代仍具有不灭的革命荣光和不竭的精神力量。

综上可见，虽然东北抗联以遗址遗迹、场馆设施为主的物质形态资源内容丰富，但是很多资源囿于地域空间等条件，具有不可迁移性，因此无法作为课程内容自然地融入一般学校课程中，这对东北抗联精神正式课程的开发与实施造成现实困难。并且在基于遗址遗迹、场馆设施开展的课程实施过程中，多数学习者需要克服空间距离，花费较大的成本，与此同时，其课程学习较为常见的碎片化、不连贯性等问题，同样也会影响到学习者的深度学习的效果。由此可见，不同形式的红色资源在课程开发与实施中不仅需要得到广泛的传播与有效的传承，还需要选择有利于组织和实施东北抗联精神课程开发的优质资源，构建立足于学生实际的多元开放的课程资源体系。在此过程中应该做到以下两点：首先，以物质形态的红色资源作为课程内容的选择，需要注意课程开发的方式方法。课程的开发与实施是一个联动的整体系统，除了依赖物质资源，还要考虑其他各种因素与条件，如如何对接课程目标的全面达成、多角度挖掘课程资源的育人价值，如何建立与课程内容的有机联系、保持课程资源的持续更新与动态发展等。其次，运用物质形态的红色资源进行东北抗联精神课程开发，需要重视利用现代信息技术促进学习方式的转变。随着大数据时代的到来，面对日益浩繁的信息资源，东北抗联精神红色资源的数字化、技术化成为基本趋势，积极利用网络资源平台整合多种媒介的红色资源，拓展东北抗联精神课程开发空间，需要把握信息技术与红色资源融合的基本方向，充分发挥信息技术在东北抗联课程资源建设、课程开发实施中的价值与功能。

（二）非物质形态

东北抗联精神课程开发资源的非物质形态，既包括东北抗联在抗日战争中具有先进性的革命事迹和具有代表性的革命人物所展现的革命精神资源，又包括东北抗联在抗战时期里应运而生的抗战文化资源，它们都是东北抗联精神课程开发的价值基础和精神支撑。

革命精神资源的开发与利用旨在把握东北抗联精神课程开发的根与魂，发挥其对东北抗联精神课程育人重要的激励作用和导向功能。如革命事迹、革命人物、革命精神等众多非物质形态的红色资源，伴随着革命历史进程不断丰富发展，形式日益多样。在艰苦的抗日战争中，东北抗联将士克服艰难的环境条件和物质条件，于冰天雪地、刺骨严寒之中同侵略者顽强斗争，他们身上的顽强斗争意识和伟大的民族精神传扬至今，成为中华民族宝贵的精神财富。另外，十四年的抗日战争产生了许多久为传颂的革命英雄事迹，如杨靖宇、赵一曼、赵尚志等一大批革命志士的革命故事，如今听之，那段疮痍的历史犹历历在目，触人心扉。2014 年 9 月 3 日，习近平总书记《在纪念中国人民抗日战争暨世界反法西斯战争胜利 69 周年座谈会上的讲话》中指出："杨靖宇、赵尚志、左权、彭雪枫、佟麟阁、赵登禹、张自忠、戴安澜等一批抗日将领，八路军'狼牙山五壮士'、新四军'刘老庄连'、东北抗联八位女战士、国民党军'八百壮士'等众多英雄群体，就是中国人民不畏强暴、以身殉国的杰出代表。”① 其中列举的抗日将领，杨靖宇位列第一。习近平总书记在发言中特别强调了民族英雄的事迹和精神是一个民族前行的强大力量。由此可见，纵然英雄已逝去，但英雄的精神长存，他们在东北这片沃土之上、林海雪原之间浴血奋战的精神将会一直感染并鼓舞每一位中华儿女。

抗战文化资源开发与利用旨在以丰富多元的文化、艺术作品和活动，集中再现东北抗联的精神面貌，凝聚东北抗联的思想智慧，展现东北抗联的审美情趣。主要表现在以下几方面。一是抗战文艺作品。尤其在高度重视革命文化传统的当今社会，在国家的号召与社会各界的支持下，进一步深入挖掘东北抗联精神，创造性地转化和发展红色文化，形成了一系列衍生类抗战文化资源，包括基于东北抗联时期的抗联历史、抗联精神以及革命人物、事件等进行创作产生的红色歌曲、红色影视作品等。这类作品根据创作意向可以大致分为两类，一类是东北抗联战士为揭露日军暴虐行径、激发全国军民抗日斗志而创作的文艺宣传作品，比如杨靖宇作为一名博学多才的将领，不仅创作了红色歌曲《西征胜利歌》《东北抗日联军第一路军军歌》，还根据真实事件编写了四幕话剧《王二小放牛》，展现了工农民众因受到日军的残酷压榨而奋起反抗最终英勇杀敌的故事情节。另一类则是根据历史资料改编创作，反映历史真实的现代作品，例如较具代表性的纪录片《东北抗联》、电影

① 习近平．在纪念中国人民抗日战争暨世界反法西斯战争胜利69周年座谈会上的讲话［N］．人民日报，2014-09-04（2）．

《英雄儿女》等。二是抗战文艺活动。比如在抗日战争胜利纪念日，东北各地区以博物馆、纪念馆为轴心，举办的庄严的纪念东北抗联的仪式活动，通过一定场域内的环节设置、背景布局、音乐渲染等，使民众沉浸在肃穆的气氛之中，进而推动其获得感性认知和情感共鸣。此外，如红色歌曲演绎、红色短剧排演、红色诗歌创作等演出和比赛活动，这类红色活动资源通过调动主体的文化自觉性，使其切身体会革命的深厚情感与高尚情怀。三是抗战学术文献。其中包括记录东北抗联革命的史料、文件以及研究者对于东北抗联历史、精神等进行研究挖掘进而形成的学术论文、著作等文献资料，这类衍生类红色资源对于真实还原东北抗联历史、传承弘扬东北抗联精神同样具有十分重要的意义，丰厚坚实的研究成果可在一定程度上为东北抗联历史及精神的履践致远提供坚实基础和保障。

如果说新时代文化自信的建构是参与国际竞争的鲜明主题，那么抗战时期精神文化的较量是对抗日本侵略者的隐蔽战线，其力量与军事相比同样不容小觑。东北抗联文化特征集中表现为：体现了强烈的爱国主义情怀，反映了服务于战争的时代精神，彰显了团结合作和统一战线的策略，突出了通俗易懂的情感表达方式。① 因此，立足于当今新时代的伟大实践，面向民族复兴的未来理想，这种非物质形态的课程资源不仅在东北抗战实践中产生了重要作用，也将成为建设文化强国、提高

① 李红娟．东北抗联文化特征探析——以东北抗联歌曲为中心［J］．社会科学战线，2017（08）：239-242.

国家软实力的重要抓手，其开发与建设既要兼顾历史理性，又要做到时代自觉，既要符合正确的政治导向和价值取向，又要体现文化内涵和时代气息。

二、东北抗联精神课程开发的资源应用

东北抗联精神红色资源的筛选与整合是为了实现由文化资源到教学资源的转化与发展，并且最终达到有效利用的教育目的。在课程开发与实施的过程中，丰富多样的东北地区抗联红色资源为我们提供了可以选择的基础内容，然而东北抗联精神课程的开发不只要综合考虑内容层面的整体规划与设计，更要保证能够真正实现持续有效的课程实施，尤其需要符合课程建设长远的最终目标。这些都与课程内容本身的可塑性、接受性和实践性密切相关，割裂了内容与目标、活动、情境、方法和评价等课程要素的内在联系，课程资源的建设将不会产生实际的效用价值，课程的开发与运作也只能是纸上谈兵。东北抗联红色资源不仅具有丰富的类型层次，还潜藏着多元的教育价值，因此，发挥东北地区的红色资源优势，进一步实现资源的整合与创新，关注生成性资源的整理与加工，对于红色资源走向课程化尤为关键。从党性教育层面来说，东北抗联光辉事迹是中国共产党百年奋斗历史的重要组成部分，东北抗联伟大精神是中国共产党保持先进性、纯洁性和纪律性的一面精神旗帜。从革命传统层面来说，东北抗联精神红色资源以抗日战争的革命实践为基础，生动彰显着中国共产党以及中国人民的革命风范。从爱国主义层面来说，东北抗联精神是爱国主义精神

在抗战历史上的生动体现，其红色资源更是培植爱国主义情怀的丰沃土壤。从民族精神层面来说，东北抗联精神红色资源充分表现了中华民族的品格和特色，维系着中华民族共有的精神纽带。基于党性教育、革命传统、爱国主义以及民族精神层面的红色资源的应用，是东北抗联精神课程资源的创造性转化和创新性发展。

（一）党性教育

党性教育指的是我党为达到永葆党的纯洁性和先进性的目的，对党员进行的有关党的纪律、党的理论以及党的原则等的教育。有学者曾指出红色资源是革命战争年代党的先进性和共产党员先进性的集中体现，具有深刻的伦理底蕴和价值内涵。① 党性的培育在国家和党的发展中发挥着巨大的引领性作用，党性的建设更是关乎党的公信力和执政先进性。因此，进行党性教育也是永葆我党先进性、权威性的重要任务和必然要求。党性教育的目的性、针对性以及有效性关乎党的发展。近些年来，党性教育的呈现形式趋于多元化，党性教育的开展在充分利用已有形式的基础上不断创新，也呈现出区域特质，根据不同地区的红色资源，党性教育的“教材”走向多样化，而东北地区这一“教材”的主题必然离不开东北抗联精神。

东北抗联是党在东北地区创建并领导的重要抗日武装力量，他们不仅有效打击了日军对东北地区的侵略，还鼓舞了广

---

① 张泰城，刘浩林．红色资源的时代价值论析［J］．求实，2011(05)：90-92.

大民众的抗日信心，稳固了党组织在东北地区的持续发展，这显然与东北地区党的建设工作密切相关。东北地区十四年的抗日斗争贯穿中国抗日战争始终，其中遗留了诸多抗战遗址、遗迹，刻画着中国共产党由幼小走向壮大、从革命党转变为执政党的成长历程，凝聚着中国共产党人的精神传统和思想智慧。尤其是在敌强我弱、战斗频繁、环境恶劣、条件困苦的不利形势下，面对与中共中央失去联系后孤独无援的艰难境地，以东北抗联为首的党领导的抗日武装力量始终保有战斗的激情，始终坚定抗战胜利的信念，充分展现了中国共产党人的革命乐观主义精神。由此可见，以东北抗联为典型的东北党组织在抗战时期的建设表现出持久性与坚定性、唯一性与灵活性、独立性与国际性、曲折性与艰苦性、广博性与专业性、灵活性与多元性的特点。① 这些党建工作的历史经验不仅为打败日本侵略者、争取抗日战争胜利提供了组织保障，也为新时代加强党的建设、增进党的凝聚力提供了借鉴与启发。

在利用东北抗联红色资源开展党性教育方面，东北地区具备天然的独特优势。东北抗联精神所展现出来的民族精神和革命思想品格，作为中华民族精神的重要组成部分，作为中国共产党人精神谱系的重要支脉，在中共党史、中国抗日战争史上地位卓然。② 这也使得东北地区成为利用东北抗联精神开展党

---

① 刘静涵．东北抗战时期中国共产党党的建设研究［J］．东北师大学报（哲学社会科学版），2022（04）：32-41.

② 张洪玮，王慧姝．东北抗联精神赓续传承的价值意蕴［J］．社会科学战线，2022（02）：252-256.

性教育的沃土。东北抗联在中国共产党的坚定领导以及东北抗联将士的不懈斗争下取得了革命胜利，其中孕育而生的包含爱国主义精神、艰苦奋斗精神等在内的东北抗联精神，犹如一面镜子，鉴照着中国共产党壮大与发展的先进性、纯洁性和纪律性，对于新时代的党性培育起着举足轻重的作用。至此，东北抗联精神成为党性教育的有效资源，成为激励党员干部提高自身党员先进性和思想觉悟的营养剂。利用东北抗联精神红色资源开展党员的党性教育，对于推进新时代党的建设具有深远的历史意义和重要的现实价值。

（二）革命传统教育

革命传统是指党领导人民在中国新民主主义革命和社会主义建设过程中形成的优良精神传统。革命传统教育就是受教育者通过学习这一革命实践过程中的先进革命人物与革命事迹，进一步在学习和生活中践行、弘扬这些高尚品格风范的过程。历经新民主主义革命和社会主义建设与发展时期，回顾近现代中国崛起的每一段历程，在中国共产党的指引与领导下，中国各族人民顽强向前，实现了国家和民族翻天覆地的变化。经过革命洗礼形成的一系列革命传统及文化，是中国共产党领导下革命历史与革命精神的一种具象化存在，这种在苦难之中浴火而生的、崇高而伟大的历史革命精神，势必将成为当下乃至未来中华民族走向强大繁荣的坚实后盾与精神高地。革命传统教育是党带领中华儿女艰苦奋斗、勇敢追求、不屈奋进这一辉煌历史进程的高度总结，是长征精神、井冈山精神、延安精神、东北抗联精神以及西柏坡精神等众多在革命历史中孕育而生的革命精神与民族意识的再度升华。继承和弘扬革命传统文化，不仅有利于让革命传统文化更好地为人们所知，提升我国人民的精神面貌，提升我国文化自信，使得我国文化软实力大大增强，还有利于增强我国人民的精神力量。①

东北抗联精神红色资源是中国革命传统的重要载体，它记录着东北地区革命英雄人物的精神风貌和东北地区人民顽强不屈、英勇向前的革命事迹。杨靖宇及其领导的东北抗联第一路军等系列革命人物，是书写东北抗联历史的代表与重要组成部分，他们以顽强的意志、不屈的精神所构筑的抗联精神，同井冈山精神、西柏坡精神、长征精神一样，是中华民族的智慧结晶和宝贵财富，也是无产阶级革命英雄主义精神的重要表现。以杨靖宇密营红色资源为例，充分挖掘和利用红色资源，实现红色资源向教学资源的转化是延续革命精神，发挥新时代教育价值的重要途径。② 将东北抗联精神有效应用于革命传统教育，不仅要充分发挥其革命本色，以东北抗联精神贯通历史与当下，熏陶感染中华儿女，唤起并坚定其革命信念，培养其坚贞不屈的革命气概，以传承并发扬革命传统，还要通过传颂革命先进事迹、创新革命教育途径，将革命历史与时代发展相结合，深挖东北抗联精神的内涵实质，从而为革命传统教育提供思想基石。

---

① 张军成，张世超．文化自信语境下当代大学生革命传统文化教育探析［J］．学校党建与思想教育，2017（04）：21-23.

② 肖发生．多维视角下的红色文化资源［J］．红色文化资源研究，2015（1）：19-24.

（三）民族精神教育

民族精神植根于中华民族历史与文化的深厚土壤，是实现中华民族伟大复兴的强大内核。党的十八大提出：民族精神是一个民族在长期共同社会实践中形成的民族意识、民族心理、民族品格、民族气质的总和，是民族文化中固有的并且延绵不断的一种历史文化传统，是民族文化最本质、最集中的体现。① 中华民族作为一个具有深厚历史积淀的民族，历经风雨打磨与历史磨砺，形成了现今以爱国主义为核心的民族精神。民族精神是一个民族乃至一个国家屹立于世界舞台的重要基石，从历时角度来说，民族精神表现为贯通中华民族历史文化脉络的历史精神；从共时角度来说，民族精神表现为融通中华民族思想文化精髓的共同精神。民族精神的培育影响着整个民族的发展与兴衰，是当今中国发展、共筑中国梦，实现中华民族伟大复兴的必然要求。

东北抗联精神孕育于中华民族抵御亡国灭种危机的艰难历程之中，孕育于抗日民族统一战线艰难形成之中。② 东北抗联精神是中华民族高度团结、一致抵御外敌，用无数生命和鲜血浇铸的精神丰碑。东北地区作为革命老区，在抗日战争中留下了丰厚的红色历史革命资源，成为民族精神培育的鲜活教材。东北抗联自创建之初便提出民族气节教育“是抗日建国的国防

---

① 本书编写组．毛泽东思想和中国特色社会主义理论体系概论（2010年修订版）［M］．北京：高等教育出版社，2010.

② 张洪玮，王慧姝．东北抗联精神赓续传承的价值意蕴［J］．社会科学战线，2022（02）：252-256.

教育，使每个反日指战员了解自己的政治责任和抗战前途，提高政治意义和正确的民族义愤，使他们成为最有纪律的自觉的模范战士”①。民族精神教育重在促进民族精神的秩序优化与人格化。② 东北抗联的人物事迹表现出高尚的精神气质与人格境界，既有“八女投江”“小孤山十二烈士”等甘愿牺牲的革命英雄团体，也有杨靖宇、赵尚志、赵一曼等宁死不屈的革命英雄人物，他们身上所展现的傲立风雨的民族风骨，是民族精神最好的历史注脚，对新时代落实立德树人的根本任务、担当文化育人的使命具有重大价值。东北抗联精神虽然是在一定历史背景下形成的、具有中国底色的精神产物，但是伴随其与时俱进地进步、发展，在新时代背景下将革命精神与民族精神、时代精神相融合，可在精神培育与价值引领方面产生关键的互补作用、形成系统的共建机制。发挥东北抗联精神红色资源的优势，挖掘红色资源养分，深入进行爱国主义教育、民族精神培育，能够塑造民族意识、培养民族情怀，为民族发展与社会建设提供精神支撑，是中华民族履践复兴理想、实现文明进步的持久动力。

（四）爱国主义教育

爱国主义精神既是中华民族精神的核心内容，又是公民教育的基本内容。中华民族自古以来就有“天下兴亡，匹夫有

---

① 中央档案馆，辽宁省档案馆，吉林省档案馆，黑龙江档案馆．东北地区革命历史文件汇集：甲 26［S］．1989：32.

② 袁祖社．面对全球化，民族精神教育何去何从？［J］．人民教育，2015（17）：19-22.

责”的家国情怀，东北抗联军民一致抗日的精神根植于中华民族优秀的文化基因，传承与发扬这种爱国主义精神气质是培养堪当民族复兴大任的时代新人的重要手段。与此同时，爱国主义教育已成为目前公民素养培育的重要途径，无论是合格的国家公民还是优秀的国家人才，都不能缺少爱国主义情怀和素养。换而言之，爱国主义教育主要被应用于各阶段人才的全面培养和公民素质提升方面，成为保障国家和社会稳定发展、和谐向上的重要手段。2019 年 11 月 13 日《新时代爱国主义教育实施纲要》颁布，明确指出“爱国主义是中华民族的民族心、民族魂，是中华民族最重要的精神财富，是中国人民和中华民族维护民族独立和民族尊严的强大精神动力”，纲要针对新时代爱国主义教育作出系列部署，其中包括“广泛组织开展实践活动。……组织大中小学生参观纪念馆、展览馆、博物馆、烈士纪念设施，……丰富拓展爱国主义教育校外实践领域”，尤其强调“各级各类爱国主义教育基地，是激发爱国热情、凝聚人民力量、培育民族精神的重要场所”。① 由此可见，作为“没有围墙的革命历史博物馆”的红色资源，其超越时空的革命性、传承性、先进性和教育性，对爱国主义教育具有独特的价值和优势。②

---

① 中共中央　国务院印发《新时代爱国主义教育实施纲要》[EB/OL].（2019-11-13）[2022-6-24]. http://www.moe.gov.cn/jyb_xxgk/moe_1777/moe_1778/201911/t20191113_407983.html.

② 熊辉，仰义方．红色资源在高校学生党建工作中的功能与运用[J]. 井冈山大学学报（社会科学版），2011（01）：21-25.

爱国主义情怀是东北抗联精神最核心、最根本、最深沉的精髓，是东北抗联苦熬十四年斗争不懈的精神支柱。① 东北抗联精神红色资源是中国共产党领导中国大众一同奋战御敌，在革命战火之中创造的智慧结晶和精神财富，是爱国主义精神的高度体现和具体表征，也是爱国主义教育的良好素材和宝贵资源。“苟利国家生死以，岂因祸福避趋之”，抗日战争时期，东北抗联将士以国家兴亡命运为己任，以血肉之躯投入东北抗日战场。杨靖宇率领部队挺进长白山，最终以身许国；赵一曼被捕入狱，遭受酷刑，仍然积极宣传抗日救国，坚持抗日至死不渝。国家建设众多爱国主义教育基地、纪念馆、博物馆等，深挖抗联革命历史，充分发挥红色资源作用与价值，在途径上追求创新性和实效性，有利于在传承革命历史与精神的过程中，把握红色资源在爱国主义教育中的重要作用，从而将红色基因深植于每一个国家公民心中。在实现资源利用的同时，将达成人才培养目标嵌入其中是新时代爱国主义教育不可回避的要旨，更是实现国家繁荣、民族兴盛的重要密码。将东北抗联精神红色资源的历史优势与教育价值、功能与路径相结合进行爱国主义教育，促使东北抗联精神红色资源被深入挖掘、合理转化、整合开发，不仅可以丰富爱国主义教育形式，还可以深化拓展爱国主义教育空间，整体提升爱国主义教育水平。

---

① 张洪玮，王慧姝．东北抗联精神赓续传承的价值意蕴［J］．社会科学战线，2022（02）：252-256.

三、东北抗联精神课程资源的呈现形式

内容选择建构课程阶段后，课程的组织实现成为重要环节，作为课程的开发者需要充分考察现实情况和组织经验，进一步设计课程实施方案，使课程实施得到保障的同时促进课程发展应用。① 课程内容与结构表里相依，课程内容的选择决定其组织呈现形式，其组织呈现形式又反过来影响课程内容的呈现质量。东北抗联精神课程资源尤其是物质形态的资源，与自然、文化和社会生态系统的黏合性强，作为教育文化空间，其内容资源的原生态和整体性保持较好，成就了其在地方学校课程、博物馆等场馆开发中多样化、特色化的内容呈现形式。其呈现思路大致有以下两种：一是以某一东北抗联精神红色资源为核心，辐射地区内或者其他地区的类似红色资源组织课程的开发与实施；二是围绕课程主题和培养目标进行资源的筛选与整合，联系不同类别、不同地区的红色资源为主题和目标服务。目前东北抗联精神课程资源的呈现多侧重前一种思路，实施难度系数较小，而后者围绕着一个主题去厘清其源流及演变、统整该主题与其他次主题之间的关联性的这种资源呈现方式，更加值得在东北抗联精神课程开发与实施中予以借鉴与推广。总体而言，通过不同资源呈现形式的变迁，东北抗联精神课程实现了从文化资源到教学资源，再到课程资源的转化发

---

① 刘云生，张鸿．课程实施：整合与优化［J］．中国教育学刊，2003(3)：34-36+43.

展，由此生成了与众不同的课程类型，目前主要可以分为讲授观察类课程、活动体验类课程以及启发熏陶类课程。

（一）讲授观察类课程

讲授观察类课程是东北抗联精神红色资源课程开发最为普遍的呈现形式。这类课程由学习者通过参观和听取讲解者的讲解来进行学习，其主要方式是利用东北抗联的遗址、遗迹或者纪念馆等场所，结合革命历史来进行课程实施与开发。其中的课程主体并不局限于学校和教师，课程的实施场域可以为遗址遗迹、纪念馆和博物馆等场所，课程实施者可以为讲解员、研究者等。讲授参观类课程的主要特点在于讲解者引导和启发学习者倾听讲解并参观学习，在丰富学习者的感性认知的同时强调直观效果的表达，实现表象与认知的融合，最终达成课程的根本目标。以杨靖宇密营“重现抗联情”系列课程为例，其课程主要呈现为“抗联密营寻抗联”，多为参观展览的形式，学习者以参观密营内的饮马池、碾盘、青松灶、司令部等遗址及蒿子湖纪念馆的形式重现东北抗联革命历史，感受密营内的艰苦生活，学习战士们艰苦奋斗、勇于献身的精神。该系列课程的特色之处在于该基地充分利用密营所在地原有革命遗址、遗迹，通过深度开发、修复以及展览的方式将红色资源带入课程之中，这些遗址、遗迹等是抗联将士曾经生活和战斗的场景的再现，学习者循着历史痕迹探寻抗联历史，从“眼见”“耳听”到引发思想上的“感悟”。

讲授观察类课程资源来源于鲜活真实的革命历史，通过遗址、遗迹和展出的文物资料等再现抗联历史场景，并且进行辅助讲解，以加深学习者对于抗联革命历史的理解和体会。该类课程的课程实施者多数为爱国主义教育基地的讲解员，少部分情况下也会有学校教师或相关专家学者等。讲授参观类课程在实施的过程中较为强调课程实施者是否具备深厚历史知识积累与能力，课程实施过程中注重环境氛围，引导学习者切身体验历史事实，引发情感认同和共鸣，唤起学习者对于红色历史、革命历程的认同感和民族责任感，进而实现课程目标。讲授参观类课程也存在一定弊端，例如无法保证课程效果的实现，课程在实施过程中极易出现流于形式化、忽略深刻性的问题。因此，该类课程不仅对讲授者的专业素养要求较高，还需要学习者具备良好的学习动机和自我约束能力。

（二）活动体验类课程

活动体验类课程也是当前东北抗联精神红色资源课程开发呈现的主要类型之一。该类型的课程一改常规的“宣教灌输”形式的课程呈现方式，在课程开展过程中多应用真实具体的活动来推进课程实施、实现课程目标。活动体验类课程多由课程实施者设计活动，并在课程实施过程中引导学习者通过参与活动切身体验。活动的设计不仅会提高学习者的学习参与热情，也有助于学习者能够在课程学习过程中有效体验课程情感。例如利用东北抗联红色资源开发的红色活动体验课程——“做抗联饭”，在该活动体验课程中，课程实施者带领学习者躬身力行，真实再现抗联将士曾经的抗联生活，从一炊一饭的真实活动体验中切身感受抗联将士曾经的艰苦生活，体会革命者高尚的意志品质和崇高的革命精神，进而更加深刻地感受东北抗联的丰功伟绩，体会和铭记抗联精神，在知情意行各方面整体感知革命力量，从而提高革命历史教育认知，实现多维发展的课程目标。

活动体验类课程的突出优势主要体现在“历史现场”“亲身体验”“真实感受”以及“内容丰富”等方面。首先，该类课程积极为学习者营造历史现场感。从历史上抗联将士曾经生活与革命的实践现场切入，联系学习者的生活世界。比如2015年杨靖宇密营基地完成了长达2.5公里抗联路的修建工程，将重走抗联小路列入基地活动体验课程之中，通过让学习者体验走抗联小路，感受东北抗联将士在面对生死抉择和家国离散时的内心煎熬，在巨大考验中仍旧不改本心、践行信念的崇高境界和献身精神。其次，该类课程立足于学习者的亲身体验。从抗联将士曾经的日常生活出发，通过亲身体验，引发学习者的学习感悟，在感受历史的同时还可以提升学习者的生活认识。尤其是对于中小学的学生，有助于帮助他们加深历史认识，还可以培养他们养成良好的生活习惯和劳动能力。① 例如组织走抗联小路和石磨研粮等实践体验类活动，引导学习者切身感受抗联的条件艰苦、生活艰辛。再者，该类课程关心重视学生的真实感受。例如通过组织排演红色情景剧，将革命历史人物代入自身，通过学习者理解、扮演、感悟革命历史人物等，引发其革命情感共鸣。此外，该类课程因为多以实践活动的形式展

---

① 郑志辉，刘祖勤．课程实施主体探究［J］．内蒙古师范大学学报（教育科学版），2009（1）：102-105.

开，其内容具有丰富多元的特点。活动体验类课程尽管增加了课程的趣味性，大大提升了红色教育的教育成效，但是在实施过程中仍需注意个体差异，要根据学习者的差异有针对性地设计体验活动。鉴于开发与实施的复杂性和开放性，该类课程要求学习者具备一定的知识结构和学习能力。需要特别注意的是，切忌为活动而活动，开展无意义、无目的的活动，造成课程目标的悬置和课程资源的浪费。

从活动体验类课程的生成性和行动性来看，其课程目标最好是在课程主体和特定教育文化空间的互动中生成的，课程关注的不是一系列静态的设定好的结果目标，而是聚焦动态的生成的过程目标，这种过程导向的课程类型就给教学实施中的主体互动提出了很高的要求。课程主体在活动体验情境中互动创生的成果，是比较符合东北抗联精神红色资源物质性和非物质性的内容特性的、课程目标与结果的集合体，但这个集合体效果的好坏与否是建立在师生互动有效程度的基础之上的。目前很多地区的学校教师和场馆人员较少具备这种对话生成的意识和能力，自然也无法通过对话提升学习者的课程参与感，课程目标的生成也就无从谈起。与此同时，该种类型的课程对于真实性的追求强调以情境为载体，纵向上可以贯通历史、当下和未来，横向上可以融合个人、学校、社会等。真实的情境是课程主体展开良性互动与积极对话的前提背景，然而当下东北抗联精神课程主体在情境建构方面的真实性问题仍然没有得到有效解决，这将影响到学生的活动体验，以及课程教学的育人效益。

（三）启发熏陶类课程

启发熏陶类课程作为东北抗联精神红色资源课程开发呈现的第三种形态，具有悠久的教学历史。苏格拉底提出的精神助产术，《论语》中的“不愤不启，不悱不发。举一隅不以三隅反，则不复也”，都是中西启发式教学传统的集中表现。红色资源的类型既包括遗址、遗迹、博物馆等呈现物质形态的资源，还包括革命精神和革命文化等非物质形态的资源。利用后者开发与实施的这类红色课程多属于启发熏陶类课程。启发熏陶类课程大多是通过缅怀先烈仪式、重温革命历史等形式进行课程的实施。以杨靖宇密营为例，“重温抗联情”系列课程的主要呈现为“抗联精神及抗联”，多以仪式和活动的形式开展，主要包括举行缅怀先烈的仪式、组织学唱抗联红歌、排练抗联短剧等。这系列活动主要特点在于创设红色学习氛围，在环境熏陶开展教育教学①，通过思想情感的熏陶助力革命精神的内化过程。

基于以上认识，启发熏陶类课程的独特之处在于注重认知与情感的相互结合，即“行动表现于外，情感内化于心”。这类课程的开发强调要充分利用已有资源和自身条件等因素，优势在于该类课程具备较浓的情感氛围，更能够引发学习者获得情感体验与内心深度思考。将红色资源、红色历史带入课程，通过丰富课程形式使课程更具感召力和教育性。比如东北抗联

---

① 姜勇．实践取向的课程实施刍议［J］．比较教育研究，2002（6）：40-43.

的革命历史还衍生并留存了很多革命红色歌曲和影视作品，基地充分利用该类衍生资源进行课程开发建设。大量东北抗联革命歌曲对东北抗联历史进行了再现，其中蕴含的革命情感、情怀对于当前红色情怀的培养具有重要价值。这些红色作品独具地域性、历史性，可以实现对革命历史的多层面解读，感受抗联战士的革命必胜信念和革命乐观主义情怀。与此同时，启发熏陶类课程也会对主体的认知和情感提出挑战，不可避免地出现课程实施者思维启发、情感熏陶能力薄弱，启发没有针对性，或者启而不发、感而不发的情况，从而难以达到内化于心、外化于行的教育效果。

根据课程呈现形式受课程资源类型影响的一般规律，启发熏陶类课程形式以东北抗联精神红色资源的非物质形态为主要课程内容。鉴于非物质形态具有不稳定性、受人为因素影响较大，该类课程只有不流于形式，深入东北抗联精神本质解读其中浓缩的厚重历史情感，才能将这种来自本质的情感和盘托出，让学生可见、可感、可思。通过这种精神上的共鸣和情感上的提炼，让学生在情境中体会东北抗联最原初的精神本质和最朴素的文化情感，这是该类课程能够独树一帜的地方。

四、东北抗联精神课程开发存在的问题

东北抗联精神课程开发大致经过挖掘区域内红色资源、将文化资源转化教学资源、组织实施红色课程三个阶段。通过不断实践、不断完善、不断创新，当前该特色课程凸显出地域特

点、文化特点，且具备较强的教育价值、历史价值。课程实施者可以选择不同形式的课程展开特色教育，实现了党性教育、革命传统教育、民族精神教育以及爱国主义教育等内容的有效结合。尽管红色资源的作用日益凸显，资源配置走向最优化，但是当前该课程仍未形成较为完备的课程体系，主要出现以下实践困境：

（一）开发意识淡薄，开发能力欠缺

课程主体的主观能动性和参与投入度，直接影响着课程开发与实施的质量效果。从东北抗联精神课程开发的主体来说，课程开发与实施主体随意性较大，参与投入度并不高，存在开发意识淡薄，开发能力欠缺的问题。

一方面，东北抗联精神课程开发的主体意识相对薄弱，亟待实现由自发阶段向自觉阶段的转型。虽然东北抗联精神红色资源内容丰富，类型多样，存在天然的条件优势，但是由于其地理位置偏僻，加之参观、讲解的红色资源传播方式吸引力不大，能够来到密营参观旅游的学习者多以集体学习为主，主要为年纪较大的人群，年轻人较少。随着东北抗联精神课程对象的精准聚焦，为吸引更多东北抗联精神红色资源的年轻受众群体，东北抗联精神课程开发亟待与时俱进，将课程开发的自发成分转化为课程开发的自觉动源。在这样的现实情况下，课程主体有关东北抗联红色资源的开发与利用直接关系着东北抗联红色资源课程的组织与建设，其课程开发的主观能动性在东北抗联精神课程的开发建设中发挥着至关重要的作用。当前地方对于东北抗联红色资源的开发呈现愈加重视、逐步细化的形势，然而从利用资源进行课程开发方面来看，虽然课程开发伴随着红色资源的发展在不断丰富，但是大多数课程主体在红色资源转化为课程资源方面开发意识欠缺，仍处于萌芽阶段。特别是作为课程主体的中小学教师尤其容易受到升学压力、资金限制以及学校条件不足等影响，陷入因循守旧的传统桎梏，形成疏于进取的懈怠心态。相较于系统、连续的学校课程而言，东北抗联精神课程开发主体缺乏对课程资源的有效整合、课程过程的精心设计以及课程实施的深度指导，导致走马观花式的讲解、停留在粗浅表面的教学、脱离真实情境的学习成为主流课程开发形式，最终抗联革命传统精神对于学生产生的熏陶作用收效甚微。因此，各类课程主体应充分发挥自身优势和潜力，积极利用多种类型的课程资源，不断增强课程开发意识，以期拓展资源时空领域、丰富资源类型，在生成中发展，在发展中生成。

另一方面，东北抗联精神课程开发主体的专业性也容易获得质疑，专业化的教师团队是课程开发的重要保证。东北抗联红色资源的主要形式是遗址、遗迹以及一些文字史料，且此类型红色资源多依存于历史纪念馆、博物馆以及教育基地。由此，东北抗联红色资源的开发主体也多为博物馆、历史纪念馆等爱国主义教育基地的工作人员，这也使得红色资源的课程开发出现一些不可避免的问题。如杨靖宇密营的吴馆长表示：“说到课程开发，密营是不比学校的，学校的专业性更强，我们在红色资源方面有得天独厚的条件，但在课程化这一方面显得有些薄弱，需要多借鉴学习。”正因如此，他认为东北抗联红色资源课程要想办得好不仅仅要进行红色教育宣讲、参观，还要真正把握东北抗联思想，领悟抗联精神内涵，让“红色”真实融入课程体验，其中过程既有机遇也充满挑战。换而言之，基地和博物馆、纪念馆这类机构承担东北抗联的传承使命，在历史研究以及展览设计等方面具有较高能力水平，但是一部分这类机构、场馆存在本身职能固化的现象，即只着眼于收集与展览等职责范围内的有限工作，未能进一步实现课程层面的有效拓展。从教育基地出发，博物馆、历史纪念馆等在课程开发方面欠缺一定专业性，甚至一些主管人员课程开发的专业知识相对匮乏。由此，作为红色资源的管理者，教育基地以及博物馆管理人员的红色资源课程开发能力较之专业课程研究者以及学校教师还是存在着较大差异的。理论与专业的欠缺使得当前以基地和场馆为主体的东北抗联红色资源课程的开发仍略显不足，有关东北抗联红色资源课程开发的理论素养与综合能力亟待提高。从学校层面出发，大多数学校教师往往将这些课程视为课程改革中的综合实践活动，并未形成课程形态的基本认识，或是将这些课程视为学校学科课程的延伸，忽视了东北抗联精神课程开发的课程知识体系和独特育人价值。综上可知，课程的开发是一项复杂且长效化的工程，需要教育基地管理人员和学校教师形成团队合作，取长补短、相辅相成，不断提升专业化水平。地方、学校和场馆应积极寻求彼此各方面的支持，建设东北抗联精神课程的课程资源库，形成开发共同体，以课程合作开发机制的制定和建立、课程资源的持续更新，积极促进有关教师的专业发展。

（二）资源利用率低，表现形式单一

在东北抗联精神红色资源作为课程资源的开发和利用过程中，较为容易陷入两个误区，即资源开发与利用深度性和课程性的欠缺，具体表现为：一是课程主体资源来源水平不一，多数以信息化渠道搜集为主，尚未进行东北抗联红色资源深入体验，缺乏学术上的整合与考据；二是过分强调红色资源实践性、活动性的一面，而忽视了东北抗联精神红色资源课程化转换的积极探索，表现在课程内容结构上即为课程知识体系陈旧、课程组织形式单一。

就东北抗联红色资源利用率低的情况而言，其一，东北抗联红色资源多集中于中国东北地区，主要分布于黑龙江省、吉林省以及辽宁省内，而且因抗联独特的历史背景以及多为游击战、密营等革命根据地的形式，东北抗联的红色资源多集中在东北较为偏僻的地区，还没有形成较为完备的资源整合体系，这也成为东北抗联红色资源利用率较低的一个重要因素。在基础教育走向现代化、信息化的导向下，如何利用人工智能、互联网技术服务于课程资源的开发，切实弥补东北抗联红色资源较为分散的现实不足，真正实现课程资源的开发、整合、共享和应用，是东北抗联精神课程开发的关键问题和中心环节。其二，一些革命资源较为丰富的革命老区在资源保有度上具有良好优势，但是受到地方发展限制以及对于红色资源的重视度不够，在开发利用红色资源方面出现资源利用率不高的现象，无法高效发挥红色资源的价值与作用，甚至出现资源闲置的情况。面对课程资源短缺、红色资源丰富的矛盾状况，建立供地

方、学校、教师和学生使用的课程资源库十分必要。以课程资源库为基石，课程主体可以在课程开发的建设中不断更新、创生、完善课程资源。其三，即使资源利用度较高的地区也存在资源价值发挥不充分的情况。例如，在利用红色资源进行红色课程开发时课程体系不够完备，课程开发理论不够充分等。即使在红色资源融入思想政治教育以及历史课程的过程中，也存在着资源利用局限于表层、资源的价值和功能未能得到充分发挥的可能。要克服东北抗联精神课程资源开发点状、平面和表层的局限性，应深度挖掘红色资源的育人价值，引领课程主体走向深度教学与学习。

就东北抗联红色资源课程形式单一的问题来说，其一，东北抗联博物馆和爱国主义教育基地等将红色资源转化为课程的形式进行呈现的情况虽然存在，但其方式多是联合学校来拓展教育基地和纪念场馆的课程实施群体的广泛度，增加学生接触真实的东北抗联红色资源的机会，进而起到红色教育的最终目的。目前这类型的课程大部分以学生在学校的带领下到基地或场馆参观学习为主，课程实施者也多为基地或博物馆的讲解员，课程的呈现形式以讲解历史内容、参观陈列展览为主。这样的课程形式较为单调，直接影响了课程实际效果的达成，因此，难以引起学习者的学习热情成为这类课程的基本困厄。其二，东北抗联的革命历史复杂且具有一定的思想性，基地或场馆的课程开展多以普通大众为对象，对于一些低年段的学习者来说，在理解方面存在着一定难度，整体的历史脉络难以通过一次展览、一次参观就实现消化吸收。对学习者的水平要求导致东北抗联红色资源的教育价值不能有效体现。伴随现代教育技术的迅猛发展，课程开发形式呈现日益多元化的趋势，“满堂灌”的教师讲授方式已经不是唯一形式。为更好实现东北抗联精神的传承与弘扬，激发课程活力，在课程的表现形式上需要改变单一的课程呈现。在红色资源课程化的过程中应主动将新理念、新方法、新技术应用到东北抗联精神课程开发过程之中，一方面要关注课程开发的现实需求和未来发展，科学地研判、评估红色资源向课程转换的可行性，另一方面要关注学段之间的连贯和衔接，追求课程呈现方式的多样化、针对性和差异化。

（三）课程目标含混，课程评价不足

东北抗联精神课程开发的关键在于如何实现红色资源向课程资源的有效转化，课程体系的科学规划和系统部署为红色资源利用最大化、课程化提供结构性保障，相反地，课程体系中要素的模糊与缺失很大程度上削减了相关课程开发的执行力。东北抗联精神课程体系的结构性问题诸如课程目标、课程评价方面的不足，既是当前该类课程开发面临的主要困境，也是未来该类课程开发的生长点。

课程目标的确定是东北抗联精神课程开发的关键环节。以课程目标提出的价值预设与期待为出发点，课程内容的选择、课程主体的确定、课程实施和评价的展开都以课程目标为依据。① 虽

① 施良方．课程理论：课程的基础、原理与问题［M］．北京：教育科学出版社，1996：49.

然大多数地区和学校已着手开展东北抗联精神的课程开发与实施工作，但是很少有明确的课程目标、细致的课程大纲或系统的课程安排，课程实施的随意性较大。实施中的课程没有形成完善的体系与规模，就很难实现课程的真正价值，由此东北抗联精神的课程开发走向狭窄化、碎片化，这也就造成了上面我们已经讨论过的课程资源利用率低、呈现形式单一、片面且多有重复等问题，导致很多东北抗联红色资源无法通过课程开发与实施的途径实现保护与传承。受课程主体的专业性、课程对象的多样性影响，东北抗联精神课程开发普遍存在三种问题。其一是课程目标“窄化”。将课程目标等同于知识与技能目标，只关注到红色资源物质形态外层结构，没有深入非物质形态的深层内核，课程目标的实用主义、功利主义倾向带来精神性的失落。基于此，东北抗联精神课程目标的设置应追求知识、技能、思想、情感、文化、精神等多方面、多层次的综合效益。其二是课程目标的“固化”。将课程目标局限于单一逻辑的结果性目标，排斥形成性的课程目标的引入，认为课程目标是固定不变的，忽视了课程目标的渐进成长和动态生成。依据课程资源的呈现形式，尤其是活动体验类课程的呈现，东北抗联精神的课程目标并不是一个静态的、具体的、绝对的结果性目标，而应该是基于现实需求并且追求超越现实的、兼具人文性和科学性的一种动态的、生成的、过程的形成性目标。再者便是课程目标的“弱化”。囿于课程目标的普遍看法和观点，不同地方的东北抗联精神课程目标存在同质化问题，不同类别的东北抗联精神课程目标存在协同化问题，个性化、有针对性的课程目标未获得足够重视。因此，东北抗联精神课程开发的首要前提是课程目标的优化，应从学生的认知发展内在规律出发，尊重教育教学的普遍规律，根据新时代教育变革的总体方向和具体要求，厘清东北抗联精神课程的开发背景和价值定位，紧密结合课程资源基本内容，体现课程资源在文化传承和人才培养方面的作用，充分发挥其促进学生全面发展与精神成长的价值，在此基础上方能进一步拓展东北抗联精神课程的开发空间。

课程评价是对东北抗联精神课程开发与实施进行目的规约与价值判断的过程。不同的课程资源及其呈现形式对课程评价的目的、评价的取向、评价的方式等具有不同的要求，东北抗联精神课程的课程评价要与课程资源及其组织形式相适应。就东北抗联精神课程开发现状而言，课程评价是其课程体系中比较欠缺的环节，亟须建构具有针对性的、行之有效的课程评价体系。目前主要问题如下：一是评价主体的单一。东北抗联精神课程评价主体以往多以学校教师为主，课程开发过程是一个课程主体与对象之间多元交互的对话过程，伴随多元主体合作协商、共同推进课程开发，课程主体逐渐成为课程开发的反思实践者，东北抗联精神课程评价理应尊重课程主体的多元价值判断、回应课程主体的多元意志要求。二是评价标准的缺失。鉴于东北抗联精神课程开发尚且处于初步发展且亟待完善阶段，当前课程评价没有统一且明确的评价标准，东北抗联精神课程开发仍然以内容驱动为主，需要适当在课程评价方面做出调适，充分发挥目标驱动、质量驱动等多重驱动力量，保证东北抗联精神课程开发的可持续性发展。三是评价方式的局限。过程性评价、终结性评价、阶段性评价等不同的评价方式具有功能的互补性、差异化，过程性评价贯穿东北抗联精神课程开发与实施的整体过程，终结性评价强调东北抗联精神课程开发与实施的综合质量，阶段性评价旨在回顾、反思、改进东北抗联精神课程开发与实施。基于东北抗联精神红色资源的丰富性和多样性，不同地方、不同类型的东北抗联精神课程开发理应对应不同的评价方式，然而事实上多数的课程仍然以片面化的终结性评价、以学生的作业为主要衡量标准。由此可见，东北抗联精神课程评价需要内化评价标准，完善评价尺度，在开放包容的评价过程中为东北抗联精神课程开发过程的调整与修正提供方向驱动和持续动力。

（四）缺乏深化合作，发展有待创新

课程多样效能的实现不仅有赖于课程资源的多类整合、课程目标的多维建构，还与课程结构的多重优化、课程主体的多元合作密切相关。尽管当前东北抗联精神课程开发路径呈现较为多样，但也存在合作不够、缺乏创新的现象，严重制约了东北抗联精神课程开发的未来发展。促进地区、学校、场馆等之间的东北抗联精神红色资源互补，推动地区、学校、场馆等之间的东北抗联精神课程资源共享，推进地区、学校、场馆等之间的东北抗联精神课程开发共建，是东北抗联精神课程实现突破与创新的必由之路。

从课程主体的合作性出发，东北抗联红色资源课程开发主要包括校本课程、研学课程以及博物馆课程三大方式。在利用东北抗联红色资源进行校本课程开发方面，红色资源课程的开发虽有学校教育的联合，但在资源利用上存在很大局限性。虽然部分中小学或地方高校将东北抗联红色资源融入学校的历史课程以及思想政治教育之中，利用红色资源课程来进行学生爱国主义教育，培植学生爱国情怀，但其中也面临着众多课程开发的问题。例如学校教师多习惯于利用“讲教材”的方式对学生进行传统的知识教育，当红色资源这一新形式的课程资源进入课堂后，学校教师不能及时做出适应内容的教学转变，在教学方式乃至对东北抗联历史以及抗联精神内容的把握层面出现“捉襟见肘”的情况，红色资源与学校教育融合度不够，这也是课程效果不佳的重要原因。另外，在利用东北抗联精神红色资源进行研学课程和博物馆课程开发方面，其呈现形式主要为利用东北抗联的遗址遗迹进行游览、参观。这两类课程的对象主要为中小学生，多是学校利用博物馆、历史纪念馆等红色资源，以带领学生前往参观的方式进行，该方式多为一次性的参观学习，很少能实现长期或者具有周期性的学习，由此红色资源课程的实施效果不易显化且较难持续。由此可见，要实现东北抗联精神课程开发的长效机制，应组建形式多样的资源建设共同体、课程开发共同体，整合地方、学校、场馆等各类组织机构的力量，有计划地推进资源开发、课程建设等活动，课程主体通过个人反思实践、共同体互助、专家指导引领等方式开展合作研究，提高课程开发的品质，促进课程主体的发展，发挥合作系统的辐射和带动作用。

就课程开发的创新度而言，东北抗联精神课程的实施与发展上还存在着创新度不够的问题。究其主要原因，一是课程开发主体的局限性。课程开发主体一方面是学校，一方面是红色资源的主要保有者，即博物馆、纪念馆、爱国主义教育基地等。两者在红色资源课程开发方面优势各异，但两者的合作却较为少见，或者合作仅局限于表层，深度不够。二是课程体系缺乏结构性。课程体系是否完整、体系要素是否齐全，直接关系到课程开发的最终效果和课程运行的长效机制。然而东北抗联红色资源课程仍然存在课程目标定位不清晰、课程内容有待结构化、课程评价反馈不足等短板。三是课程开发空间的狭隘性。红色资源的开发和利用依附性较强，受东北抗联遗址遗迹零散分布格局影响，东北抗联精神课程开发空间狭小，难以形成强大的文化内生力，有待加强群落内部、群落之间的合作联系，从而形成东北地区抗联精神课程开发的合力。四是课程开发路径的依赖性。一门好的课程不仅需要合适的课程开发体系、完善的开发步骤，同时也需要一个具有特色的课程实施方案与发展规划。这也是当前东北抗联红色资源课程面临的重要挑战，即打破常规模式，探索创新发展。无论是课程开发主体还是课程内容与实施发展路径方面，都需要多加考量红色资源课程的本质以及这类课程的对象特征，实现课程发展路径依赖的突围，寻求课程发展路径的创新，从而保障东北抗联精神有效且优质地传承与弘扬。

第七章

模式建构：东北抗联精神课程开发的实践探索

杨靖宇密营爱国主义教育基地是东北抗联精神传承与延续的典型性区域红色课程资源。该基地在完成密营基本修旧复旧建设后，依据国家方针政策与自身革命精神传承的使命，结合自身战迹地优势规划基地发展，挖掘东北抗联精神红色资源，探寻基地特色发展新路径，进行了东北抗联精神课程开发实践探索，为东北抗联精神传承与发展贡献力量。课题组成员多次亲临杨靖宇密营现场，逐渐成为东北抗联精神课程开发的“族内人”，通过多次田野调查，与个案教育基地的工作人员、课程开发者进行深度访谈，深入了解杨靖宇密营爱国主义教育基地区域东北抗联精神课程开发与实践的全过程。本研究依据泰勒提出的课程开发目标模式，即“选择教育目标、选择学习经验、组织学习经验、评价学习结果”①，并根据杨靖宇密营爱

① 泰勒．课程与教学的基本原理［M］．施良方，译．北京：人民教育出版社，1994：53.

国主义教育基地东北抗联精神课程开发的实际情况，建构了东北抗联精神课程开发模式，具体为：课程目标制定、课程内容选择、课程组织呈现、课程实施方式、课程评价体系（图 7-1-1）。该课程开发模式以课程评价的效果反观东北抗联精神课程开发与实施的全过程，来不断完善课程开发的各个环节。同时，课题组从课程开发模式的视角对杨靖宇密营爱国主义教育基地东北抗联精神课程开发的实践探索过程进行详细阐释，为探寻东北抗联精神课程开发新路径提供经验与借鉴。

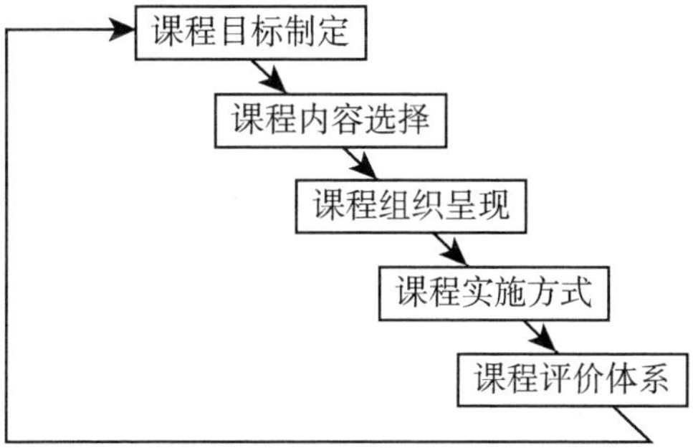

图 7-1-1　东北抗联精神课程开发模式图

一、课程目标制定

课程目标是课程本身要实现的具体目标和意图。[①] 课程目标的制定是课程开发的重要起点与目标定位，也是课程开发过

① 王斌华．校本课程论［M］．上海：上海教育出版社，2000：110.

程中的重要方向指引。在东北抗联精神课程开发的目标制定阶段，课程开发者需要依据东北抗联精神课程开发的现实价值，全面、精准地分析课程目标的依据与来源，并结合国家相关政策文件中的指导思想与学习者的发展需要进一步细化课程目标，为东北抗联精神课程开发提供明确的方向引领与行动依据。

（一）课程目标依据：基于多元主体发展需求

课程目标是课程开发者经过深思熟虑之后做出的价值判断，单一的信息来源不足以成为为教育目标提供全面且理智决定的基础，因此，课程目标的制定必须要考虑各种来源。① 通过与东北抗联精神课程开发者的深度访谈，课题组了解到杨靖宇密营爱国主义教育基地东北抗联精神课程开发的目标是在全面分析基地发展需求以及参观者学习需求的基础上，开辟出一套以传承东北抗联精神为根本立足点、以区域红色资源为发展点、以受教育者爱国意识提升为生长点的东北抗联精神校本课程，具体访谈内容如下：

课题组成员：请问基地的东北抗联精神课程在开发时，课程目标是如何确定的？

T1：我们最初在进行东北抗联精神课程时并没有特别具体的课程开发思想，只能说是有对课程达到效果的一种

---

① 泰勒．课程与教学的基本原理［M］．北京：中国轻工业出版社，2018：4-5.

愿景。首先，基地应承担起红色教育的社会性责任。基地有着丰富的东北抗联精神红色资源，如何充分发挥这些红色资源的价值是我们思考的关键点。杨靖宇密营作为爱国主义教育基地，必须积极响应国家号召，传承弘扬东北抗联精神。基地开发的红色课程如果能够成为学校课程的补充，就能充分发挥基地应有的价值，有效促进学校教育教学效果的提升。其次，东北抗联精神课程开发应与基地的特色化发展相结合。近些年国家相关政策文件倡导利用红色资源开展红色教育、弘扬革命精神、传承红色基因。杨靖宇密营作为东北抗联革命历史的战迹地有着深厚的历史文化背景，这就要求密营承担起传承革命历史的重任。最后，课程开发本身应关注课程实施的有效性和针对性，这就需要在课程开发的过程中对课程所面向的对象特点有所了解。由于基地面向的群体较为多样，需要针对不同年龄段与不同需求的受教育者制定相应的课程目标与内容。例如，学校通常以研学或实践活动等方式对师生进行爱国主义教育，而一些党政企事业单位力求通过仪式教育激发单位员工的爱国主义情怀。因此，东北抗联精神课程开发应全面了解这些受教育主体的需求，根据不同参与主体的需要确定课程目标。

通过以上访谈内容可知，杨靖宇密营爱国主义教育基地进行东北抗联精神课程开发的课程目标主要来源于对爱国主义教育需求、个案基地发展需求与受教育者学习需求等多元主体需求的全面分析。

1. 基于爱国主义教育需求

中共教育部党组于 2016 年颁布的《中共教育部党组关于教育系统深入开展爱国主义教育的实施意见》中明确指出："积极引导各地各校利用我国改革发展的伟大成就、重大历史事件纪念活动、爱国主义教育基地、中华民族传统节庆、国家公祭仪式等来增强青少年学生的爱国主义情怀和意识。"① 因此，杨靖宇密营爱国主义教育基地充分利用地域资源优势对学生进行爱国主义教育责无旁贷。杨靖宇密营中的战斗事迹与古老物件向参观者诉说着数不清的悲壮历史，蕴含着深厚的文化积淀，彰显着东北抗联将士捍卫祖国的英雄本色。这些红色教育资源是进行爱国主义教育的优质课程资源，在不断转化与加工的过程中成为学校红色教育的重要补充，在课程实施中继承与弘扬东北抗联精神。因此，东北抗联精神课程开发是基于国家对爱国主义教育的目标任务，能够赓续中国革命的红色文化，传承中华民族的红色血脉，涵育忧国忧民意识，滋养参与者的爱国情怀。②

2. 基于个案基地发展需求

杨靖宇密营爱国主义教育基地自身的蓬勃发展是为学习者

---

① 中共教育部党组．中共教育部党组关于教育系统深入开展爱国主义教育的实施意见［EB/OL］．（2016－01－19）［2022－06－19］．http//www.moe.gov.cn/srcsite/A13/s7061/201601/t20160129_229131.html.

② 张洪玮，王慧姝．东北抗联精神赓续传承的价值意蕴［J］．社会科学战线，2022（2）：252-256.

提供优质资源的重要保障。东北抗联精神课程目标的设定在立足个案基地发展需求的基础上，充分考虑国家政策规定与区域发展要求。首先，杨靖宇密营爱国主义教育基地承担着传承红色精神的重要使命。爱国主义教育基地、革命纪念馆、革命博物馆等机构与传统的学校在社会属性和机构功能上存在一定差异。这类红色教育机构具有传承红色精神的重大责任与使命。红色教育这门课程是全社会人的必修课，国家和地方对于红色教育均提出了明确要求，作为红色基因的“重要传承者”，基地需要根据国家与地方的各类政策文件，积极响应红色文化传承的号召，切实履行社会责任。其次，要充分考虑杨靖宇密营爱国主义教育基地的自身发展，包括经营特色、建设规划、地区发展效益等内容。杨靖宇密营爱国主义教育基地红色资源是对广大学生群体与社会群体进行爱国主义教育的重要补充性资源。为保证个案基地的蓬勃发展，需要依据参与者需求完善优化基地的环境布置、系统讲解，彰显区域资源特色，力求基地建设与参与者需求有机结合，实现个案基地的特色发展与持续发展。

3. 基于受教育者学习需求

课程开发的根本目的最终指向受教育者的学习与发展，课程开发目标的确定应重点关注受教育者的学习需求。杨靖宇密营爱国主义教育基地进行东北抗联精神课程开发的受教育对象较为广泛，在进行课程开发时考虑到基地面向的人群除了景区游客，多为大中小学的学生与企事业单位工作人员，呈现出对象类型较多、年龄分布跨度大等特点。东北抗联精神课程开发的目标设定充分考虑了不同年龄阶段、不同学段、不同需求的受教育者的身心发展特征与认知发展特点，合理制定课程目标，力求东北抗联区域红色资源满足学习者的需要，激发受教育者学习兴趣，丰富其历史文化知识，提升其爱国主义意识。东北抗联精神课程旨在将东北抗联精神的价值体系与精神内核转化为受教育者的价值追求与自觉行动，为中国特色社会主义伟大事业提供理念支持与精神滋养。

（二）具体课程目标：东北抗联精神赓续传承

课程目标的生成需要以学习者为主体，东北抗联精神课程开发的实施成效需要考察学习者在参与课程的过程中是否实现了自身发展，最终能否将东北抗联精神融入学习者内心，增强学习者的爱国主义意识。因此，需要在初步分析课程目标来源的基础上对课程目标进一步细化，这就需要课程开发者以学习者为出发点制定课程所应达到的具体目标。

课题组在与杨靖宇密营爱国主义教育基地课程开发者的深度访谈过程中，了解到个案基地的课程目标主要依据《中小学德育工作指南》《义务教育道德与法治课程标准（2022 年版）》《义务教育语文课程标准（2022 年版）》《高等学校课程思政建设指导纲要》等多个国家文件制定。为了更好地传承东北抗联精神，在确立课程目标时基于历史，充分细化课程目标，从更加细致微观的视角提出东北抗联精神课程的具体目标。英国学者斯腾豪斯（L. Stenhouse）提出课程目标应包含技能的掌握、知识的获得、社会价值和规范的确立、思想体系的形成四个方面。课题组借鉴这一观点，将东北抗联精神课程开发的目标划分为知识理解、行为习惯、情感熏陶与思想认识四个层面，具体课程目标如下（表 7-1-1）：

表 7-1-1　具体课程目标

知识理解层面	1. 了解革命英雄人物的伟大事迹，理解革命历史书籍、革命歌曲等红色作品以及反映英雄人物生平事迹的传记与故事等内容 2. 能够主动将参观活动中学习到的革命文化知识与课内知识有机结合，学会将革命文化知识灵活应用在语文、历史、政治等学科的学习中 3. 掌握东北抗联红色资源中蕴含的红色革命精神内涵，理解爱国主义情怀与家国情怀
行为习惯层面	1. 能够主动向身边的老师、同学、家人等讲述革命英雄人物的重要事迹，有意识地成为红色使命继承者和红色精神传播者，将爱国情怀融入现实生活 2. 养成良好的学习习惯与生活习惯，积极向上、热爱生活、自强自爱，全面综合发展 3. 践行爱国奉献、明礼遵规、勤劳善良、宽厚正直、自强自律的道德要求，在日常生活中养成团结友爱、诚实守信、热爱劳动等个人美德和优良品行
情感熏陶层面	1. 正确认识革命历史，树立正确的历史观、革命观，感知革命先烈为国而战、英勇无畏的革命精神，感受其无私无畏的爱国精神。在观摩和研讨活动中能够深入体会革命志士以及广大群众为民族解放事业英勇奋斗、百折不挠的革命精神和革命人格，深入体会革命烈士的理想信念与艰苦奋斗、无私奉献、顽强斗争、英勇无畏的革命传统

（续表）

情感熏陶层面	2. 对革命先驱心怀感恩与敬佩，能够认识到当今国家富强、民族强大离不开历史上无数革命志士的伟大贡献与巨大牺牲，珍惜革命先烈用鲜血和生命换来的和平时代与幸福生活 3. 具有家国情怀，对家庭有深厚的情感，热爱家乡，热爱伟大祖国，热爱中华民族，自觉铸牢中华民族共同体意识，能够以实现中华民族伟大复兴为己任
思想认识层面	1. 坚定革命底色，提高政治认同与思想觉悟，增进政治素养，思想认知与情怀培育并重，培养热爱国家、心怀民族的爱国情感 2. 通过学习革命人物的英雄事迹、感知英雄人物的思想情怀，能够坚定理想志向，形成正确的世界观、人生观与价值观 3. 具有民族荣誉感与国家自豪感，心系祖国发展，坚定维护民族利益

东北抗联精神课程目标的突出特点体现为全面性、层次性、精细化。首先，东北抗联精神的课程目标具有全面性特征。杨靖宇密营爱国主义教育基地面向的群体类型丰富多样，因此在课程开发的目标生成阶段，需要掌握不同年龄、不同学段学习者的典型特征与发展需求。东北抗联精神课程目标主要从知识理解、行为习惯、情感熏陶以及思想认识四个层面阐释，以东北抗联精神赓续传承为核心目标，关注课程目标的全面性与整体性，以红色教育促进受教育者全面发展。其次，东北抗联精神的课程目标具有层次性特征。一方面，东北抗联精

神课程目标的四个层面分别指向知识、行为、情感、思想，遵循从浅表到深层的内在逻辑，强调通过知识理解与掌握，促进受教育者行为的规范与思想道德的提升。另一方面，四个层面的具体课程目标内部具有层次性特征，由基础性知识与能力的掌握到复杂性知识、能力与情感的提升，这种螺旋上升的课程目标定位为课程实施提供了重要抓手，强调了爱国主义精神的逐步理解与内化。最后，东北抗联精神的课程目标具有精细化特征。其课程目标的制定明确了学习者应达到的标准与要求，同时在具体目标中凸显了实现这一要求的具体行为与方式，具有可操作性。东北抗联精神课程目标的精细化有利于课程实施者在课程实施过程中明确自身行为指向，了解受教育者在各门课程中应达到的基本标准，从而为受教育者提供适切的教学方式与指导方法，有助于保证东北抗联精神课程开发与实施的效果。

二、课程内容选择

课程内容是实现课程目标的重要载体，课程内容的选择直接影响课程的质量。课程内容的选择是从社会文化与学习经验等内容中萃取精华，并根据一定的原则，以达成预期课程目标与教育理想的课程设计。[①] 在进行课程内容选择时需要结合众多因素进行全方位考量与精准分析，进一步明确课程内容来

① 马云鹏．课程与教学论［M］．北京：中央广播电视大学出版社，2005：106.

源、课程内容属性与课程内容价值，从而清晰、全方位地把握课程内容。

（一）课程内容来源：挖掘红色课程资源类型

杨靖宇密营爱国主义教育基地中留存的历史遗址与遗迹是基地建设与发展的宝贵资源。基地依据国家方针政策，利用自身东北抗联革命战迹地这一资源优势，充分挖掘红色课程资源，拓展东北抗联精神课程开发的内容资源。课题组通过对田野调查中所收集的资料进行深入分析，发现个案基地东北抗联精神课程内容来源在资源存在形式上可划分为复原性红色课程资源、再生性红色课程资源与创造性红色课程资源。

1. 复原性红色课程资源

复原性红色课程资源主要指遗址、遗迹等尚存的历史文化资源。在东北高寒地区冬季极其恶劣的自然条件下，杨靖宇密营保存了革命火种，成为东北抗联课程开发宝贵的红色课程资源。杨靖宇密营遗址是东北抗日联军第一路军重要的秘密营地和战迹地，占地面积 255 公顷，由兵营、青松灶、碾盘、水井、磨房、粮仓、饮马池、枪械所、被服厂、司令部等重要遗址组成，共有抗联密营遗址 26 处，抗联战迹地 21 处，红石砬子会议等著名会议遗址 3 处。① 这些遗址中的部分建筑物因时间久远或遭侵略者破坏，在一定程度上有所损毁，需要对密营

---

① 苏泓文，王雪梅．吉林省桦甸市蒿子密营旅游资源开发研究［J］．产业创新研究，2021（7）：111-113.

现有遗址、遗迹进行系统修复。由于当今时代距抗日战争时期有一定距离，参与者很难切身体会抗日战争时期艰苦的生活环境。课程开发者深刻认识到了还原与再现历史真实样态的重要教育意义，也意识到复原性课程资源对学习者具有强烈的心灵触动力、震撼力与感召力。因此，基地在东北抗联精神课程开发的内容选择上尤其关注红色课程资源的修复与呈现，依据史料记载对遗留下来的文物、遗迹等进行全面复原复建，在最大程度上还原历史真实样态，为东北抗联精神红色课程资源提供有力支撑。基地中的遗址与遗迹是对真实历史的再现，这些历史古迹为学习者提供了真实的学习情境与多样化的学习体验，能够直观、鲜活地呈现革命历史知识，并传达出其中所蕴含的深厚的革命文化与革命精神，从而将东北抗联精神具象化，提升红色教育效果。

2. 再生性红色课程资源

本研究中的再生性红色课程资源是指以现有历史资料与历史文物为主线，通过对关键事件的追溯与关键人物的走访，深入挖掘革命历史资料与革命英雄事迹而形成的课程资源。杨靖宇密营爱国主义教育基地的课程开发者通过对东北抗联革命历史的整理以及对密营历史发展轨迹的梳理，深入剖析密营当下现实样态与后续发展需求，发现密营中现存的历史资料与历史文物已不能满足学习者与东北抗联精神传承的需要。因此，基地课程开发者组织工作人员走访抗联战士与烈士遗属等相关人物，进一步了解革命历史事件与革命英雄人物，通过购买以及接受爱国人士捐赠等多种形式收集了部分史料文物，进一步扩展红色课程资源的内容与范围。课程开发者将收集来的革命历史事件、真实历史故事、文物等资料按照时间顺序进行梳理，形成了系统的汇编资料与丰富的文物史料。这些文字材料与文物史料在基地的东北抗联蒿子湖密营纪念馆展出，是东北抗联精神课程开发的“原材料”，同时也成为杨靖宇密营中红色课程资源的重要补充。

3. 创造性红色课程资源

创造性红色课程资源来源于课程开发者对红色课程资源与历史文化的创造性转化与创新性发展。创造性红色课程资源需要课程开发者在了解革命历史事件、理解革命精神实质、明确革命精神载体的基础上，整合已有课程资源，并通过红色作品演绎、红色文化建设等多样化方式与途径实现红色课程资源的衍生与创造。首先，个案基地立足自身原有红色课程资源，以保护、修复等方式最大限度地保存历史遗址、遗迹，使之成为基地东北抗联精神课程开发最具“原汁原味”的素材，又通过收集、踏访等方式丰富红色资源数据库，为课程开发提供更多的选择性。在资料收集的基础上根据课程开发者对东北抗联精神的理解，以多样化方式来呈现真实史料，例如结合历史文献、地方县志等材料将杨靖宇密营历史战绩进行系统汇总，形成具有创造性的历史资料。其次，东北抗联精神课程开发者注重红色资源的再创造，将无形的红色精神置于有形的物质中呈现，体现内容来源的多样性、直观性与创生性。例如挑选具有代表性的战役以浮雕的形式呈现、将红色历史置于活动体验情境中、从现实生活与自我体验中感知革命精神等。这些课程内容呈现形式将非物质形态的红色资源有效转化为物质形态资源，实现东北抗联精神的直观表达与鲜活展现，促进红色课程资源内容的创造性转化与创新性发展。

（二）课程内容属性：依据红色课程资源特征

红色课程资源的教育内容较为丰富，按照学科体系划分，主要包括革命战争时期的革命历史、党建、文化建设、军事建设等内容，也包括各种非知识类的教育内容，例如革命信仰、理想信念、精神品质等。对红色课程资源的特征等进行细致分析，有助于充分把握课程资源的内容属性，为课程内容选择提供充足的理论依据与实践指导。依据红色课程资源的内容属性，可将东北抗联精神课程资源划分为实践性红色课程资源和区域性红色课程资源。

1. 实践性红色课程资源

实践性红色课程资源表现为非知识性与情境性。首先，红色课程资源具有非知识性。从课程的实践角度出发，当前的红色教育更加注重基于现实生活的非知识性教育。红色教育类课程通常以研学、综合实践活动等形式开展，旨在促进学习者通过真实情境与体验感知，将红色课程中的知识内容内化为自身的理想信念与精神品质。例如通过对东北抗联精神课程中重大历史事件、革命活动等内容的学习与了解，深切体会并感知其中蕴含的崇高革命精神与优良革命传统。其次，红色课程资源具有情境性。东北抗联精神课程内容中蕴含的革命信仰与精神内涵等内容需要学习者进行理解与实践才能得以内化，单纯通过语言文字教育可能达不到较好的效果。要切实发挥红色课程资源的德育功能，归根到底在于应用和实践。① 因此，东北抗联精神课程内容应注重为学习者提供历史文化情境与生活实践情境，让学习者在真实的生活情境与实践情境中互动与交流，在多感官参与和学习中逐步感知革命精神的文化内涵、建构革命精神的文化意义，进一步内化红色课程资源中蕴含的文化基因与精神内涵。

2. 区域性红色课程资源

区域性红色课程资源具有独特的区域历史文化特性，具体表现为文化属性与教育属性。首先，区域性红色课程资源具有文化属性。东北抗联精神区域红色课程资源与其所处地域存在着一定的联结关系，区域是资源产生的土壤，资源是区域发展的根基。东北抗联精神区域红色课程资源依托特定的文化背景以及东北地区的独特地理条件与文化环境孕育而生，具有鲜明的地域文化属性。区域红色教育资源为理解民族红色基因提供现实支撑，通过组织学习者亲临家乡的红色革命旧址、革命纪念馆等参观学习、举办社会实践系列活动等方式，能够增强学习者的文化认同。② 其次，区域性红色课程资源具有教育属性。区域红色资源作为红色基因传承的载体，以鲜活的史实讲述着革命烈士热爱祖国、依靠群众、无私奉献、艰苦奋斗的思

---

① 范成美．红色文化资源的课程开发与应用［J］．中学政治教学参考，2021（14）：60-62.

② 李军．区域红色教育资源进课堂的德育价值与实践逻辑［J］．中国教育学刊，2019（12）：72-75.

想道德境界。① 这些都为学习者提供了宝贵的教育资源。一方面，区域性红色资源本身具有传承民族红色基因的教育价值，是引导学习者了解红色资源课程内容、内化东北抗联精神的重要载体；另一方面，区域性红色资源与区域内学校教育相结合，能够切实开展爱国主义教育，增进学习者对东北抗联精神的理解与认同。

（三）课程内容价值：剖析红色课程资源意义

课程内容价值决定课程价值，课程内容的选择离不开对课程内容价值的剖析与定位。因此，东北抗联精神课程开发需要对课程内容价值进行系统分析。个案教育基地的课程内容价值主要体现在区域价值、教育价值与文化价值三方面。

1. 发挥课程内容的区域价值

东北抗联精神课程开发需要考察红色资源的“区域”价值，这里所指的“区域”，小至密营所在地，大至整个东北地区，其共同的目标追求为促进区域红色文化传承、增强学习者文化自信。东北抗联精神课程内容的区域价值主要表现为融合区域文化与传承区域文化。首先，在融合区域文化方面，东北抗联精神课程内容蕴含的教育价值具有本土化特征，对区域建设发展具有独特性作用。区域性红色资源中的区域原生性课程资源内容贴近学习者生活实际，更容易引发学习者情感共鸣，

---

① 汪立夏．红色文化资源在大学生思想政治教育中的价值及实现——以江西省高校红色文化教育进校园为例［J］．思想教育研究，2010（7）：54-57.

促进学习者内化红色精神。因此，个案基地的课程开发者将红色资源与地方发展充分结合，将区域红色资源与地方大学、中小学教育相融合，以红色资源带动区域建设，使学习者在感受家乡红色文化、增强政治认同与文化自信的同时，充分彰显红色课程资源的区域价值。其次，在传承区域文化方面，区域红色课程资源蕴含着生生不息的民族精神。东北抗联精神课程开发者借助区域红色文化资源对学习者开展教育活动，能够充分发挥区域红色课程资源的价值，在凸显红色资源本身的文化价值、坚定学习者的理想信念、传承并发展区域红色文化等方面具有一定的促进作用。

2. 彰显课程内容的教育价值

东北抗联精神课程内容的教育价值体现在为学习者提供正确的价值引导以及培育学习者的爱国主义情怀。一是为学习者提供正确的价值引导。基地工作人员以体现革命烈士爱国情怀的历史故事为资料，结合学习者身心发展特点，通过展示相关人物图片、运用生动的语言讲述革命英雄的伟大事件，将东北抗联精神中包含的忠贞报国的爱国主义精神、勇敢顽强的英勇战斗精神、百折不挠的艰苦奋斗精神、勇于献身的无私奉献精神以故事的形式进行体现。这种方式能够帮助学习者了解东北抗联的伟大精神，为学习者提供正确的价值引导。因此，个案基地的东北抗联精神课程内容能够帮助学习者了解革命前辈艰苦奋斗、全心全意为人民服务的精神，启发学习者正确看待个人与集体的关系，引导其形成正确的价值观。二是培育学习者的爱国主义情怀。杨靖宇密营爱国主义教育基地的红色课程并非传统意义上的学校红色课程，而是强调在课程的各个方面加以完善，通过音乐、器物、场景等载体具象地营造真实的历史文化场域，将红色革命与红色精神切实引入学习者的现实生活，拉近学习者与历史的距离，在富有文化性的教育氛围中促进学习者乃至社会民众道德品质的提升。这种课程内容的呈现方式能够让学习者在潜移默化中接受情感熏陶，产生情感共鸣，由此加深对爱国主义精神的理解，从而激发并培育学习者的爱国主义情怀。

3. 传承课程内容的文化价值

东北抗联精神课程内容的文化价值主要表现为东北抗联精神的弘扬与传承。一是东北抗联精神的课程内容具有弘扬东北抗联精神的文化价值。革命历史与革命精神是中华民族革命文化的重要组成部分，也是培育民族自信心与国家自豪感的重要资源。红色教育是传承革命文化的重要途径，东北抗联精神课程开发需要充分挖掘课程内容，彰显红色教育的本质属性，传承课程的文化价值，实现革命文化的传承与发展。个案基地肩负传承红色基因的重要使命，通过红色研学、红色培训、参观游览等方式传播红色文化，弘扬东北抗联精神。弘扬东北抗联精神有助于维护国家的主权、领土完整，强化新时期的爱国主义教育，培育并践行社会主义核心价值观，弘扬民族精神与自信自强精神。① 二是东北抗联精神课程内容具有传承东北抗联

① 李晓翠．东北抗联精神的历史地位与价值体现［J］．文化创新比较研究，2019（15）：53-54.

精神的文化价值。东北抗联精神的核心是爱国主义精神。东北抗联精神背后所展现的精忠报国的决心、视死如归的精神不仅在当时具有榜样作用，同时也激励着当代无数的中华儿女不断奋进。因此，东北抗联精神课程开发者在选择课程内容时，应注重体现东北抗联精神中爱国主义情怀的文化内容，通过传承东北抗联精神激发学习者的爱国情怀，强化学习者的道德修养，增强学习者的民族凝聚力，为推动社会主义现代化建设奠定良好的基础。

三、课程组织呈现

组织是指根据一定的目的、任务或形式对各部分之间加以安排，使之成为有序有效的整体。① 课程组织是课程编制过程中的重要阶段，直接决定课程的质量与效果。课题组通过对杨靖宇密营爱国主义教育基地的课程实施者进行深入访谈，全面了解基地课程开发的组织过程，发现东北抗联精神课程的组织呈现方式主要包括纵向组织与横向组织。

（一）纵向组织：积淀红色基因

纵向组织是按照某些准则以先后顺序排列课程内容的一种组织方式。纵向组织方式强调学习内容由简单到复杂、由已知到未知、由具体到抽象的基本原则。东北抗联精神课程的纵向组织方式能够促进学习者形成清晰完整的知识体系，增加对革

---

① 全国十二所重点师范大学联合编写．课程论［M］．北京：教育科学出版社，2007：164.

命文化的理解以及对红色基因的积淀。

1. 资源特点分析

杨靖宇密营爱国主义教育基地中的遗址、遗迹、遗物等历史文化古迹是具有原生性的物质资源，由于这些物质资源在分布上具有分散性与区域性特征，对其按照纵向组织方式进行编排有助于还原历史真实样态，同时能够建构清晰的历史演进脉络。基地中很多历史文化古迹具有鲜明的时代烙印，均可根据其时代特点与相关记载追溯到其产生的年份，例如著名战役的遗址，以及抗联将士居住的营房、石磨研粮等遗迹。基地对这类红色课程资源按照纵向方式组织编排，能够帮助学习者建构系统扎实的知识体系。

2. 基地组织呈现

杨靖宇密营爱国主义教育基地对课程内容的纵向组织体现为按照时间顺序串联革命历史事件、革命人物生平、历史文物等，这种组织编排方式实现了课程结构的连续性和顺序性，既能充分尊重历史演进的逻辑顺序，又能让学习者对历史发展过程具有清晰明确的把握。个案基地结合学校课程内容进行的组织编排主要以历史学科为主线，渗透并应用语文、数学、道德与法治等多学科知识内容，注重知识的纵向贯穿以及大学、中学和小学教育内容的衔接，并根据游览顺序与历史发生的先后顺序向学习者逐一呈现，遵循由具体到抽象的行动逻辑。这种方式能够充分尊重学习者的认知发展规律与身心发展特点，更易于学习者理解与接受。个案基地在纵向组织课程内容时，既注重历史背景知识的梳理、历史内容的生成与相关资料的拓展，同时在内容组织上也关注对学习者国家意识、政治认同与文化自信等方面的培养，力求将已有内容串联为纵横交错的立体知识，从而传承红色文化，积淀红色基因。

（二）横向组织：内化红色精神

横向组织方式要求打破学科的界限和传统的知识体系，注重摆脱传统学科的形式和结构，使课程内容与学习者校外经验有效地联系起来。横向组织方式强调的是知识的广度而不是深度，关心的是知识的应用而不是知识的形式。① 东北抗联精神课程以横向组织方式呈现，能够加深学习者的理性认知、丰富学习者的情感体验，在课程知识融通与深度学习中逐渐内化红色精神。

1. 资源特点分析

杨靖宇密营爱国主义教育基地的东北抗联精神课程内容中的物质形态课程资源与非物质形态课程资源是重要的红色课程资源。首先，物质形态课程资源具有直观性特征。个案基地中矗立的杨靖宇烈士纪念碑、陈列的历史文化展品、开展的仪式活动等能够为学习者提供丰富的文化资源、共情的文化场域与灵活的教育方式。这些物质形态课程资源通过人物雕像、历史文物等象征性文化符号进行呈现，能够营造特殊的历史文化情境，以视觉冲击与触觉记忆引发学习者感知世界，使学习者感受革命文化的精神洗礼。这种组织呈现方式能够促进学习者自

---

① 马云鹏．课程与教学论［M］．北京：中央广播电视大学出版社，2005：140.

主参与课程之中，浓厚的文化氛围使学习者在直观感知中实现情感体验，引发思想认知的转变提升，感悟红色文化精神。其次，非物质形态课程资源具有体验性特征。不同于物质形态的红色资源可观可触的特点，红色精神的渗透对个案基地课程开发者提出了更高的要求，即要通过课程组织将无形的红色精神转化为有形的红色教育资源。基地课程开发者意识到红色精神的体验需要营造特殊的历史情境与文化场域，需要在特定气氛的感染下促进学习者在情感、思想、价值观等方面产生共鸣，从而内化红色精神。此外，红色课程资源中还存在着一部分衍生类课程资源，包括红色革命历史歌曲、影视作品等，这类资源或是伴随着历史孕育而生，极具历史真实性，或是基于一定历史史实、真实事件等进行艺术的再加工与历史的再现，以传达革命精神和情感。课程开发者充分利用红色歌曲、短剧等衍生类红色课程资源开发特色活动，带领学习者学唱红歌、排演红色革命短剧，采取适当的课程组织方式带领学习者融入红色课程之中。

2. 基地组织呈现

东北抗联精神课程的横向组织遵循深度整合、贴近生活、情感联结三大原则。第一，东北抗联精神的课程内容组织坚持深度整合。杨靖宇密营爱国主义教育基地的课程开发者注重将有关联的内容深度整合后加以呈现，如将同一时间段内有联系的人物和事件组合在一起，深入挖掘、分析与讲解，将史料史实与唯物史观等内容横向联系，整合为丰富多样的课程内容并通过多种形式加以呈现，以帮助学习者明确各个历史故事之间的相互关系。第二，东北抗联精神的课程内容组织力求贴近生活。杨靖宇密营爱国主义教育基地的课程内容组织关注知识内容与学习者生活的密切联系，课程内容的安排与组织体现生活中的实际问题，紧密联系学习者的现实生活。课程实施者设计了有关生活常识的思考题，例如为了防止被敌军发现，杨靖宇将军应使用哪些方法才能防止生火做饭的烟火散发到上空等问题。这种课程内容组织的方式能够让学习者体会到抗联战士们的艰苦与不易，促进学习者将东北抗联精神的意义与自我存在的意义紧密结合，从而培育学习者的家国情怀，最终成为知行合一且具有强烈国民性的中国人。① 第三，东北抗联精神的课程内容组织注重情感联结。杨靖宇密营爱国主义教育基地的课程内容以知识为基础，同时又关注将知识讲解与学习者情感有效联结，这种结合与联系能够使学习者产生情感共鸣，增强学习者对东北抗联精神的认同感。同时，课程开发者选择的课程内容既有时间、事件等史实类知识介绍，又有人物对话、书信等情感表达，这种理性与感性交融的方式切实地将学习者的认知与情感相结合，避免了形式主义学习，潜移默化地通过精神感染以及主客体之间的意义联结，促进学习者在情感共鸣中全身心感悟东北抗联精神。

四、课程实施方式

课程实施是指一套规定好的课程方案的实际运行过程。在

① 曹宗清，肖龙海．课程视域下“红色精神”融入国民教育的研究——以“红船精神”为例［J］．教育理论与实践，2021，41（10）：49-54.

东北抗联精神课程实施方面，杨靖宇密营爱国主义教育基地坚持“创新形式，创造亮点”的原则，运用多种教学方法，充分发掘各方资源，联合各方力量，革新平台建设协同发展，力求使学习者在亲临红色文化场域中感受革命精神，在沐浴红色文化中感悟奋斗精神、担负时代使命、继承革命传统、传承红色精神。分析并总结东北抗联精神课程的特色实施方式，能够为区域红色课程开发与实施提供借鉴与参考。

（一）教学方法：多种方式并行

1. 讲授法

讲授法是课程实施者作为课程的主导者，有目的、有计划、系统地向课程学习者传授内容的教学方法。该教学方式的优点是课程实施者能够在较短时间内通过语言陈述、表达等方法向学习者传达较多内容信息，并能够在理性思考的角度进行知识讲解。该方式具有在短时间内传授大量教育内容的效果，适用于各个年龄阶段的课程学习者。讲授法要求教育者具有较为丰富的知识储备量，需要在一定时间内以合理的方式向受教育者传递相关知识。杨靖宇密营爱国主义教育基地的课程开发者与实施者熟知基地中每一处文物与相关人物的相关资料，他们在不断学习中丰富自己的知识体系，并在讲授过程中依据东北抗联精神的文化内涵，搭建起红色资源学习材料与学习者原有认知结构之间的桥梁。课程实施者在讲授的过程中注重使用清晰、精练的语言，生动、形象地描述相关历史事件，根据不同年龄段学习者的心理认知特点使用不同的语言、语气、词汇、动作等教学方式激发学习者的学习兴趣，促进学习者深入体会革命战争的艰辛与革命战士的大无畏精神。

2. 展示法

展示法是指有目的、有计划地向课程学习者展示直观的场景、实物、教具等内容的教学方法，学习者通过观察、研究等方式获得认知或情感上的体会与启发。展示法可充分借助声、光、电、照片等辅助，直观形象地呈现所要传达的教育内容。这种方法具有真实性、生动性、多样性等特征，能够烘托文化氛围、提高教育效果。杨靖宇密营爱国主义教育基地的课程开发者与实施者在课程实施中使用展示法表现为以下三个特点：一是根据学习者的认知特点和理解能力选择所要展示的内容，力求做到形象、直观、生动，易于受教育者理解与接受。二是充分把握展示时机。在使用讲授法的同时辅以展示法，适时展现相关资料，引发强烈的视觉冲突。三是在展示中通过直观简洁的语言启发学习者自主进行联想与想象，引导学习者观察事物的发展变化规律，促进学习者形成正确的世界观、人生观与价值观。

3. 体验法

体验法主要是指在一定的理论支撑和指导下，通过重新再现历史情境或营造氛围，让学习者亲身感知、感受并体会的一种教学方法。革命历史红色资源等所蕴含的大多是几十年前乃至更久远的历史，大部分学习者对其缺少必要的理性认知与感性体验。体验法通过历史还原、情境再现的方式，将抽象的历史知识、革命精神等内容转化为学习者可以真实体验的教学活动，促使学习者通过可见、可听、可触及、可体验的方式，凭借情感、直觉、灵性等各种实践，去体验事实、体验问题、体验过程、体验结论，从而实现对东北抗联精神的认同与内化。[①] 例如，课程实施者以故事的形式讲述革命历史，在讲述的过程中注重声音、文字、图片三者的巧妙结合，充分利用光电效果、人物场景雕塑等方式重现东北抗联将士于冰天雪地、林海雪原间的战斗与生活场景，并配以革命战争的背景声效，以增强情感震撼力和情绪感染力。此外，课程实施者充分发挥历史文化古迹的体验性功能，促进学习者在短时间内感受东北抗联的艰苦生活样态，力求使红色精神内化于课程体验之中，达到“寓教于学，寓教于行”的教学效果。体验法能够促使学习者在亲身体验时引发情感共鸣与价值认同，真切感受抗日战争的艰辛与革命精神的伟大，极大提高红色教育的实效性。

4. 讨论法

讨论法是学习者在教师的指导下，为解决某个问题而进行探讨、辨明是非真伪以获取知识的方法。其主要特点是将学习者视为课程中心，强调学习者之间的交流、思考与研讨。讨论法的核心在于通过场景的布置营造特殊的文化情境，在交流与研讨中带动学习者积极参与并自主思考，不断更新并丰富学习者已有知识。杨靖宇密营爱国主义教育基地在实施东北抗联精神课程时，采用讨论法引发学习者的思考，促进学习者进行深度学习。例如对历史真实性的辩论与考察以及对革命人物某一

① 张泰城．红色资源是优质教育资源［J］．井冈山大学学报（社会科学版），2010，31（01）：14-18.

行为与思想展开探讨，这种方式既能激发学习者的学习兴趣，打破红色课程灌输式学习的固有模式，同时又能引发学习者深度思考，潜移默化地对学习者进行爱国主义教育，从而使其对东北抗联精神进行深度思考。

（二）实施途径：多元主体联动

东北抗联精神课程实施途径为多元主体联动方式，具体表现为资源共享、课程共建与平台共创。

1. 资源共享，助力红色传承

东北抗联精神课程开发者重视与多元主体开展合作，在资源共享中助力红色精神文化的丰富与传承。在资源共享方面，课题组开展了如下访谈：

课题组成员：请问基地在进行课程建设时分别得到了哪些层面的支持？

T2：最初决定进行东北抗联课程建设时主要为了响应国家号召，因此课程建设之初得益于国家层面的政策支持。同时，国家层面和地方政府对我们的课程建设都有一定的资金支持，这些均为基地建设提供了有力保障。此外，由于密营的建设与家乡特色发展息息相关，也得到了当地政府、当地各个职能部门的大力支持。

课题组成员：除了国家层面与地方政府的政策与资金支持，基地还得到过哪些方面的帮助呢？

T2：还有区域中的各个爱国主义教育基地、纪念馆与当地的大学与中小学，我们和这几家单位都建立了合作关系，经常在一起举办活动。各个单位合作的方式多种多样，例如，由我们基地提供场地和讲解人员，对方提供资金和各种资源支持等。在合作过程中，参与的基地能够相互促进、共同发展。

由访谈可知，国家和地方政府为杨靖宇密营爱国主义教育基地开发和建设东北抗联精神课程提供了必要的资源保障与资金支持，这对红色教育基地的发展起到了重要的推动作用。在国家层面的政策引领下，通过地方政府的中介作用，基地与其他爱国主义教育基地等机构建立联系，这种基地与基地之间的深度合作在一定程度上促进了区域之间的持续发展，促使个案基地在明确自身发展定位的基础上，探索东北抗联精神传承与发展的新路径，充分发挥基地的爱国主义教育价值，推动地方文化的持续发展与个案基地的特色发展。

课题组成员：基地和哪些单位建立了合作关系？

T3：在我们东北地区有关东北抗联革命的密营、革命根据地、历史博物馆数量很多，这也给我们基地的发展提供了有利资源。例如，我们联合了长白山景区、长白山自然博物馆、长春市伪满皇宫博物院等爱国主义教育基地，真正实现了资源共享。

课题组成员：您认为这样的合作效果如何？这给基地的发展带来了哪些促进作用？

T3：各个基地通过合作开展红色教育可以实现资源共

享，基地之间共同搭建研学活动平台，促进学习者全面了解东北抗联历史，不同基地的课程内容也进行了相互衔接与补充。这种资源共享与合作交流形成了“链条式”发展，大大丰富了基地的资源选择，也为学习者提供了更为全面、真切的体验。

由访谈可知，多位课程开发者提及基地在进行课程开发与实施阶段并没有局限于基地内部资源，而是积极与其他基地建立合作关系，采取合作联动的方式丰富课程资源，实现资源共享。在课程内容方面，多家单位提供的线上线下资源能够丰富课程内容，为学习者提供较为全面、丰富的课程知识；在课程实施方面，多个基地的深度合作能够推动课程资源的知识转化，为学习者提供真实的实践场域。因此，区域发展共同体的建立能够带动区域红色教育整体发展，助力红色资源的传承与发展。

2. 课程共建，完善课程体系

杨靖宇密营爱国主义教育基地在实施东北抗联精神课程过程中，协同多元主体，共建红色课程。这些机构在思维碰撞与合作建设中逐步完善东北抗联精神课程体系。

课题组成员：您认为基地在进行课程建设与实施的过程中，有哪些创新的举措？效果如何？

T4：基地在课程开发过程中，邀请了多位研究抗日战争的学者与课程专家，在多方主体合作中共同建设东北抗联精神课程。在课程开发的专业性上我们存在很多困惑，例如，如何将历史资源转化为合理的教育方式是实施难点。每当课程实施进入瓶颈期，专家们就会针对具体问题提出有针对性的指导，指引我们如何才能更好地开展东北抗联精神课程。同时，基地和地区的几所大学与中小学形成了合作关系，一些学校经常在基地开展红色教育活动。红色教育以活动课程的方式开展，有助于学生在真实的环境中了解历史，提高了学生参加活动的积极性。在与学校合作的同时，我们关注课程内容的相互衔接，因此在活动结束后学校还会提供相关课程内容，这种方式既使红色教育成为学校课程的补充，也促进了红色教育的持续发展。此外，基地还会与一些企业、事业单位建立合作关系，共同开展红色教育培训活动。

由访谈可知，东北抗联精神课程共建的主体主要包括相关领域专家学者、区域大中小学与企事业单位等。首先，历史学专家与课程专家具有深厚的专业知识背景与扎实的课程理论知识，能够为基地东北抗联精神课程开发提供思想引领、智力支持与专业保障，有效保证东北抗联精神课程开发的质量。其次，联合大学、中小学与企事业单位共同进行东北抗联精神课程建设，能够保证课程体系的丰富性、全面性与连续性。基地提供的历史情境与学习体验是学校课程与企事业单位知识传授的有力补充，能够将书本知识转化为学习者自身的素养，保证了课程体系的全面性与丰富性。同时，基地与合作单位开展课程建设能够关注课程内容的过渡与延续，既能拓展学习者的知识面，同时又能保证课程实施的持续进行，为学习者的全面发展提供有效路径。

3. 平台共创，创新红色教育

在平台建设方面，杨靖宇密营爱国主义教育基地的东北抗联精神课程注重通过现代化设备，创设多样化展示平台与虚拟情境，拓展了红色教育的教育空间与教育方式。

> 课题组成员：基地在进行东北抗联精神课程实施的过程中，在课程实施平台建设方面有哪些举措?
>
> T5：课程开发过程中我们不仅关注现实文化场域对学习者思想与精神的感召力与震撼力，同时注重网络平台与红色教育的连通融合。基地与相关技术人员开展长期合作，探索如何通过多样化网络平台促进红色教育的传承与发展。例如，综合网络技术与媒体技术，采用文字、图片、音频、视频、三维虚拟空间等多种形式，全面展示红色资源的价值内涵。这种方式既能让学习者提前了解历史背景与基地现状，又能让已经参观过基地的学习者加深学习印象，使学习者的体验更为真切、记忆时间更为持久、学习内容更为深入。该种方式目前得到了上级领导、基地课程实施者以及学习者的一致好评，有效促进红色教育的传承与发展，也使东北抗联精神更为具象化。

在东北抗联精神课程实施平台建设方面，杨靖宇密营爱国主义教育基地与技术人员充分利用现代化设备烘托东北抗联精神主题，以科学化、高效化的方式最大限度还原历史真实场域，以现代技术与基地资源的深度融合推动区域红色课程资源的传播与发展。首先，基地与技术人员利用网络平台建设还原真实场域。个案基地在技术人员的协助下通过新媒体制作、网络在线课程等途径全面展示密营遗址、密营纪念馆相关情况，使学习者能够足不出户见证革命历史，促进学习者感受红色精神的浸染与熏陶。在疫情期间，网络平台成为传承东北抗联革命历史与弘扬东北抗联精神的重要载体，为红色教育的开展拓展了新思路。其次，基地技术人员利用网络平台传播并宣传红色教育。基地依托吉林红石国家森林公园建设的官方网站以及公众号等进行红色宣传，定期分享革命历史、宣传特定节日，这种线上与线下相结合的红色教育方式创新了红色教育路径，为红色教育提供新思路。东北抗联精神课程开发充分利用网络新技术和多媒体开拓课程宣传路径，有助于提高红色教育的普及率，推动红色教育的创新发展。

五、课程评价体系

课程评价是以一定的方法、途径对课程的计划、活动以及结果等有关问题的价值或特点作出判断的过程。[①] 课程评价是课程实施过程中的重要环节，也是检验课程实施效果的重要依据，具有导向、诊断、反馈、促进发展等多种重要功能。杨靖

---

① 李雁冰．课程评价论［M］．上海：上海教育出版社，2002：2.

宇密营爱国主义教育基地东北抗联精神课程的评价体系主要包括评价主体、评价内容与评价形式。

（一）评价主体：多方主体共同参与

东北抗联精神的课程评价主体体现了多方主体共同参与的特征，主要包括课程开发者、上级主管部门、教师、家长、课程专家与学生。

1. 课程开发者

课程开发者全程参与东北抗联精神课程的开发与实施，能够科学、明确地根据课程目标，判断学习者在课程实施后的目标达成程度。首先，课程开发者能够以旁观者的视角对课程的实施状况与学习者的行为表现进行客观评价。学习者在参观与倾听过程中的行为表现、情感体验等外在表现的流露均可作为课程开发者评价的直接依据。其次，课程开发者也能根据课程最初的预期目标对课程实施的整体情况进行课程评价，从而不断修正课程实施方向，提升东北抗联精神课程的实施效果。

2. 上级主管部门

上级主管部门作为杨靖宇密营爱国主义教育基地的管理机构，具有监督、检查、指导和管理基地工作的权力和职责。一方面，上级主管部门根据红色课程评价指标体系对个案基地的东北抗联精神课程进行全方位评价，根据评价结果对个案基地的教育教学活动进行相应调整与统筹管理，这种评价方式能够激励并促进基地教育质量的提高与基地自身的发展。另一方面，上级主管部门在与参与者一同参观学习的过程中，能够根据基地制定的评价指标体系对学习者的学习效果进行表现性评价，从而为课程实施提供有针对性的建议。

3. 教师

教师作为东北抗联精神课程的参与者，能够全程参与课程实施。教师对学生的评价不仅局限于个案基地这一特定场域，还可以从学生日常学习生活中对其知识理解、行为习惯、思想认识等方面进行追踪评价。此外，教师可以根据自身参与课程实施的真实体验以及学生提供的反馈信息，从教育与教学的角度为个案基地的课程开发与实施做出专业评价，并为东北抗联精神课程开发提供诊断性评价与反馈性意见。

4. 家长

东北抗联精神课程多以活动课程的形式开展，家长是参与东北抗联精神课程的重要主体。家长在参与东北抗联精神课程的过程中可以对孩子的学习情况与表现情况进行全方位评价。例如，在参观游览与集体默哀等教育环节，家长可根据孩子的外在表现与对话交流所反映出的知识掌握、思想认识与情感体验情况进行评价。同时，学习者在课程中习得的红色教育内容会在校外的日常生活中得以展现，家长也是孩子课程实践情况的见证人。此外，家长可以针对孩子的学习反馈情况与其成长需求对东北抗联精神课程的实施效果做出理性判断并提供针对性的改进建议。

5. 课程专家

课程专家是对东北抗联精神课程开发、实施以及学习者学习成效进行评价的重要主体。历史领域知名学者与课程专家参与课程评价能够保证评价的专业性与科学性。在东北抗联精神课程开发过程中，专家能够结合自身专业领域优势对课程计划进行全方位评价；在课程实施过程中，专家主要针对课程开展情况对东北抗联精神课程进行结果性评价，这种全程性评价可以保证评价的全面性与科学性。同时，专家的评价还可以起到诊断和指导的作用，为课程实施提供更多的帮助与指导性意见，有利于东北抗联精神课程的逐步完善。

6. 学生

东北抗联精神课程开发最终指向学生发展，学生作为课程学习的主体，同样具有评价的权利。学生参与课程评价能够促进学生自我反思、明确自身学习需求。一方面，东北抗联精神课程的主要目标是培养学生爱国主义意识，帮助学生形成正确的世界观、人生观和价值观，而具有内隐性的道德品质的评价可以让学生进行自我评价，这样有助于学生不断修正自身思想，改正不良行为习惯。另一方面，学生也可以对其他同学进行评价，因为同伴每天学习、生活在一起，是自己思想品质与行为习惯的见证人。此外，学生作为东北抗联精神课程实施的主要评价主体，能够根据自身发展需求对基地的课程实施进行整体评价。

（二）评价内容：全面考察实施效果

1. 学习者学习效果

基地课程开发者依据课程目标与学习者学习需求，建构了“知识、行为、情感、思想”四位一体的课程评价内容体系，主要指向革命知识积累、行为习惯改进、思想道德提升与革命文化认同。在知识积累方面，课程评价者根据学习者在互动交流中回答的准确性与全面性对其革命知识的掌握情况进行评价；在行为习惯方面，课程评价者主要关注学习者在日常学习生活中的表现；在情感与思想方面，课程评价者主要对学习者的参与状态、行为表现、课程参与程度以及课程参与状态进行评价。在评价过程中，评价者针对学习者的外在行为表现及时提供反馈信息，这种课程评价方式能够激励学习者规范自己的言行，实现东北抗联精神课程的文化引导与规约作用。

2. 课程实施效果

基地课程开发者与实施者会在课程实施之后，通过调查问卷、座谈会等方式向参与课程的专家、教师、学习者、家长等多元主体收集课程改进意见与建议。同时，课程开发者通过了解课程实施过程中参与者的表现情况，对学习者的政治意识、国家认同、文化自信和人格养成等方面做出相应评价，并对课程内容、课程结构、课程组织方式、课程实施方式等内容进行反思性的自我评价。此外，课程开发者还会综合参与者的意见深入剖析问题产生的原因，共同商讨并探索解决路径，不断完善东北抗联精神课程实施。

（三）评价形式：关注学生持续发展

杨靖宇密营爱国主义教育基地关注东北抗联精神课程在各个阶段的开展情况以及学习者在不同阶段的学习情况，主要评价形式为诊断性评价、终结性评价与形成性评价。

1. 诊断性评价

诊断性评价是课程进行之前或进展到某一阶段所做出的评价，其目的是在了解情况的前提下制定课程开发计划，明确下一阶段的发展目标。杨靖宇密营爱国主义教育基地在进行东北抗联精神课程设计的过程中，通过向大学、中小学的教师和学生发放调查问卷，全面了解学生对东北抗联精神的了解程度与兴趣点，以及教师对东北抗联精神课程的要求与期望，据此制定课程目标与教育教学方法。这种诊断性评价是个案基地在掌握了学生现有知识水平的基础上做出的课程评价，有助于基地精准制定课程目标、合理编制课程内容。

2. 终结性评价

终结性评价是在课程计划实施后对其效果的评价，目的是对所编制出来的课程质量形成“整体”看法。它通常是在课程计划完成后，并在一定范围内实施后进行的。[①] 东北抗联精神课程的终结性评价方法主要为问卷调查法，主要由课程开发者、上级主管部门、教师、家长、课程专家与学生对课程实施情况与学生表现进行客观打分与主观性评价。东北抗联精神课程的调查问卷主要针对学习者在每个学习环节的表现赋分，分为主动表现、自动表现、从众表现、负面表现四个等级。客观性评价问题根据四个表现程度进行1～4的等级赋分处理，通过对不同参与主体赋予不同权重，最终计算得出综合评分，以客观反映个案基地开展东北抗联精神课程的真实效果。主观性问题由课程评价者具体阐述课程开发与学习者学习表现存在的问题，以全面了解课程实施现状。调查问卷的统计分析结果会

---

① 施良方．课程理论：课程的基础、原理与问题［M］．北京：教育科学出版社，1996：154.

以多种方式反馈给相应的学校或单位，这种评价方式能够在一定程度上促进学习者的行为规约与道德自觉，也能提高基地与大学、中小学和企事业单位的后续合作效果。

3. 形成性评价

形成性评价是指在事件进行和实施到一定阶段后所做出的阶段性评价。东北抗联精神课程的形成性评价发生在课程评价与学习者评价的环节当中。在评价课程方面，课程实施者、上级主管部门与课程专家在东北抗联精神课程的开发、实施与完善等各个阶段，以专题研讨会的形式对当前课程建设中存在的问题进行诊断把脉、剖析成因、探究解决路径，并将这些信息及时反馈给课程开发者与课程决策者，以及时改进课程运作过程中的内容选择、结构组织、方式方法等内容。在评价学习者方面，课程实施者会主动与上级主管部门、教师、家长、课程专家与学生进行面对面交流，在观察中了解学生的课程参与状态、集体讨论环节发言情况等内容，并对学生学习的环节进行具体评价。此外，课程评价主体还根据学生在参观基地后写下的观后感等文本资料深入了解学习者的体验感受、现存困惑。课程开发者与实施者通过这种深层评价与分阶段评价的方式，能够真实、全面地了解学生的学习效果，反思课程开发与实施过程中的现存问题与可提升空间，不断改进东北抗联精神课程的实施方式。

第八章

案例分析：东北抗联精神课程开发的基本策略

东北抗联精神红色资源是中国共产党领导东北地区军民为抵抗日本侵略者、在长达十四年的艰苦卓绝斗争中形成的包括东北抗联精神在内的革命实践产物，也是中华儿女历经艰苦岁月积累的经验财富，它承载着中华民族不惧强敌、不畏牺牲、坚贞不屈的民族精神，保有鲜明的中国底色与中国特色，正是这伟大的精神财富激励着党带领人民不断走向强大。时至今日，历经岁月洗礼，东北抗联红色资源仍对民族发展和国家建设具有重要价值与指导作用，是中华民族伟大复兴的不竭动力源泉。红色资源极具教育价值，合理开发与利用红色资源，挖掘资源价值，结合时代发展充分发挥红色资源进行课程开发，能有效促进红色资源教育价值的实现。将东北抗联精神区域红色资源融入课程，充分发挥其历史价值、教育价值是当前传承革命历史与弘扬红色精神的重要途径。本研究深入剖析了当前东北抗联精神红色资源开发现状，呈现了东北抗联精神课程开发的现实样态，探索建构了东北抗联精神课程开发模式。为促进东北抗联精神课程的开发与探索，本研究基于前期的理论研究，结合实践调查，从典型案例入手，探寻东北抗联精神课程开发的基本路径与策略。

一、确立开发定位：坚守东北抗联精神课程开发的价值

课程开发是按照开发主体的需求而对课程的目标及内容进行选择的，选择的不同取向体现了开发课程属性实现的差异。在众多选择中，在以教育目的为参照物的前提下，不同的选择产生了不同的功能。功能的不同即价值定位的不同，课程开发需要首先明确价值定位。课程开发的价值定位关乎课程开发的适配性、科学性、实用性，与课程开发的质量息息相关。在进行课程开发时，首先需要明确课程开发的价值定位，这是实现课程开发价值的前提条件。在实现以爱国主义为核心的红色教育的大背景下，立足东北抗联精神红色资源开发利用情况，从东北抗联精神课程开发的教育目的以及现实发展样态而言，需要明确以下四大定位。

（一）把握历史传承性

国家历史是国家发展的纪实，更是一个国家未来发展的方向指引，历史记录了昔日历经沧桑的光辉岁月。红色资源是无数革命先辈为了争取国家发展、人民独立和追求民族复兴与强大的艰苦奋斗历史积淀。“红色故事”“红色人物”等都是中

华民族一步步走向强大的伟大见证，先辈们来时走过的每一步脚印都需要我们细心铭记，用心传承。在进行红色资源课程开发时须将历史传承性作为课程建设的重要价值体现。有学者曾指出历史是培养国民教育的必修课。[①] 由此可见，历史在教育中是不可或缺的存在，目前较为系统的历史教育多体现在学校的历史教材与课程之中，而红色资源课程作为革命历史等红色资源传承的重要载体，具有传承革命历史的重要使命，在进行红色资源课程开发时必然要明确其历史传承性，把握红色资源课程价值定位，准确提炼红色资源中蕴含的革命历史和革命精神，关注重要的历史事件与革命史实，通过资源融入课程的方式，使学习者铭记历史、感念革命英雄的无畏奉献，增进其爱国意识。红色资源课程的开发可以打破以往的常规模式，将有形可见、有物可触的历史呈现给学习者，无论在时间上还是空间上，真实地拉近历史与现实，一改“说教式”的教学方式，使历史情境生动再现，从而有效地提高历史史实的表现力与感染性，助力学习者完成“接近历史—学习历史—传承历史”的蜕变。

（二）体现革命教育性

张泰城、魏本权认为红色资源本身就是一笔宝贵的教育资源，在对全体公民进行革命教育、思想政治教育、德育教育、价值观与人生观教育等层面，红色资源具有十分重要的价值引

---

① 齐健，赵亚夫，等．历史教育价值论［M］．北京：高等教育出版社，2003：80-100.

导作用。[①] 红色资源源于红色革命历史，当红色革命历史作为红色资源以课程呈现方式转化为教育资源时，便兼备历史性与教育性，进行红色资源课程开发时更需注重课程的革命教育价值体现。红色资源反映的是在中国共产党领导下中国人民于革命历史斗争中历经磨砺、不懈追求中表现出的具有民族特色、国家特质的红色精神和爱国情怀。具有革命标志性的历史事件和革命精神是红色资源课程的重要素材，革命历史事件中内含的革命精神通过课程的形式表达，使革命精神中蕴含的不惧困难、顽强奋斗、勇于奉献、敢于牺牲的优秀品质得以彰显，促使学习者感受革命历史、坚定信念，帮助学习者产生共鸣，内化革命精神，培养爱国主义情怀。红色资源的教育性是红色资源课程开发的核心，保障红色资源课程的教育价值是课程开发的重要条件，历史的学习不仅要“记忆”，更重要的是“升华”。红色资源课程需要具备文化渗透力，才能够对学习者历史观、价值观产生影响，使学习者充分认识到传承革命历史重任和弘扬红色精神是一项伟大且光荣的事业。

（三）具备思想引导性

红色资源课程开发过程中要注重红色资源课程的思想引导性。红色资源是革命精神在时代发展中将革命历史实践与时代发展需求紧密结合而形成的历史产物，因此科学性和思想性是其具备的基本特征，而思想引导性则是红色资源继承和发扬红

---

① 张泰城，魏本权．论红色资源在当代中国公民教育中的价值［J］．求实，2009（04）：92-95.

色思想、红色精神外在层面的表现。红色资源的思想引导性主要体现在能够通过具体历史革命事件、真实且典型的革命人物等内含的革命精神中，这些精神能够打动人心，直击心灵。进行红色资源课程开发时要注意思想层面的引导作用，在课程中，要让学习者学会“明是非、判对错、树新观”，即明白是非对错，能够正确看待历史，并且树立健康、正确的价值观念，把传承革命历史作为己任，正视历史并在革命历史中汲取营养。金民卿认为红色文化的精神传承事关当代理想信念的建构，对个人而言，理想信念是一个人的精神寄托能够产生强大的动力；对社会而言，理想信念作为群体的一种共识可产生强大的凝聚力，因此红色文化的传承对我国精神文明建设有着重要意义。① 所以，在思想建设与引导层面，红色资源课程必须把握好引领作用，尤其是当课程对象是年龄相对较低的在校学生，他们正处于价值观养成的重要阶段，课程的思想引导对他们的发展起到至关重要的作用。通过红色资源内含的红色精神与当今时代精神相融合、交互影响，能够帮助学习者培养革命认同感和国家自豪感，在潜移默化中引导思想进步与思想升华，促使学习者正确认识并准确把握客观规律，从而实现思想引导，推动其世界观、人生观和价值观的形成。

（四）注重文化熏陶性

红色资源在蕴含精神文化的同时还具有全面的德育培养和

---

① 金民卿．红色文化的精神传承与理想信念的当代建构［J］．井冈山大学学报（社会科学版），2015，36（01）：15-19.

情感熏陶功能。红色资源课程开发在体现其根本性的教育价值外，还需挖掘红色资源的文化功能，注重情感熏陶，使无论是中小学生、大学生还是普通群众都可以深切体会红色革命与红色精神内含的革命文化与爱国情感。这是红色教育的根本目的。红色资源走进课程之中，充分发挥情感熏陶与感染作用，能够让学习者体会红色文化的魅力所在，及其中蕴含的坚定的革命信仰，不断促进自身思想进步与品行提升。特别注意的是，在进行红色资源课程开发时，课程开发者要对红色资源进行系统把握和整体感知，这样才能实现红色教育的良好建构，更加高效地将红色文化传递给学习者，使学习者感受红色文化，得到红色洗礼，在思想认知和行为品质方面得到熏陶教育。因此，红色资源课程的开发与实践是一个不论是课程开发者、课程实施者还是课程学习者都在不断感受革命历史、内化革命精神、实现革命传承的熏陶与感化的进程。将红色文化的历史感染性和文化熏陶性巧妙运用至红色课程开发中，能够使红色课程发挥更大的价值，取得更好的教育实效，在丰富红色资源价值性的同时尽显红色资源的文化性。

二、把握开发原则：遵守东北抗联精神课程开发的原则

明确课程开发的价值定位是课程成功开发的前提条件，而把握课程开发的原则是课程得以科学开发的基础，好比楼房的成功搭建离不开设计图纸和地基的搭建，课程开发的价值定位就是建筑设计图，而开发原则就是建筑物的地基，这是房屋立

起来、立得住、立得稳的关键环节。因此，利用东北区域红色文化资源开发抗联精神课程时，需要遵守课程开发的原则。结合区域红色资源的课程开发与利用发展状况与研究来看，需要把握以下四大开发原则。

（一）理性与感性并重：理性陈述史实　感性内化精神

1. 理性看待红色资源史实，感性领悟红色资源内核

理性与感性两者之间存在对立统一的辩证关系。马克思主义唯物论认为理性认识是依赖于感性认识的。将理性、感性二者结合则源于马克思主义认识论的要求。感性与理性并重是红色资源课程开发的重要原则之一，感性认识是理性认识的基础，理性认识是对感性认识的升华。红色资源是在特定的历史时期以及历史背景条件之下形成的资源积累，包含富有价值的历史史实与丰富的红色文化与革命精神。红色资源来源于历史也受制约于历史，因此在开发与运用红色资源时需要充分考虑红色资源的本质特征，保持严谨、客观的态度合理运用红色资源、历史资源。东北抗联精神课程资源的利用与开发，必须建立在理性看待东北抗联精神的基础上，要呈现客观的历史真相，透过史实展现背后的历史脉络、揭示历史文物中隐藏的抗战精神，从而将物质层面的东北抗联精神载体转换为精神层面的东北抗联精神实体，实现红色资源开发价值最大化，让学习者领悟到红色资源的内核——加强学习者的爱国主义精神，加深民众的爱国情怀。

2. 保证资源开发的客观性，激发课程内化的情感性

在利用区域红色资源进行课程开发实践的过程中要坚持理

性与感性并重。首先要保持红色资源的原有资源形态，坚持红色资源开发的客观性。保持红色资源的原有形态包括保证历史资源的真实性，要运用能够准确地反映出革命历史进程以及革命历史的事实，再现革命历史样态，尤其是在陈述、传达红色革命历史时，需要以理性的态度看待历史、陈述史实，不可夸大。同时，在进行红色资源内化的过程中需要体现学习者感性的一面，即课程开发者需要在理性传达革命历史、事件、人物等红色资源的基础上，结合实践使学习者能够产生感性认识体验，从而达到内化精神的效果。从学习者角度而言，则需要通过感性认识感受直观形象，再基于理性认识形成正确的历史观和红色资源概念。由此可见，在红色资源课程的开发与实践中，开发者应注意课程开发中感性与理性的兼备，两者不可偏废，两者间需要相互作用，共同促进，共同呈现红色资源课程的整体效果，以达到教育实效。

（二）内容与形式兼备：丰富资源内容　创新表现形式

1. 立足区域特色挖掘资源，注重内容的丰富性

课程内容需要合适的课程形式来表达呈现，而形式的呈现取决于良好的内容支撑，两者共同作用是课程建设的重要前提。区域红色资源的内容选择一方面要考虑区域特点，力求以区域资源带动区域发展，以区域发展促进区域红色建设；另一方面则需要注重内容的丰富性，课程开发者要具备挖掘红色资源的能力，红色资源的质量决定着红色资源课程的质量。课程内容的选择要注重内容的科学性、引领性，要坚定信仰、提高觉悟，使学习者通过内容学习养成良好品德。红色资源的类型

虽然呈现形式多样、种类丰富，但多为革命遗迹遗址、纪念馆等，仅仅以参观、展览的形式作为红色资源的传承路径，不免会让学习者觉得学习内容枯燥乏味、没有新意，甚至产生身心上的疲惫感与抵触情绪。因此要在资源内容丰富度与课程表现形式方面下功夫。

2. 基于课程内容创新思路，实现形式的多样化

区域红色资源课程表现形式要根据课程内容的类型进行选择、调整，坚持内容与形式相结合，寻求课程呈现形式的突破，创新课程表现形式，助力课程实施效果提升。历史博物馆、革命纪念馆、陈列馆等大多是在保证红色资源历史真实性的前提之下，融合科学与艺术领域的理解对红色资源进行的应用开发，进而提升红色资源与红色文化的呈现度。对于红色资源的开发，尤其是红色资源课程开发方面，课程的开发者需要呈现课程的多样态，尤其在呈现形式上需要展现出创新性、多样化特点，打破时间、空间上的制约束缚，充分利用主题教育、书刊文字、研学等作为媒介创新课程表现形式。例如通过讲授与体验相结合，设计活动体验课程，将革命生活带入学习者生活体验之中，使其切实体验、感悟革命精神，在活动体验中内化革命教育，提高学习者的思想觉悟与素质，锻炼其能力，坚定其信仰；或者伴随科技发展综合利用科学设备与前沿技术，采用现代化形式助力红色资源的理解与红色精神的传达，采用声、光、电效果以及图像影视等途径丰富红色资源课程的表现形式，再现革命历史情境，使课程学习者能够在独特的环境氛围中感受历史、体会革命情感，进而受到思想触动、

得到精神深化。

（三）历史与现实相融：历史磨砺精神　现实升华品格

1. 尊重历史，从史实中提取精神

红色资源是革命历史的产物，是历史留下的珍贵财富，纵使其产生的时代与历史背景早已成为过去式，但也是中国历史发展时间轴上抹不去的坐标，即使时间车轮滚滚向前，印记仍旧依稀可见。红色资源作为独特的历史痕迹，记录着中国一路走来的艰辛，它饱含着中华儿女不惧艰险、顽强向前、追求发展的伟大民族精神和坚定信念，极具历史价值和教育价值。历史价值不限于历史发生的时期，它的价值是恒久的，溯至历史，展至未来。革命历史中磨砺出的革命精神与伟大民族精神，是无数革命先辈留给我们后人的宝贵经验与珍贵财富，这也是历史具有无限价值的根本所在。因此，在进行东北抗联精神课程开发时，需要尊重东北抗联历史，从历史出发，提取史实中的东北抗联精神，用东北抗联历史说话，用东北抗联精神文化资源说话，而不是想当然地开发课程。其内容与实质必须建立在历史真相之上。

2. 基于历史，从现实中内化精神

历史作为红色资源，在当代的重要价值在于“用以求真”和“发以致用”。“用以求真”主要指的是用红色资源探求革命精神实质与内涵，“发以致用”是指将红色资源应用于现实社会，使其发挥历史价值、社会价值和教育价值等，促进当下生活向更好方向发展。因此，利用革命历史红色资源进行课程开发要在尊重历史真相的前提下，强调历史与现在相融，保证

历史传承，强化精神理解，使历史与现在有机融合，达到升华品格与思想素养的作用。东北抗联精神课程开发需要基于东北抗战的历史真相，尊重历史现实，尊重抗战精神，将东北抗联精神内化为爱国主义精神的内核之一，结合当今社会现实发展需要，深化东北抗联精神的品格，促进红色教育的发展，推动爱国主义教育的发展。

（四）理论与实践共存：理论夯实基础　实践深化领悟

1. 坚持理论结合实践，用理论夯实基础

要坚定理论层面与实践维度的深入结合，用理论夯实红色资源课程开发的底部根基，在实践维度上保障红色精神的领悟与传承。在进行红色资源课程开发时要坚定理论与实践共存的原则。首先，在教育的基础理念层面上要知行一致。运用红色资源开展思想教育、红色教育，要综合运用马克思主义思想理论体系和中国特色社会主义理论体系等科学理论。具备深厚的理论基础积淀是进行红色资源课程开发的重要前提，在熟知革命历史发展、了解革命精神内涵后，再通过课程开发、教育引导等途径将革命历史价值与红色精神外显于实践活动之中，才能达到内化精神传承、深化精神领悟的红色资源课程开发的目标。其次，在红色资源课程的实施上要灵活贯穿理论与实践。不仅要向课程学习者传达明确的革命历史、红色精神，还要潜移默化地影响学习者的学习，促进其能力提升。最后，在课程评价方面需要关注理论与实践。尤其是红色资源课程教育效果的呈现不同于传统课程的显性表达，更多在于思想认知层面上的微小变化，且隐性影响偏多，因此，在评定红色资源课程实施效果时，既要注重思想与理论对于教育实践的指导，也需要尊重课程开发与实施过程中的实践逻辑。

2. 坚持理论指导实践，用实践深化领悟

东北抗联精神作为红色文化资源的典型代表，其资源的合理开发需要遵循客观科学的理论指导与精神指引。首先，东北抗联精神作为红色教育的经典内容，是传承与宣扬爱国主义精神的重要内容载体，需要遵循中国特色社会主义理论体系的理论指导，践行我国爱国主义教育的核心价值体系，展现中华人民共和国的历史教育与爱国情怀。其次，东北抗联精神是东北广大民众在东北十四年之久的抗战斗争中，在自然条件极端恶劣、军事武装力量极其悬殊的情况下，形成的一种不畏艰险、不怕牺牲、英勇奋斗，坚决抵御外敌入侵，誓死捍卫国家主权、维护国家安全与人民幸福的生生不息的战斗精神与力量。这种精神力量源自东北民众的自卫抗战实践，并且在每次实战中总结教训、吸取经验，用于下一次的抗战实践。通过经验总结指导与抗战实践的结合，东北抗联精神的影响越来越强烈，并逐渐成为东北抗战的精神标杆。因此，在进行东北抗联精神课程开发时，需要尊重抗联精神形成与发展的现实逻辑，遵守理论与实践结合的原则，用理论指导实践，用实践深化领悟。

三、建构课程体系：完善东北抗联精神课程开发的体系

（一）课程目标具体化

“课程目标”是指课程本身所要达到的具体目标，是学习

者经过学习后能够达到的预期效果。课程目标对于课程的开发与实施具有“全程性”的指导性作用，是整个课程的“总设计师”。目前，在国家层面上尚未有关于红色资源课程的明确的课程标准，因此，在进行区域红色资源课程开发时要进行全面充分的考量，其开发需要坚定思想原则、把握正确的政治方向、明确核心价值观，并结合红色资源课程的需要，在一定的课程理念以及课程开发理论的支撑下开展。区域红色资源课程的课程目标要具有系统化和适切性。课程目标的确定需要从学习者需要出发，并结合学习者特点，兼顾课程目标的取向性、生成性以及课程目标的表现性，尤其关注课程目标需要的适切性，要依据课程实施对象、区域内红色资源情况等因素来明确。注重课程目标的系统化以及适切性对于课程开发具有决定性作用。

首先，红色资源课程的实施对象较为广泛，例如在校学生、军人、企事业单位职工以及普通群众等，不同课程实施对象在年龄阶段、知识水平以及心理结构等方面都存在一定差异，差异的存在决定了在进行课程开发时，要在课程总目标之下设定更为细致且具针对性的子目标。其次，红色资源课程开发与实施的主要目的在于更好地实现革命历史的传承及革命精神的弘扬。红色资源课程的课程目标不应局限于单纯地向学习者传递革命历史史实以及革命精神，而是需要进一步深化，达到触及思想乃至心灵的影响效果，帮助学习者探寻红色初心，激发学习者红色基因，引领学习者成为红色传承者与实践者。

简而言之，红色资源课程的目标具体体现在分析课程对象、选择课程资源、设计课程活动以及实施课程的方方面面。因此，在课程目标设定时也要将课程目标细化至课程实施的整个过程，系统全面地设定红色资源课程目标是课程开发的重要基础。东北抗联精神作为典型的红色资源，其课程开发更需要遵循开发的逻辑，落实课程开发的具体目标，结合实际完成东北抗联精神的传承。

（二）课程内容丰富化

区域红色课程中的课程内容来源于红色资源，红色资源具有极强的包容性，它不仅包括历史上真实存在、尤具红色特质的革命历史，也包括在特定革命历史时期伴随革命进程应运而生的伟大革命精神与优良革命传统。它们在历史长河中不断发展、转化，历久弥新，形成了物质与精神兼具的红色资源，成为红色教育、爱国主义教育的重要素材。课程内容决定着课程质量，因此在进行课程开发时需注意课程内容的丰富性，即强调红色资源的丰富性。红色资源类型不仅包括呈现物质形态的历史遗址、遗迹、纪念馆、博物馆以及非物质形态的红色事迹、红色精神，还包括一系列红色历史衍生物，例如红歌、红色影视作品等。在进行红色资源课程开发时，课程内容的选择与红色资源的处理会影响到课程的呈现效果，因此，丰富资源表现形式有助于提升课程内容的丰富性。除了这类较为传统的课程内容，在进行区域红色资源课程开发时还应关注课程内容区域化和课程内容同步化，实现课程内容“因材成教”与“因势而新”。杨靖宇密营作为东北抗联精神形成的物质载体，是传承与发展东北抗联精神的重要爱国主义教育基地，拥有丰富的课程开发资源，为东北抗联精神课程的开发奠定了坚定的物质基础。

课程内容的“顺势而为”指的是区域红色资源课程在开发时，可以优先选择区域范围内本土的红色资源，在对区域内红色资源进行整合后使之成为课程内容的资源素材，以丰富课程内容。区域红色资源课程的学习者多为该区域内的学生、党政工作者、群众等。学习者对于本区域内的红色资源相对熟悉，且对于本土红色资源也会有独特的情感依存感、亲切感，使课程学习效果更佳。“顺势而为”不仅可以实现课程内容的丰富化，也能在一定程度上提升区域内本土红色资源的利用率，充分发挥区域红色资源的价值。课程内容的“因势而新”是指教育内容要随着时代发展、局势变幻不断革新。革命精神在不同的历史时期表现出具体的不同形态。由于历史条件的不同，中国共产党革命精神在不同历史形态下，各自都有其特定的内涵。① 如红船精神、长征精神、东北抗联精神等便是在不同历史时期、历史背景之下的精神产物。由此可见，革命精神、红色精神的教育也需要做到与时俱进，常学常新。因此红色资源课程内容可以通过结合时事政治、国际局势、社会热点问题等进行内容丰富，将革命传统与红色基因渗透到教育过程中，并兼顾社会发展的新要求，以发挥革命历史与红色资源聚人心、强信念的价值作用。将历史记忆与现实发展相融合，使

---

① 韩延明．红色文化与社会主义核心价值体系建设研究［M］．北京：人民出版社，2013：58.

红色教育内容更加丰富。杨靖宇密营作为东北抗联精神形成的重要基地，其蕴含的东北抗联精神物质载体与精神载体形式多样、内容丰富，是进行东北抗联精神课程开发的重要内容来源，也是成功开发课程的重要基础。

（三）课程组织科学化

课程组织是课程开发的关键环节，不同的课程组织决定了课程的呈现形态。红色资源课程的组织与常规的学校课程组织存在一定差异，由于作为课程开发素材的红色资源类型较为丰富多样，红色资源课程的表现形式也相应地呈现出多样化特征。以杨靖宇密营作为重要内容来源开展的东北抗联精神区域红色资源课程开发，需要遵循课程组织的基本原则，使课程组织科学化。

首先，注重课程组织形式的创新，根据学习者特点结合课程资源特质进行课程组织。例如，将文字形式的革命历史通过精练的语言，配合特定氛围的烘托讲解给学习者，实现语言讲解与课程内容实景还原的结合，激发学生学习兴趣；将典型的历史革命事件、历史人物生动再现，把学习者带到特定的历史情境之中，引导学习者感知革命先辈；设计体验活动，引导学习者在切身体验的过程中理解红色资源内涵，达到内化红色精神的目的，实现思想提升；通过红色资源中的红色衍生类资源，如红歌、红色影视作品等对学习者进行熏陶感染，引发思想共鸣、实现心灵荡涤，增强红色资源课程的感染力和感召力，实现课程组织形式的创新，有效提升课程成效。

其次，课程资源整合是创新课程组织的重要途径，丰富课程资源的整合方式是实现课程组织科学化的重要部分，例如拓宽区域红色资源课程应用范围，联合学校、教育基地、社会进行多角色共建红色课程、共享红色资源，以提升区域内红色资源利用效率，切实改善红色教育成效，带动区域发展；开发红色资源课程走出基地、走进学校、走进课堂等多种途径，有效促进红色资源课程的组织发展。

（四）课程评价多元化

从评价主体来看，红色资源教育教学课程评价主要包括主体评价、组织评价和社会评价这三个层次；从评价内容来看，红色资源教育教学课程评价主要包括学习评价、过程评价和整体评价这三个方面。[①] 对于课程评价的分类，不同角度划分的评价类型呈现出多样化特质。课程评价是对课程的综合评估，合理、多元化的课程评价是促进课程良好发展的重要因素，从多角度、多方位进行课程评价，能更好促进课程优化目的的实现。

从评价对象角度来看，课程评价的对象不仅局限于学习者，红色资源课程开发本身同样也是课程评价的关键内容，包括课程理念的设定、课程目标的生成、课程的内容选择与课程组织是否合理，也包括课程目标的达成情况和课程实施效果评定等，这些都是红色资源课程进行课程评价的关键要素。从评价方式而言，红色资源课程评价对学习者思想行为层面产生更

---

① 肖绍聪．红色资源教育教学评价的特点与规律［J］．南昌师范学院学报，2015，36（04）：65-68.

强烈的影响，该评价既需要关注学习者知识的获得，更需要关注学习者情感、态度、价值观等方面更为深层次的习得。

从课程学习者角度来看，学习者角度的评价属于自我评价，学习者的自我评价是对自身学习情况的反思与审视，包括学习态度、兴趣以及学习成果等方面，还包括学习者之间的互评，这种评价方式有利于学习者通过他人视角更加全面地体验课程，有助于挖掘课程实施中的潜在问题，更好地完善课程体系。从课程实施者角度而言，课程实施者的评价以在课程实施中对课程学习者的评价为主。该评价关注课程学习者的表现与反馈，尊重学习者的个性发展，并结合课程整体评价来推动课程的优化。同时还可以通过聘请红色资源课程、红色教育等领域的专家、学者对课程进行评价，以保证课程整体的科学性、权威性。总而言之，对红色资源课程进行评价时，要将学习者评价与课程实施者评价、专家评价等多种评价方式相结合，进行多方位综合考量，努力促进评价的客观性和有效性。课程评价的多元化是课程优质化的机制保障，因此，在进行课程开发体系建构时要充分考量课程评价的多元性。

四、创新开发途径：探索东北抗联精神课程开发的路径

传统的课程开发主体多为学校、教师、研究者等，而红色资源课程的开发、建设主体不局限于学校，其开发主体拥有多元化特征。纪念馆、博物馆等爱国主义教育基地在红色资源的储备以及对红色革命和红色资源的了解研究上更为专业，涉猎

红色文化资源开发与研究的各个方面，在红色资源课程开发领域中独具优势。纪念馆、博物馆等爱国主义教育基地在区域红色资源课程开发方面的独特性不仅仅体现在开发主体的多元化，还体现在课程的开发路径上。从爱国主义教育基地出发，以基地为主导，合理利用基地的独特优势创新红色资源课程开发的路径是促进红色教育发展壮大，实现红色教育目标、实现爱国主义教育目标的重要手段。

杨靖宇密营是东北抗战实践中形成的宝贵红色资源，其蕴含的东北抗联精神是我国爱国主义教育的重要内容之一，并依此开发了许多相关课程。为推动东北抗联精神的传承与发展，我们需要不断挖掘新的内容形式，不断创新课程体系，而以爱国主义教育基地为主导进行的东北抗联精神的课程开发是一种全新的教育实践探索，更加有利于爱国主义教育目标的实现。从爱国主义教育基地出发，从三方面进行探索，即“基地—学校”“基地—地方”“基地—社会”，借助各大中小学校、地方以及社会的资源和力量，通过双方联动，实现合作互助共赢。这是一种全新的开发模式，在创新形式的同时，也深化了课程内容的类型与层次，实现了课程开发的路径创新。

（一）基地—学校共建红色课程

基地—学校共建红色课程是爱国主义教育基地与学校（中小学）共同合作而成的课程。基地作为红色资源的拥有者，学校作为教书育人的机构，二者的合作使双方资源得到最大化的合理利用。爱国主义教育基地要充分发挥实践育人的作用，调动学校资源共同建设红色课程。学校在课程开发与建设过程中具有十分关键的作用，学校教师、课程开发者在课程开发理论与教学方式方法上较之基地工作人员具备一定优势，他们具有丰富的课程开发经验；而对红色革命历史而言，基地研究人员又更胜一筹。双方的合作可以互相弥补不足，使红色资源课程的开发更加完善。学校联合基地的课程开发模式为基地建设及红色资源课程的发展另辟蹊径，基地为学校提供场地、素材，使红色课程走出课本、走进历史，让学生通过实践活动等方式亲身感受革命力量、内化红色精神、升华红色情感。另外，学校还可以在节日、国家公祭日等具有一定历史蕴意的纪念日组织学生到爱国主义教育基地参与祭奠、缅怀先烈等活动，对其有针对性地进行教育，引导学生要时刻铭记革命历史，要倍加珍惜来之不易的和平幸福生活。此外，也可以通过学校课程渗透红色革命思想、传承革命精神，将红色资源与语文学科、历史学科和道德与法治等学科进行融合，实现跨学科课程交叉，促进学生实现全面发展。基地与学校共同作为课程开发与实施的主体，实现了红色资源课程开发的合作共赢，提升了课程实效，丰富了育人途径。

1. “基地—学校共建红色课程”典型案例呈现：“体验+教育”课程

杨靖宇密营作为爱国主义教育基地，自完成复建开放以来，与区域内中小学、地方高校以及企事业单位等都建立了良好关系，甚至还与部分单位形成了长期合作关系，共同组织学习队伍前往杨靖宇密营参观学习，体验红色文化。杨靖宇密营爱国主义教育基地充分发挥基地作用，将基地的红色资源融入课程，以具有丰富性、参与性、体验性又兼具历史性、严肃性、教育性的红色课程呈现红色革命历史，其红色资源课程的开发与实施都获得了较高评价与认可。其中，中小学校与密营的合作尤具代表性。本研究选取了与密营建立合作的桦甸L小学作为典型案例，深入剖析“基地—学校共建红色课程”的课程开发路径。

桦甸L小学为深入开展爱国主义教育、传承红色精神，充分利用桦甸本地红色资源优势，用红色文化助力学生成长，组织开展各类活动，对学生进行红色教育，引导学生重温革命历史，接受革命传统教育，并组织中、高年级学生到红色教育基地开展综合实践活动，真切感受艰辛困苦而又奋战不屈的抗联岁月。本研究选取该校四年级学生参加杨靖宇密营爱国主义教育基地红色课程的课例作为典型案例，用真实的课程开发案例来阐释基地与学校合作共育的红色教育模式，详细呈现并分析基地红色资源课程的实施与效果。以下是“体验+教育”课程课例的具体呈现。

课例包括两个阶段，第一阶段为带领学生前往杨靖宇密营爱国主义基地，参观密营、体验杨靖宇密营爱国主义教育基地红色资源课程；第二阶段为班级召开主题班队会，反馈学习成果，感悟红色精神，传承红色基因。课程实施者为杨靖宇密营爱国主义教育基地的W老师以及L小学的中队辅导员T老师，课程实施对象为L小学四年级的学生。课例呈现如下：

第一阶段：密营参观与区域红色资源课程体验

杨靖宇密营爱国主义教育基地在本次活动的设计中充分考

虑到课程对象为小学四年级学生，根据学生的理解认知能力等各方面因素，选取缅怀先烈、参观遗址、石磨研粮和参观密营纪念馆四项课程作为本次活动主要内容（图 8-4-1、8-4-2），

图 8-4-1　抗联战士做饭使用的青松灶

图 8-4-2　抗联战士磨橡子使用的碾盘

并由基地的金牌讲解员 W 老师为同学们进行本次红色资源课程的讲授。具体课程安排如表 8-4-1 所示：

表 8-4-1 课程安排

活 动	课程内容	课程目标
缅怀先烈	在杨靖宇将军塑像前举行开营及缅怀仪式，由基地讲师介绍杨靖宇将军生平	了解东北抗联的历史，了解杨靖宇将军伟大的一生，培养学生的爱国主义情怀
参观遗址	重走抗联路，参观密营内的饮马池、碾盘、青松灶、司令部等遗址及纪念馆	感受密营内的艰苦生活，学习战士们艰苦奋斗、勇于献身的精神
石磨研粮	组织学员们亲身体验粮食的研磨过程，分组进行	体验抗联战士的日常生活，培养学员们爱惜粮食的良好习惯及动手能力
参观纪念馆	在基地讲师的讲解之下参观东北抗联蒿子湖纪念馆	倾听东北抗联历史，见证抗联历程，感悟东北抗联精神

第二阶段：召开主题班队会，感悟红色传承

在基地老师的耐心讲解与学生们的积极参与下，第一阶段的课程任务顺利完成。在第一阶段的课程尾声，基地的 W 老师与中队辅导员 T 老师给学生们布置了本次参观体验后的重要任务，即希望同学们根据本次杨靖宇密营爱国主义教育基地之行，仔细思考自己的收获，可以通过演讲、表演等形式谈谈心得体会，和同学们交流心中红色基因与爱国情怀是什么样的，最终以主题班队会的形式呈现（图 8-4-3）。课程设计如表 8-4-2。[①]

表 8-4-2　主题班队会设计

课程主题	“红领巾心向党心　红色基因代代传”
课程目标	1. 通过主题班队会重温红色历史，感悟红色精神 2. 引导学生从自身出发，了解红色内涵，理解红色精神 3. 使学生加深爱国情感，提升学生思想认识，感悟幸福生活 4. 培养学生观察能力、表达能力与团队协作能力
课程重点	帮助学生内化革命精神，培养学生爱国意识，提升学生的国家、革命认同感
课程准备	1. 前期参观杨靖宇密营爱国主义教育基地、体验红色资源课程 2. 结合第一阶段布置任务准备班队会 3. 教具：教室多媒体设备
课程类型	红色教育课程
课程对象	L 小学四年级学生（37 人）
课　时	1 课时（35 分钟）
活动过程	一、导学设计 播放关于杨靖宇将军的纪录片片段，再现杨靖宇将军曾经生活战斗过的密营景象，让学生回顾参加的杨靖宇密营红色教育基地实践活动并谈谈自己的心得体会，由此，进入班队会主题

① 图片、课例由 L 小学提供。

（续表）

课程主题	“红领巾心向党心　红色基因代代传”
活动过程	二、主题活动 （一）活动前准备 1. 出队旗 2. 集体唱少先队队歌 3. 中队辅导员讲话 （二）活动正式开始 第一篇章：缅怀历史　赞颂英雄 1. 播放《狼牙山五壮士》视频 2. 学生分享黄继光的故事 3. 学生演讲（基于密营实践活动）《红色基因我传承　争做小小追梦人》 提问1：看到狼牙山五壮士英勇赴死的悲壮场景你想说什么？ 第二篇章：迎来光明　歌颂祖国 1. 播放《开国大典》视频 2. 学生表演快板《红色基因代代传》 提问2：看到开国大典这样的壮观场景，你想说些什么？ 第三篇章：展望未来　感悟幸福 1. 学生齐唱《大中国》 2. 舞蹈《我们是祖国的花朵》 3. 齐诵《少年中国说》 提问3：作为新时代的小学生，你觉得做些什么是爱国呢？ （三）活动总结 1. 中队辅导员讲话 2. 集体宣誓

图 8-4-3　主题班队会中学生对红色体验活动进行总结演讲

2. “基地—学校共建红色课程”典型案例分析：从课程实施中挖掘课程价值

上文对个案教育基地区域红色资源课程的资源情况、课程理念与价值以及课程类型与特点进行了素描，在此基础上，本部分研究将从基地红色资源课程典型课例本身出发，通过课例探寻个案教育基地红色资源课程的理念、价值与课程特征，并从课程的真实实施情况解读课程设置与课程实施策略。

（1）课程理念体现

杨靖宇密营爱国主义教育基地以“重温红色岁月，品味红色精神”为课程理念，注重把握教育教学、基地建设、学校间整体优势三者之间的内在联系，创新形式，创造亮点，将“红色”与“教育”有机融合，致力打造优质红色资源课程，弘扬抗联精神。

从课例的课程目标来分析，关于革命历史的学习目标包括了对学生情感体验的关注以及对学生能力培养的要求。可见课程的选择注重学生的整体培养，通过“历史”与“教育”的有效联系，能够有效融合红色资源与历史教育，整合发挥两者优势，使课程理念得到有效体现。另外，该课程由基地红色资源课程和学校主题班队会两个阶段共同组成，是基地与学校协同合作的产物，课程的实施者既有基地教师也有学校教师。该课程在提高红色资源的有效利用的同时也确保了红色教育的有效性，这也是基地红色资源课程理念的重要体现。

（2）课程特征解读

首先，从课程的开发主体来看具有多元主体合作的特征。课程由杨靖宇密营爱国主义教育基地与L小学合作完成，不仅实现了基地红色资源的高效利用，同时也保存了学校教育优势，教学不再局限于校园内、课堂中，而是采取“走出去，带回来”的独特方式进行红色教育。“走出去”即参与教学活动的师生走出学校校园与课堂，先走进历史素材与红色资源丰富的爱国主义教育基地、纪念馆、博物馆等场所，通过基地红色资源及其开发的红色课程体验红色历史，以“眼见”“耳听”“身感”的方式真切深刻地感受革命先烈的革命精神与红色精神。随后，学生返回校园，通过教师组织学生进行主题班队会的形式重温革命历史，探寻红色基因传承，该方式即为“带回来”。学生在爱国主义教育基地的课程活动中受到熏陶感染，在学校组织的主题班队会上再次强化红色精神内核，基地与学校协同合作达到红色教育目标，尽显合作性。

其次，课程内容具有时代性、体验性与引导性，能够于课程中引发学生情感共鸣，促使学生体悟革命情感，进而提升思想认知，培养爱国情怀。例如在课程第一阶段，W 老师在进行密营遗址讲解时注重学生的参与，时刻关注学生样态，时不时地与学生进行互动交流，保证学生真实、有效的红色资源课程学习体验，以达到思想上的引领作用。课程片段如下：

关于青松灶的讲解：

W 老师：同学们，来看看这是什么？有人认识吗？

学生：是做饭用的。

学生：灶台。

W 老师：不错，说得很准确！

W 老师：那谁能告诉老师它有什么特点，或者和你们生活中见到的灶台有什么不同之处？它可是很神秘的！

学生：在室外。

学生：那里有棵大树挨着。

学生：这是他们吃饭的地方吗？

学生：很简陋，而且为什么建在这里？

W老师：接下来老师就给你说说这个“灶台”的传奇故事。

这个灶台，就是当年抗联战士做饭用的“青松灶”。1938年到1940年间，日军已经将我们的杨靖宇部队作为他们的重要目标，地区上空始终盘旋着日军的侦察机，时刻寻找杨靖宇部队的下落。而且我们这个密营离日伪的一个垦荒团很近，如果生火做饭产生烟，很快就会被发现，但是将士们生活、作战都离不开吃饭这件事，要做到不能被敌军发现又得保证战士们吃得上饭，因此，抗联战士才发明了这个“青松灶”。

W老师：那说到这里，同学们可以猜猜看，当时的抗联将士们是如何做到让生火做饭的烟躲过敌人侦察的？

学生：把它盖住。

学生：把烟藏起来。

W老师：太棒啦，很聪明。

W老师：那藏在哪里啊？没错，就是你们之前发现的这棵特别的树。看，它的树干底部是中空的对吧？

学生们满脸困惑，随后老师又抛出一问：

W老师：同学们，有没有人听过“黑瞎子蹲仓”？其实这里说的就是黑熊在大树洞里过冬。树洞的存在是自然因素、自然环境导致的，是正常的自然现象，不是人为造成的。正因为这棵树是空心的，战士们就用这样的树洞来“憋烟”，做饭时产生的烟都慢慢散到树干里，然后再逐渐被大树吸收。这样就不会被敌人发现了。

同学：老师，可是这树洞就一个，将士们那么多呢。

W老师：这位同学说得很有道理。其实呢，因为要“憋烟”，“青松灶”只能做中午饭，早晚饭是在另一个地方做。因为树洞并不是很常见，所以将士们还寻求了其他办法，他们在灶台下埋了几十米的暗管，每隔一段距离就留一个口子，让烟气慢慢散发，在远处看就像是密林里蒸腾的烟雾，而不像炊烟，就不容易被发现了。

学生们都惊叹抗联将士们的智慧，紧接着老师继续发问：

W老师：同学们，你们仔细观察这青松灶，结合你们的生活常识好好思考，告诉老师现在你们看到的青松灶是当年抗联战士们使用的样子吗？

学生：没有什么特别啊，应该是真的吧。

W老师：仔细想想，判断是真是假。孩子们，你们在平时生活中也要做到这一点，仔细思考、明辨真假是非是很重要的。再仔细看看。

学生：老师，灶台这么近，生活树不会被烧掉吗？

W老师：是哪个同学啊？老师要表扬你，这个问题提得好。那老师就来给大家解答一下。其实，大家看到的灶台是密营被毁后，经过后期修复再现的。为了使大家的参观更加直观，把灶台向大树这面靠近了，实际上的灶台在距离树干十几米远的地方，中间通过管道连接至树洞。否则，灶台与树干距离较近会导致大树被烧掉的。所以说啊，这位同学的疑问正是问题所在，很不错，大家应该多向他学习，善于思考。

W 老师：老师之前讲了，杨靖宇将军他们什么时候来到密营的？

学生：1938 年。

W 老师：听得很认真，表扬！

W 老师：那可想而知这棵树距今是不是很久啦？猜猜看这棵树有多大？

学生：一百多。

学生：不知道，不能确定。

学生：二百。

W 老师：同学们知道树的年龄是怎么算的吗？

学生：年轮啊。

学生：但是那样树就不能活了。

W 老师：那还有其他办法吗？

学生们没再给出答案，于是，老师来解答。

W 老师：一种方式是通过树围来估算，但是结果是不精确的；另一种就是借助科学技术。我们请来了植物学专家，通过专门工具对这棵树进行了测量，通过钻取一小部分树干材料，最终得出这棵青松距今有二百四十七年的历史。

学生们纷纷赞叹不已。

W老师：这棵青松还有一个谜团，当年发现它的时候，树根已经因为长期高温与烟熏发生了严重炭化，树上也没有叶子，大家都以为这棵树死了，可是后来树上奇迹般地生出了叶子。现在你们看，这棵树枝繁叶茂的。植物学家说，这是因为它的根系特别发达牢固，让它能起死回生。所以，我们都觉得这棵树就是抗联精神的一个象征：青松长青，抗联精神长存。

W老师：同学们，在东北地区林区冬季零下三四十度的情况下，抗联将士们吃不饱，穿不暖，但他们仍旧坚定抵抗侵略者。你们看抗联将士们的生活苦不苦?

学生：苦！而且他们很勇敢。

W老师：是的，希望各位同学能够铭记抗联将士为了家国安宁，不惧强敌，顽强战斗的革命精神，学习他们的高尚品质，传承抗联精神！

片段中W老师在进行红色资源课程的讲解过程中，不断地引导学生思考问题，或抛出问题让同学们质疑，将学生一步步带入历史背景之中，同时结合现实生活让学生感受抗联将士的智慧，体会抗联将士生活条件的艰苦，并且通过学生反馈给予评价反馈、及时激励学生，思路清晰。老师与同学们一来一往的轻松模式使得课程在讲述历史的同时平添了活跃的氛围，能够真实地带领学生思考、体验，具有思想引导性。

(3) 课程实施策略解读

课例在实施前根据实施对象的特点进行了课程内容的选

择。由于学习者是小学四年级的学生，在课程内容的选择上考虑到小学生的理解能力与知识储备还处于积累提升阶段，因此选择了四项活动作为学习重点，即通过“仪式、倾听、体验、见证”的方式全方位、多角度地感受这次基地红色之行。在缅怀先烈活动中，在杨靖宇将军的塑像前，老师首先简要介绍了杨靖宇将军的事迹以及杨靖宇将军与这座密营的联系，陈述了将军塑像的寓意，紧接着在塑像前进行了缅怀仪式。同学们列队于塑像前，向将军鞠躬致礼，这样的仪式虽不盛大，但在学生心中确实充满了仪式感和敬畏感。这样的方式可以对学生的情感体会产生很大影响，这在学生访谈中被学生多次提及。他们认为这样的缅怀仪式很震撼，能够真实地感受到历史的庄重氛围与责任感。以下是对于杨靖宇塑像、浮雕墙的讲述内容以及学生在访谈中的反馈：

杨靖宇将军的塑像底座高 3 米，主体高 5 米，共 8 米，象征着杨靖宇将军 1932 年来到南满地区打游击战到 1940 年牺牲这 8 年的艰苦抗战。在塑像两边的牌屏，是国家领导人按照时间顺序为纪念杨靖宇将军所题的词。

在杨靖宇将军塑像对面是浮雕墙，这是一面反映抗联战士战斗和生活的浮雕墙。浮雕墙总长 35 米，象征着杨靖宇将军年仅 35 岁的生命。浮雕墙上有四幅具有代表性的画面，象征着抗联的艰苦历程，记录着抗联将士的丰功伟绩。

访谈问题：你比较喜欢哪些形式的红色教育课程呢？

哪些课程给你留下了深刻印象？为什么？

学生A：在杨靖宇将军塑像前的仪式。因为在知道杨靖宇将军和抗联战士们的艰苦经历背景之后，觉得他们很伟大。

学生B：刚进入教育基地，在塑像前的缅怀仪式。在那种氛围下，我觉得这是一件很庄严肃穆的事情，让我不由得产生了敬佩。

学生C：缅怀仪式的时候让我觉得自己离历史特别近，历史不再是教科书中的图片、文字，而是很真实的感觉。而且通过老师对杨靖宇将军故事的讲解，更加深了我的爱国热情。

……

另外，课程在实施时充分考虑到培养目标与育人价值，采取了形式多样、富有创新性的实施策略。在学生能力培养方面，以石磨研粮体验活动为例子，教师带领学生进行“石磨研粮”的体验活动，并且要求合作完成任务，一方面能够锻炼学生的动手操作能力，另一方面这也是帮助学生将革命精神与历史理解进行内化的过程。在实施中，着重关注学生的参与合作能力培养，使学生躬身力行地体验战士们的生活，感受战士们的不容易。通过历史与现实的对比、通过当今幸福生活与抗联将士曾经艰苦条件的对比，能够让学生感受到今日幸福生活的来之不易，因此更应倍加珍惜。活动体验形式的课程大大提高了学生的课程参与度，改变了传统宣讲参观式的活动模式，学生在真实情境中的具身体验能使其获得更为直观的经验，有助于爱国主义教育育人目标的进一步落实。

（4）课程反馈与评价

L 小学以组织主题班队会的形式对学生课程学习收获进行总结与评价。在结束杨靖宇密营爱国主义教育基地的红色资源课程体验后，学生返回学校课堂，以“红领巾心向党心　红色基因代代传”为主题组织班队会，再次深化红色历史学习，内化红色革命精神。在设计班队会的主题时，不将其局限于杨靖宇密营爱国主义教育基地的学习感受，而是将范围扩大至红色基因传承、爱国情感培养，这也正是红色教育的根本目的。红色革命、红色精神为数众多，对于学生来说不能做到一一了解，但可以以典型为起点，使其不断丰富认识，形成对于红色历史与精神的正确感知，将红色种子、红色基因植入心中，培养其爱国情感。

从学生学习成果反馈来看，课程注重学生的自我输出。利用基地的红色资源课程进行实践体验以及主题班队会的视频片段等，给予学生的是输入的知识，而对于学生来说，能够实现从“输入”到“输出”才是红色课程的目标所在。有输出表征学生的思考与思想提升，是判断课程成果的一大依据。以下是在课程第二阶段“红领巾心向党心　红色基因代代传”主题班队会中，针对主题班队会过程中的提问、学生给出的思考回答以及教师总结（表 8-4-3、8-4-4、8-4-5、8-4-6）：

表 8-4-3 主题班队会问题 1

问题 1：看到狼牙山五壮士英勇赴死的悲壮场景你想说什么？
☞ 狼牙山五壮士让我感受到了五壮士爱国爱民、为了革命事业勇于牺牲的豪迈精神。
☞ 人固有一死，或重于泰山，或轻于鸿毛。五位壮士在危急关头为了掩护连队主力顺利转移献出了宝贵生命，他们的壮烈牺牲也是值得的。
☞ 五壮士的英雄壮举正是中华民族脊梁的体现。他们是中华儿女的楷模，他们的英雄气概浩气长存。他们的英雄事迹流芳百世，永垂不朽。
☞ 同学们，让我们永远记住 1941 年秋日的这一天，狼牙山五壮士向我们展示的大无畏的革命精神将光照千秋。
☞ 我们作为新中国的少先队员，应该以先烈的精神为动力，勤奋学习、刻苦钻研，学习科学文化知识，练就过硬的文化本领。作为跨世纪的接班人，要把祖国建设得更加美丽、富饶。

表 8-4-4 主题班队会问题 2

问题 2：同学们，看到这样的壮观场景，你想说些什么？
☞ 中华人民共和国成立了！1949 年的 10 月 1 日，是一个与众不同的日子，从首都北京传来的一声呐喊，通过无线电波传遍大江南北乃至整个世界。那一刻，世界为之震撼，华夏儿女为之欢呼。
☞ 这一刻是每一个中国人都无法忘怀的。因为从这一刻起，我们拥有了自己的国家，她有一个响亮的名字叫作“中国”。
☞ 我希望以后的人为中国自豪，为中国快乐。我要让全世界的人知道亚洲有一个东方古国，亚洲有一个打不倒的中国红，她就是中华人民共和国。
☞ 我们作为二十一世纪的小学生也要努力学习、奋发图强，将来为祖国贡献力量。今天我是花朵，明天我是栋梁。

表 8-4-5 主题班队会问题 3

问题 3：作为新时代的小学生，你们觉得做些什么是爱国呢？
☞ 作为小学生，爱国就应该关心国家大事，时刻关心家乡的变化，就应该时刻佩戴红领巾，严肃参加每一次升旗仪式，高唱国歌，眼睛望着国旗，心中默默感激那些为今天幸福生活而献出生命的英雄们。
☞ 作为小学生，爱国就应该诚实守信，遵守交通规则，乘汽车时，主动买票，给老幼病残让座，注意关灯，节约每一度电，拧紧水龙头，不浪费一滴水，吃完盘中餐，爱惜粮食，尊重农民的劳动成果。
☞ 作为小学生，爱国就应该关心父母，做父母的小帮手，接受父母的教育，团结同学，讲文明，讲卫生，注意安全，尊敬老师，认真听讲，积极发言，尊重老师的劳动成果。
☞ 作为小学生，爱国就应该热爱班集体，就应该关心班集体，处处为班集体着想，积极参与每一项活动，有为班集体争光的荣誉感和主人翁的精神。

表 8-4-6 教师点评

☞ 教师总结：梁启超说过，少年富则国富，少年强则国强。真正的爱国不是一堂主题班队会能够完全体现的，真正的爱国应当体现在我们平时的一点一滴当中。如果平时没有对父母、对老师、对同学、对学校的爱，那是谈不到爱祖国的。希望同学们能够继承和发扬先辈们的光荣传统，继往开来，把我们的祖国建设得更加美丽、更加富饶。

无论是主题班队会中学生关于基地红色体验活动的总结演讲，还是每位学生对于革命历史的自我感悟，再到讨论作为小学生怎样做才是爱国，这些都是课程成果的一种表达。

红色文化作为教育资源的爱国主义课程不采用传统的以量化结果作为参照的评价方式，并且其学业结果通常具有一定的隐性特征与长期性特征，因此这些变化都需要采用具有过程性、周期性特征的质化评价方式来加以检验。因此，培养学生的革命情感、传承革命精神、塑造学生爱国爱家的情感认识也是一个长久、持续性的任务，需要国家、社会、学校的共同努力。

（二）基地—地方共筑红色发展

基地—地方共筑红色发展是爱国主义教育基地结合地方特色，促进二者协同共进的发展模式。爱国主义教育基地与地方区域特色的形成是相辅相成的关系，基地的存在使地方拥有了红色文化区域特征，而红色区域特色的形成则促进了爱国主义教育基地的地位提升。因此，基地与地方携手共筑是发展地方区域文化、壮大爱国主义教育基地力量的重要路径。区域红色资源的一大特征在于其区域性，通常情况下，区域内红色资源对于所在区域而言是具有一定影响性或带有地域特质符号的一种存在。区域红色资源与区域内的地方特色、民族特色乃至旅游行业、经济等方面都紧密相关。在爱国主义教育基地进行区域红色资源课程开发过程中需多加注意，要结合基地资源特点与地方整体情况进行课程整合，实现课程综合发展，规划独具特色的课程体系，树立地方红色品牌，促进本土建设与经济发展。例如结合地理位置、民族特点等因素开发红色旅游、红色研修等红色资源课程。各类红色革命历史遗迹、纪念馆、博物馆等资源的发展壮大，使基地与本土区域发展形成一个有机整体，在把红色资源转变成教育资源和经济优势、提升区域红色资源课程品质的同时也促进了地方的发展进步，实现基地—地方共筑红色发展。

1. “基地—地方共筑红色发展”典型案例呈现：“红+绿”特色研学课程①

位处吉林桦甸的杨靖宇密营以及红石森林公园，都是桦甸当地独具地方特色的文化及自然资源，拥有深厚的历史文化底蕴和得天独厚的自然景观，其资源的丰富性使之可游、可看、可思、可学。基于桦甸的地方特色，将红色历史教育和绿色自然教育相融合，充分发挥红色资源教育价值，强调资源利用与开发，使红色资源的教育功能最大化发挥。因此，杨靖宇密营爱国主义教育基地联合红石国家森林公园联合开发了红石研学课程，该类课程主要是针对中小学生，是基地众多系列课程的典型之一。

以下是对“红+绿”特色研学课程的简介。

基地与森林公园联合开发的“红+绿”特色研学课程历经四年打磨，通过不断实践、不断完善、不断创新，已经凸显出地域特点、文化特点，且具备不同年龄段的不同课程，总体适应性较强。结合研学课程的实施情况，基地还增设了心理疏导、抗联后代讲抗联、军体拳、整理内务、文艺会演、观看爱国题材电影等环节，使研学活动变得更加丰富多彩。基地研学课程的课程对象大多是中、小学生，其课程开发的初衷在于试

---

① 案例内容由红石林景区工作人员提供。

图将红色教育与红石林公园的实践活动相结合，创建“红+绿”特色课程，既可以让学生得到红色精神洗礼，提高爱国情怀，也可以使学生接近自然、了解生活，实现德、智、体、美、劳全面发展。该课程的开发是基地—地方企业（吉林红石国家森林公园的相关公司与企业）合作共建，在合作中实现了共赢。课程依据 2016 年颁布的《关于推进中小学生研学旅行的意见》进行组织设计，并在设置时充分借鉴综合实践活动以及研学课程。杨靖宇密营爱国主义教育基地联手吉林红石国家森林公园，充分挖掘红石特有的自然资源和红色历史，并结合青少年的认知特点，引入仪式教学、体验教学、情境教学、实践教学等理念，以“红色”“生态”“人文”“自然”“拓展”为主题设计研学内容，形成了以“以研为基、以学为本，寓教于乐、快乐成长”为基本理念、以“真实体验、学以致用，协调发展、全面提高”为宗旨的基地“红+绿”特色研学课程，使文本知识和生活经验深度融合，体现了研行合一，使研学旅行做到了立意明确，目标清晰。该研学课程的课程日程安排呈现如表 8-4-7：

表 8-4-7　“红+绿”特色研学课程日程

	时间安排	行程安排	课程内容	课程收获
第一天	9:00—9:20	开营仪式	在杨靖宇将军塑像前举行缅怀仪式，介绍杨靖宇将军生平，学生代表讲话	看：抗联战斗的遗址 学：杨靖宇将军的生平

（续表）

	时间安排	行程安排	课程内容	课程收获
第一天	9:20—11:00	参观密营	参观密营的抗联遗址饮马池、碾盘、青松灶和司令部遗址、纪念馆等	看：密营的艰苦生活 学：战士们艰苦奋斗、勇于献身的精神
	11:00—11:30	石磨研粮	参观密营遗址后，让同学们体验亲手研磨粮食。三人一组，通过分组形式进行体验	看：抗联时期战士们的艰苦生活 学：抗联战士艰苦奋斗的精神，品尝自己制造的食品
	11:30—12:30	午餐、午休时间		
	12:30—13:00	学唱抗联歌曲	杨靖宇将军是东北抗日联军最著名的将领，由他作词的《东北抗日联军第一路军军歌》在当时的抗联将士中广泛传唱	看：抗联将领创作歌曲 学：革命必胜信念和革命乐观主义精神
	13:00—14:30	红色情景剧表演	在上午讲解的抗联小故事的基础上，让同学们自编自演一段抗联时期发生的小故事，由研学老师帮助设计场景，提供服务、道具	通过观看和表演红色情景剧，让同学们深刻感悟红色教育的目的，提高学生的理解能力和表演能力

（续表）

	时间安排	行程安排	课程内容	课程收获
第一天	14:30—15:00	应急自救	研学老师带领大家现场练习心肺复苏的实战应用，模拟险情中应如何正确救援，做到快速及时地自救和互救	通过现场模拟演练，了解、认识、熟悉心肺复苏的应用环境，掌握初级的救援技巧
	15:00—16:30	拓展活动	将同学分成若干组，在拓展培训师的指导下开展丰富多彩的拓展活动	体验团队沟通与协作，学习思维创新，突破自我的限制，理解规则和规则的运用
	16:30	换服装返回基地		
	17:00—18:00	基地用餐及休息		
	18:00—19:00	内务整理及一天活动的分享总结		
第二天	7:00—7:30	早餐后从基地乘车到紫云阁		
	8:00—9:30	紫云阁军体拳练习	由带队教官带领学员学习军体拳，体验军营生活	提升士气，增强体质
	9:30—11:00	参观白山电厂	参观学习亚洲最大的地下绿色水力发电站和地下发电机组	了解白山发电站是东北主要调峰调频电站，发电总量全部并入东北电网
	11:30—12:30	白山湖午餐、午休		

（续表）

	时间安排	行程安排	课程内容	课程收获
第二天	12:30—14:30	乘船游览白山湖	参观学习头道溜河会议遗址，学习东北抗联战士当年在深山密林中是如何逃过敌人的围剿、如何保存和发展抗联部队实力的	学习了解白山湖的主要功能，白山湖是集发电、防汛、养殖、观光为一体的大型人工湖。 了解抗联战士在日伪军的严查堵截下秘密召开重大会议的意义
	14:30—15:00	手工制作	利用周边的树木枝叶制作手工立体工艺画 学会手工立体工艺画的简单制作，并将自己的作品带回留念	
	15:00—16:30	拓展活动	将同学分成若干组，在拓展培训师的指导下开展丰富多彩的拓展活动	体验团队沟通与协作，学习思维创新，突破自我的限制，理解规则和规则的运用
	16:30—18:00	返回基地，用餐、洗漱、休息		
	18:00—19:00	内务整理及一天活动的分享总结		
第三天	7:00—7:40	早餐后从基地乘车前往森林氧吧基地		
	7:40—8:00	森林氧吧内整合队伍，按前两天的分组形式进行一天的研学活动		
	8:00—8:30	森林文化学习	以园内仿生塑像为依托，学习了解林区的森林文化、挖参文化等	通过学习林区的森林文化，了解各类文化在不同时期的特点和意义

（续表）

	时间安排	行程安排	课程内容	课程收获
第三天	8:30—9:00	认识树种	认识树种，主要以红松、核桃楸、色木、黄菠萝、水曲柳为主	通过树皮、树叶认识树种，了解树木的特点及用途
	9:00—10:10	森林木栈道体验	体验森林木栈道，并依托木栈道两侧的野生动物塑像进行动物讲解	在森林木栈道徒步运动中，学习东北常见野生动物的特点及习性
	10:10—12:00	准备中午野炊	同学们自己动手为自己准备一顿丰盛的午餐	体验在野外自己动手制作午餐的乐趣
	12:00—13:00	午餐后休息，自由活动		
	13:00—15:00	思维拓展	以动手为主，如巧解千千结及钉子游戏等打破固有思维，充分发挥想象力和创造力，将不可能变为可能	
	13:00—15:00（备选）	大型定向拓展活动“研学之旅”	以定向拓展训练的形式总结三天里学习到的知识	锻炼团队协作能力、互动能力、观察能力和知识的掌握能力等
	15:00—15:30	总结分享三天的活动		
	15:30	返程		

2. “基地—地方共筑红色发展”典型案例分析：课程与综合活动的创新拓展

该研学课程的特色之处在于其将红色资源有机融入综合活动研学之中，促使学生得到全面发展。同时，这也是基地与地方企业合作的一大创新之举。基地、企业、学校三者协作完成课程，基地与企业共同建设红色资源课程，学校学生作为课程参与者走出课堂、走出校园，走进基地，通过实践体验得到红色教育洗礼，深入感知红色革命力量与红色精神传承，使红色资源课程教育效果得到实质提升。

（1）课程目标定位

基地“红+绿”特色研学是基地与地方企业共同合作共建课程的独特方式，能够使红色资源课程与学生综合实践学习活动得到有机结合。基地的红色教育课程与企业的绿色生活教育共同打造的研学内容符合时代发展新形势，极具创新性，它不再是单一的红色教育，添加的各式课程内容让研学活动更加丰富饱满。该模式不是简单的学生走出课堂，走进基地，它更关注学生的全面发展，强调红色教育与绿色生活教育的紧密结合，充分发挥了红色资源教育价值，体现了课程的绿色教育作用，丰富了课程内容与教育形式，促进了学生德、智、体、美、劳的全面发展。

（2）课程内容分析

课程内容与课程目标契合是课程取得良好成效的重要保证。研究者能够从课程目标的角度出发，对课程内容的选择与设计目的进行分析讨论。从研学课程的计划表中可以清晰地看出，课程设置的各项内容整体上呈现多样、全面的特征。

从德育角度出发，学生优秀的品德要从爱党、爱国、爱人民的情怀中培养。开营仪式、密营参观是通过真实的抗联故事与真切的情感氛围感染学生；石磨研粮、走抗联路的方式能够使学生切身体会、感悟东北抗联的艰苦；通过学唱抗联歌曲，再现生动的情景，能够让学生感受到中国共产党的伟大、中华民族的伟大。踏着先烈的足迹前行，自当铭记历史，珍惜现在，学会感恩。

从智育角度谈，看似简单的拓展游戏，其实需要的是智慧和团结。学生们为了胜利，能够积极思考、主动配合，在活动中达到素质的提高。

从体育方面看，少年强则国强，强健的体魄和被知识武装的头脑一样重要。研学课程实施团队中的军事化训练课程是由一部分“特殊”的老师来执教，他们由退役军人组成。退伍不褪色，由退役军人对学生们“跨界”指导，也是本研学课程的亮点之一。军体拳训练现场上响亮的口号、整齐的动作，让学生在感受军人风范的同时，把军人精神也深深印刻在脑海中。

从美育方面而言，一片小小的树叶，在学生手中呈现出许许多多不同的造型。在这个过程中，学生在用自己的方式发现美、表达美、创造美，在潜移默化中形成对美的认知。

劳动教育方面体现在石磨研粮和内务整理环节中，研学课程注重培养学生的劳动观念和劳动技能。将劳动教育置于综合性研学活动中，能够磨砺学生良好品质、促进学生全面发展。

(3) 课程实施现场观察

本研究选取了研学团队在某次“红+绿”研学课程中的课程片段进行了观察记录（图 8-4-4、8-4-5、8-4-6、8-4-7），

图 8-4-4　S 小学四年级红色研学开营仪式

图 8-4-5　参观密营纪念馆

图 8-4-6　听抗联故事

图 8-4-7　缅怀东北抗联英烈①

并且对课程学习者（S 小学四年级学生）、实施者（研学教师）进行了访谈，以更好地了解、分析课程（表 8-4-8）。

① 上述四张照片均来自微信公众号“吉林红石国家森林公园”。

表 8-4-8 课程实施观察记录

观察对象	观察总结
学生学习	1. 学生到达基地后简单整顿即进入研学，从外在表现来看，学生对于研学带着满满的热情。在缅怀仪式环节，可以明显感觉到学生在认真听取教师的讲解，并随之产生情绪的改变，由开始时的兴奋、热情，到充满好奇、疑惑，再到听取研学老师关于历史史实讲解时的安静和举行仪式时的庄严肃穆 2. 对于老师提出的问题，刚开始学生们回应较少，但逐渐适应环境后，学生们变得活跃，回答问题越发积极，能够主动表达观点和疑问 3. 课程进行过程中，学生和教师之间的互动逐渐增多。学生与学生之间就课程内容进行激烈讨论，交流比较频繁 4. 在体验课程“石磨研粮”中，学生展示出了较大热情，能够积极动手操作，相互合作，还不时地发出讨论、交流感受 5. 和传统的课堂教学不同，在基地这种开放式的教学环境中，由于学生人数较多，教师配备较少，一小部分学生存在不专心、溜号的现象，主讲老师不能完全照顾到所有学生，但大部分学生还是表现得主动积极、认真
教师教学	1. 研学教师在课程开始进行时较为严肃。随着课程的深入和接收到学生的积极反馈，教师逐渐变得亲切，和学生的对话频率也明显提高，还时不时地给学生赞许，教学氛围十分融洽 2. 在和学生的沟通上，教师对于学生提出的疑问能够在保证课程计划有序进行的情况下耐心解答 3. 教师关注学生行为，能够把控课程节奏，抓住学生的注意力。在讲述历史过程中，采用较为口语化的方式，语言幽默，这一点使得学生与教师的距离感大大减少 4. 学生人数较多，教师存在不能完全顾及所有学生的情况

（续表）

观察对象	观察总结
课程呈现效果	1. 在研学的红色教育部分，课程内容形式比较丰富，包括讲展类、活动体验类等，学生学习状态积极，学习气氛活跃，一改传统宣教的枯燥情况 2. 课程进行过程中设置了休息时间，保证了学生的专注度。但是课程整体时间较长，对于小学生来说存在一定考验 3. 学生人数较多，在体验活动课程环节消耗时间过多 4. 课程内容偏重历史，和学生当前生活与学校课程联系相对不密切

（4）特色与不足分析

在课程结构方面，基地研学课程涉及了红色教育和绿色教育两类，从德智体美劳五方面全面助力学生发展。这种组合型课程形式在丰富课程内容的同时，也对基地的特色发展发挥了促进作用。（G1："红+绿"研学课程的实施给我们基地带来了挺多改变的，我们和很多与我们一样的红色基地进行合作，我们基地的生源也越来越多。希望能把这些基地的资源联合起来。）在学习过程中，学习情境能够引发学生兴趣和思考，在观察中可以看出学生的情绪产生了变化，由课程开始时的激动兴奋，转变为进行缅怀仪式时的严肃安静。可见学生会受到革命历史纪念场所特定的环境影响。（S3：这样的环境很庄严，令人震撼。S4：这样的环境让我觉得自己在做一件很严肃的事，不自觉地就会带有一种崇拜的感觉。）从学生访谈中也可以看出基地情境的确对学生情感产生了一定影响，这较之呈现在书本上的爱国主义教育具有独特作用和价值。学生在研学过程中对课程内容产生了较大兴趣，进行课程学习时宛若身临其境，真实看到了抗联英雄的英勇事迹，切身感受到了革命文化，加深了对抗联精神的理解，也坚定了传承伟大抗联精神的信念。（S5：这里的课程都很有意思，比学校学的内容更全，以前我不知道关于杨靖宇将军的这些故事，今天听老师讲了关于东北抗联的历史，原来杨靖宇将军曾经在我的家乡做了这么伟大的事，我很骄傲。S4：这儿的课程有历史的，也有一些是和自然有关系的，很多活动我们平时在学校是从来没有接触过的，比如那个石磨研磨。）

同时，红色研学课程也存在着一些不足，如在研学教师进行课程讲解的过程中，因为研学班级人数过多，导致教师不能完全兼顾所有学生的学习状态，不可避免地会对一部分学生的学习效果产生影响。在教师学生人数匹配上应该采取一定的调整措施，以保证课程学习达到最佳效果。（T3：人数确实有点多，会顾不过来所有学生，而且学生在兴趣很强烈的时候会不好把控纪律。）其次，红色课程的内容大多是严肃历史类内容，一定程度上与基础教育阶段学生的基本生活经验和历史认知经验存在一定脱节，一些学生对于东北抗联的历史背景不熟悉，导致在课程内容理解上存在一些困惑。（S6：刚开始老师在讲历史的时候，一下子内容特别多，要是可以再慢些就好了，我有些没听懂。）另外，研学课程设计的三天课程内容太过紧凑，对于小学中年级学生来说内容过于繁重，需要进行适当精简。

（三）基地—社会共享红色资源

基地—社会共享红色资源是爱国主义教育事业发展的最终趋势，与其说这是一条红色资源课程开发的路径，不如说是红色资源发展的最终归宿。国家建立爱国主义教育基地就是为了开展爱国主义教育，实现国民爱国主义精神的培养，形成社会的爱国情操，共筑和谐爱国社会。学习红色革命文化需借助爱国主义教育基地，立足丰富的红色资源和深厚的历史底蕴，让学习者更加近距离、真实可感地了解革命历史，体悟革命精神，感受信仰力量，锤炼意志品质。基地作为红色教育平台，能够将红色资源以更具趣味性、参与性的方式呈现，并通过与不同层级的学校合作共同助力，使红色教育与红色传承取得较大成效。在学校承担着育人重要职责的同时，社会作为公民实践的大环境也承担着思想政治教育的任务。良好的公民素质、历史责任观等都离不开社会环境的影响。随着近些年国家对于思想政治、革命历史的愈加重视，爱国主义教育基地的发展逐渐呈现出新的态势。在国家政府的政策引导与基金保障下，红色教育得到了充分重视，不断发挥其重要作用与价值，爱国主义教育基地的职责也日渐明晰。

杨靖宇密营爱国主义教育基地在红色资源课程开发过程中尝试创新了基地与中小学校、地方企业等社会力量合作开发课程的新路径，通过社会渠道为红色教育基地、爱国主义教育基地提供资金支持与物质保障，使基地真正成为学生社会实践场所和公民道德教育基地。基地与社会应共同承担育人职责，共享红色资源，营造良好的红色氛围，为红色教育合力提供坚实的后备力量，形成育人特色，进而营造积极向上、充满红色气息、和谐文明的社会大环境，实现基地—社会共享红色资源，共创红色光华。

参考文献

一、著作

[1] 敬幼如 . 敌人大陆政策之原形 [M]. 北京：中国编译出版社，1940.

[2] 东北师范大学教育系 . 伪满奴化教育 [M]. 长春：东北师范大学出版社，1951.

[3] 中国人民解放军东北军区司令部 . 东北抗日联军历史资料 [M]. 北京：中华书局，1955.

[4] 爱新觉罗 · 溥仪 . 我的前半生 [M]. 北京：群众出版社，1964.

[5] 哈师大《北方论丛》编辑部 . 东北抗日联军斗争史略 [M]. 哈尔滨：哈师大《北方论丛》编辑部，1980.

[6] 台湾教育会 . 台湾教育沿革志 [M]. 青史社，1982.

[7] 中共党史人物研究会 . 中共党史人物传 第四卷 [M]. 西安：陕西人民出版社，1982.

[8] 叶忠辉，张耀民，赵宁，等 . 东北抗日联军第八——

十一军［M］. 哈尔滨：黑龙江人民出版社，1986.

［9］李惠 . 东北抗日联军斗争史简编［M］. 北京：解放军出版社，1987.

［10］《东北抗日联军史料》编写组 . 东北抗日联军史料［M］. 北京：中共党史资料出版社，1987.

［11］杨少松，周毅成 . 中国教育史稿［M］. 北京：教育科学出版社，1989.

［12］王野平 . 东北沦陷十四年教育史［M］. 长春：吉林教育出版社，1989.

［13］中央档案馆，中国第二历史档案馆，吉林省社会科学院 . 东北经济掠夺［M］. 北京：中华书局，1991.

［14］王传圣，胡维仁 . 风雪长白山　王传圣回忆录［M］. 长春：吉林教育出版社，1992.

［15］常好礼 . 东北抗联路军发展史略［M］. 长春：吉林大学出版社，1993.

［16］高树桥 . 白山黑水的尊严［M］. 沈阳：辽宁人民出版社，1995.

［17］施良方 . 课程理论：课程的基础、原理与问题［M］. 北京：教育科学出版社，1996.

［18］韩光 . 韩光党史工作文集［M］. 北京：中央文献出版社，1997.

［19］罗钢，刘象愚 . 后殖民主义文化理论［M］. 北京：中国社会科学出版社，1999.

［20］卞崇道等 . 跳跃与沉重：二十世纪日本文化［M］.

北京：东方出版社，1999.

［21］郝德永．课程研制方法论［M］．北京：教育科学出版社，2000.

［22］王斌华．校本课程论［M］．上海：上海教育出版社，2000.

［23］中央档案馆．伪满洲国的统治与内幕——伪满官员供述［M］．北京：中华书局，2000.

［24］张帆．中国古代简史［M］．北京：北京大学出版社，2001.

［25］朱秀海．东北抗联征战纪实［M］．北京：解放军文艺出版社，2001.

［26］有宝华．综合课程论［M］．上海：上海教育出版社，2002.

［27］齐红深．日本侵华教育史［M］．北京：人民教育出版社，2002.

［28］姜树卿，单雪丽．黑龙江教育史［M］．哈尔滨：黑龙江人民出版社，2002.

［29］齐健，赵亚夫，等．历史教育价值论［M］．北京：高等教育出版社，2003.

［30］宋恩荣，余子侠．日本侵华教育全史 第一卷［M］．北京：人民教育出版社，2005.

［31］史丁．日本关东军侵华罪恶史［M］．北京：社会科学文献出版社，2005.

［32］宋晓宏，高峰，傅伟．永久的丰碑：杨靖宇将军资

料汇编［M］. 长春：吉林文史出版社，2005.

［33］中共吉林省委党史研究室. 杨靖宇将军［M］. 长春：吉林人民出版社，2005.

［34］马云鹏. 课程与教学论［M］. 北京：中央广播电视大学出版社，2005.

［35］杨昭全，车哲九，金春善，等. 中国朝鲜族革命斗争史［M］. 长春：吉林人民出版社，2007.

［36］郑师渠. 中华民族精神研究［M］. 北京：北京师范大学出版社，2009.

［37］张洪兴. 东北抗联精神［M］. 沈阳：白山出版社，2010.

［38］中国人民解放军历史资料丛书编审委员会. 东北抗日联军：文献［M］. 沈阳：白山出版社，2011.

［39］中共党史出版社. 东北抗联：绝地战歌［M］. 北京：中共党史出版社，2012.

［40］刘庭华. 中国抗日战争与第二次世界大战统计［M］. 北京：解放军出版社，2012.

［41］郭元祥. 综合实践活动课程与教学论［M］. 北京：人民教育出版社，2013.

［42］韩延明. 红色文化与社会主义核心价值体系建设研究［M］. 北京：人民出版社，2013.

［43］庄严. 民族魂：东北抗联［M］. 长春：吉林出版集团有限责任公司，2014.

［44］王向远. 日本对中国的文化侵略：学者、文化人的

侵华战争［M］. 北京：昆仑出版社，2015.

［45］杨晓，杨飏. 矛与盾——近代日本民族教育之管窥［M］. 北京：知识产权出版社，2015.

［46］赵瑞军，赵聆实，刘辉. 东北抗日联军［M］. 长春：吉林人民出版社，2015.

［47］姜宝才. 抗联记忆［M］. 沈阳：白山出版社，2015.

［48］中共党史出版社. 东北抗联［M］. 兰州：甘肃民族出版社，2016.

［49］冯天瑜，任放. 日本对外侵略的文化渊源［M］. 北京：高等教育出版社，2017.

［50］王炳林，张泰城. 高校红色文化资源育人发展报告 2016［M］. 北京：人民出版社，2017.

［51］经希军，邵汉明. 通化历史文化研究［M］. 北京：人民出版社，2018.

［52］习近平. 论中国共产党历史［M］. 北京：中央文献出版社，2021.

［53］满洲国国务院文教部. 满洲国文教年鉴第 1 次［M］. 新京：满洲共同印刷株式会社，1934.

［54］国务院总务厅情报处. 满洲国大系第十九辑 文化篇［M］. 1934.

［55］国务院总务厅统计处. 满洲帝国年报第 2 次第七编［M］. 满洲统计协会，1936.

［56］满洲帝国教育会. 满洲教育 第三卷第六号［M］.

新京：满洲图书株式会社，1937.

［57］满洲帝国教育会．满洲帝国文教关系法规辑览 上卷［Z］．东北师范大学图书馆藏，1937.

［58］民生部．国民优级学校满语国民读本 第一卷［M］．新京：满洲图书株式会社，1938.

［59］满洲帝国教育会．建国教育讲演集 1［M］．新京：满洲图书株式会社，1939.

［60］满洲帝国现行法令类纂 第 5 卷［M］．大同印书馆，1941.

［61］满洲帝国现行法令类纂 第 5 卷改版［M］．大同印书馆，1941.

［62］厚生省职业局．国民勤劳报国协力令解说［M］．职业协会，1941.

［63］小寺谦吉．大亚细亚主义论［M］．百城书舍，1916.

［64］葛生能久．东亚先觉志士记传 上卷［M］．东京：黑龙会出版部，1936.

［65］国皆川豊治．满洲国の教育［M］．满洲帝国教育会，1939.

［66］太保久勇士．勤王先哲的遗业　日本教学的精神［M］．东京：东京帝国教育新闻社，1939.

［67］矢内原忠雄．“管理下的日本”［M］．东京：岩波书店，1948.

［68］林春胜，林信笃．华夷变态［M］．东京：东洋文库，1958.

[69] 福泽谕吉全集 第 8 卷 [M]. 东京：岩波书店，1960.

[70] 福泽谕吉全集 第 9 卷 [M]. 东京：岩波书店，1960.

[71] 日本外务省 . 日本外交年表及重要文书 下 [M]. 原书房，1965.

[72] 大山梓 . 山县有朋意见书 [M]. 原书房，1966.

[73] 藤原正人 . 国民之友 第 15 卷 [M]. 东京：明治文献株式会社，1967.

[74] 宫崎道生 . 新井白石の洋学と海外知識 [M]. 东京：吉川弘文馆，1973.

[75] 信夫清三郎 . 日本外交史 [M]. 天津社会科学院日本问题研究所，译 . 北京：商务印书馆，1980.

[76] 信夫清三郎 . 日本政治史 第二卷 [M]. 周启乾，吕万和，熊达云，译 . 上海：上海译文出版社，1988.

[77] 王智新 . 日本の植民地教育：中国からの視点 [M]. 东京：社会评论社，2000.

[78] 内藤湖南 . 日本历史与日本文化 [M]. 刘克申，译. 北京：商务印书馆，2012.

[79] 泰勒 . 课程与教学的基本原理 [M]. 施良方，译 . 北京：人民教育出版社，1994.

[80] 戈登 . 现代日本史：从德川时代到 21 世纪 [M]. 李朝津，译 . 北京：中信出版社，2017.

[81] 劳顿 . 课程研究的理论与实践 [M]. 张渭城，环惜

吾，黄明皖，等译．北京：人民教育出版社，1985.

二、期刊论文

[1] 王瑛，宋世章，李立新．“碧血青蒿两千古　于今赤旆满山河”——纪念杨靖宇同志殉国四十周年［J］．社会科学战线，1980（01）：4-7.

[2] 沈予．关于《田中奏折》若干问题的再探讨［J］．历史研究，1995（02）：82-94.

[3] 赵俊清．东北亚反日本法西斯力量的聚结及其历史意义——兼论东北抗联与苏联远东军的关系［J］．学术交流，1995（05）：124-128.

[4] 齐红深．日本帝国主义在我国东北推行殖民教育的本质特征［J］．教育评论，1996（01）：51-53.

[5] 刘振生．石川达三与火野苇平——以《活着的士兵》、《麦子和士兵》为中心［J］．日本学论坛，1999（02）：53-55+63.

[6] 胡学雷．身份建构与利益转变——明治维新后日本身份变化的建构主义分析［J］．东北亚论坛，2002（02）：62-65.

[7] 姜勇．实践取向的课程实施刍议［J］．比较教育研究，2002（6）：40-43.

[8] 谭冬发，吴小斌．“红色资源”与扶贫开发［J］．老区建设，2002（07）：44-45.

[9] 刘云生，张鸿．课程实施：整合与优化 [J]．中国教育学刊，2003（3）：34-36+43.

[10] 戚其章．日本大亚细亚主义探析——兼与盛邦和先生商榷 [J]．历史研究，2004（03）：132-145.

[11] 吕永华．东北抗日联军艰苦抗战述评 [J]．东北师大学报（哲学社会科学版），2004（03）：78-83.

[12] 韩小林．从《申报》资料看中日甲午战争前国民的社会心理 [J]．江西师范大学学报（哲学社会科学版），2004（05）：24-27.

[13] 王向远．日本对华文化侵略的特征、方式与危害 [J]．北京社会科学，2005（01）：75-81.

[14] 郭晓平．“红色资源”的主体是精神 [J]．中华魂，2005（02）：58-59.

[15] 喻大华．日俄战争期间清政府“中立”问题研究 [J]．文史哲，2005（02）：118-126.

[16] 王员，曾绍东．论红色资源在思想道德教育中的运用 [J]．党史文苑，2005（04）：75-77.

[17] 赵阶琦．日本军国主义对外扩张野心的形成与膨胀 [J]．日本学刊，2005（04）：20-32.

[18] 袁贵仁．用抗日战争的生动历史推进青少年学生爱国主义教育 [J]．高校理论战线，2005（10）：4-6.

[19] 李实．准确认识“红色资源”的丰富内涵 [J]．政工学刊，2005（12）：23.

[20] 薛平军．“四有四无”：高校红色文化热存在的问题

[J]. 政工研究动态，2005（22）：11.

[21] 刘党英. 红色教育：大学生思想政治教育的创新途径 [J]. 信阳师范学院学报（哲学社会科学版），2006（02）：16-18.

[22] 刘争先. 红色资源的价值及开发运用原则探析 [J]. 当代经理人，2006（21）：1386-1387.

[23] 李振东，王姣艳. 当前大学生红色教育中存在的主要问题及对策 [J]. 甘肃农业，2007（10）：53-54.

[24] 王艳华. "满映"与电影的国策思想宣传 [J]. 东北师大学报（哲学社会科学版），2008（02）：105-109.

[25] 刘虹，陈世润. 红色资源：当代思想政治教育的有效资源 [J]. 教育评论，2008（03）：7-10.

[26] 徐艳萍. 利用红色资源加强青少年革命传统教育 [J]. 当代青年研究，2008（05）：23-26.

[27] 王海燕. 日本侵华战争中的国家神道 [J]. 抗日战争研究，2009（01）：26-33.

[28] 匡胜，陈胜华. 拓展红色资源　创新教育模式 [J]. 井冈山学院学报，2009，30（01）：15-18.

[29] 龙海平. 大学生红色教育存在的问题、原因与对策 [J]. 文教资料，2009（02）：208-210.

[30] 吴清江，戴淑雯. 红色资源开发研究 [J]. 井冈山学院学报，2009，30（02）：19-23.

[31] 张泰城，肖发生. 红色资源与大学生思想政治教育 [J]. 教学与研究，2010（01）：72-77.

［32］李小白，周颂伦．日本北进、南进战略演进过程述考［J］．抗日战争研究，2010（01）：93-100.

［33］陈秀武．“伪满”建国思想与日本殖民地奴化构想［J］．东北师大学报（哲学社会科学版），2010（06）：70-75.

［34］汪立夏．红色文化资源在大学生思想政治教育中的价值及实现——以江西省高校红色文化教育进校园为例［J］．思想教育研究，2010（07）：54-57.

［35］安成日，刘艳．日俄战争与东亚国际体系的重构［J］．哈尔滨工业大学学报（社会科学版），2011，13（02）：7-16.

［36］肖震．将东北抗日联军精神作为红色革命资源来加强青少年思想道德教育［J］．世纪桥，2011（03）：74-76.

［37］高成龙，高乐才．论日本民族在伪满洲国的地位［J］．清华大学学报（哲学社会科学版），2011，26（03）：106-112.

［38］占毅．高校红色教育教学资源整合探究［J］．思想教育研究，2011（07）：53-55.

［39］彭庚．红色地方课程资源的开发——基于重庆红色资源的思考［J］．西南农业大学学报（社会科学版），2011，9（08）：211-214.

［40］王美平．甲午战争前后日本对华观的变迁——以报刊舆论为中心［J］．历史研究，2012（01）：143-161.

［41］胡庆祝．东北沦陷时期日本奴化教育及其危害［J］．学术交流，2012（02）：185-188.

[42] 车霁虹．论东北抗日联军的历史地位及抗战精神[J]．北方文物，2012（04）：106-110.

[43] 杨晓．试析东北沦陷时期伪满教育方针的殖民文化特征[J]．教育科学，2012，28（05）：79-86.

[44] 张颢．红色资源的功能探析[J]．社科纵横，2012，27（07）：5-7.

[45] 郭海燕．巨文岛事件与甲午战争前中日关系之变化[J]．文史哲，2013（04），107-117.

[46] 习近平：中国革命历史是最好的营养剂[J]．传承，2013（09）：4.

[47] 郭宪鹏，舒毅彪．红色资源的时代价值[J]．福建省社会主义学院学报，2014（04）：73-77.

[48] 党春艳．浅谈伪满时期东北中小学的奴化教育[J]．兰台世界，2014（07）：82-83.

[49] 杜颖．试论甲午战争后日本蔑华观的形成——以福泽谕吉的“脱亚论”为中心[J]．日本侵华史研究，2015（01）：81-91.

[50] 谷曼．论东北抗联精神的实践价值[J]．长白学刊，2015（03）：109-113.

[51] 张静，刘文佳．中国共产党与东北地区的抗日斗争——以“九一八”事变为起点[J]．南开学报（哲学社会科学版），2015（04）：20-28.

[52] 葛琳．东北抗联精神的当代价值[J]．哈尔滨市委党校学报，2015（04）：8-11.

［53］李应赋．吸收与变异——日本教育摄取性之研究［J］．湖南师范大学教育科学学报，2015（5）：84-88+124.

［54］郑晓亮．东北抗联精神与民族伟大复兴——纪念中国人民抗日战争暨世界反法西斯战争胜利70周年［J］．新长征，2015（06）：28-31.

［55］管玄同，吴祖鲲．东北抗联精神的历史地位及其实践价值［J］．桂海论丛，2015，31（06）：111-113.

［56］刘信君．再论东北抗联精神——抗战胜利70年后的评述［J］．社会科学战线，2015（06）：83-89.

［57］王冬．东北抗联精神及其当代价值［J］．世纪桥，2015（08）：4-5.

［58］王文佳．日本在伪满洲国推行的鸦片统制政策与毒祸［J］．历史教学（下半月刊），2015（11）：30-35.

［59］邹安祺，刘奇梅．东北抗联精神与高校青年马克思主义者培养［J］．长春师范大学学报，2015，34（11）：7-10.

［60］张长虹．充分发挥红色文化资源的育人价值［J］．红旗文稿，2015（12）：23-24.

［61］胡建，冯开甫．红色资源：大学生社会主义核心价值观教育的重要载体［J］．思想理论教育导刊，2016（01）：100-103.

［62］陈松友，吕路军．东北抗联精神融入大学生思想政治教育的必要性及路径［J］．思想理论教育导刊，2016（10）：140-143.

[63] 李广．日本对华教育侵略的行动脉络、扩张逻辑与奴化手段［J］．东北师大学报（哲学社会科学版），2017（05）：180-184.

[64] 孟凡东，康基柱．朝鲜族抗日斗争述评［J］．黑龙江民族丛刊，2017（05）：92-99.

[65] 李红娟．东北抗联文化特征探析——以东北抗联歌曲为中心［J］．社会科学战线，2017（08）：239-242.

[66] 李广，孙玉红，陈飞．日本对华教育侵略：历史事实与隐秘逻辑［J］．外国教育研究，2017，44（09）：118-128.

[67] 马晓燕．基于实践体验的红色文化资源育人功能实践策略研究——以东北师范大学“红色体验”为例［J］．东北师大学报（哲学社会科学版），2018（03）：49-53.

[68] 王春霞．论红色文化资源在大学生思想政治教育中的功能定位及实现路径［J］．思想理论教育导刊，2018（05）：132-135.

[69] 张冰．对高校思想政治教育融入东北抗联精神的思考［J］．东北师大学报（哲学社会科学版），2018（05）：63-67.

[70] 韩小桐，陈玉玲．中小学校传承红色基因的路径探究［J］．新课程研究（上旬刊），2019（02）：38-40.

[71] 李军．区域红色教育资源进课堂的德育价值与实践逻辑［J］．中国教育学刊，2019（12）：72-75.

[72] 周敬东．对东北抗联教育课程体系建设的研究与思

考——以杨靖宇干部学院为例［J］．通化师范学院学报，2019，40（12）：82-87.

［73］朱晓迪，张云霞．东北抗联精神对高校思想政治教育的启示［J］．产业与科技论坛，2019，18（13）：136-137.

［74］李广，杨俊丽．伪满奴化教育：客观史实、隐秘逻辑与历史警示［J］．东北师大学报（哲学社会科学版），2020（01）：170-176.

［75］王希亮，周丽艳．“镜泊湖连环战”战绩考辨［J］．抗日战争研究，2020（02）：51-57.

［76］郝江东．东北抗联教导旅组建过程中的苏联因素［J］．中共党史研究，2020（04）：57-69.

［77］刘经纬，高博文．大学生思想政治教育红色资源利用研究［J］．思想政治教育研究，2020，36（05）：103-105.

［78］张红英，何志敏．论红色文化的基本特征及其当代价值［J］．毛泽东思想研究，2020，37（05）：127-134.

［79］穆占一．论东北抗联的独特贡献与历史地位［J］．社会科学战线，2020（08）：123-129.

［80］史守林．东北抗联史研究述评［J］．社会科学战线，2020（08）：130-136.

［81］徐斌，陈阳波．红色文化的基因延续与守正创新［J］．人民论坛，2020（14）：133-135.

［82］刘静涵．东北抗联国际主义精神研究［J］．吉林大学社会科学学报，2021，61（05）：164-173.

［83］刘信君．论中国共产党在东北抗战中的重大历史贡

献［J］．学习与探索，2021（08）：1-8.

［84］王洪春，徐群，赵东来．红色资源开发利用必须坚持教育本位——对几种不良现象的剖析［J］．毛泽东邓小平理论研究，2021（11）：25-30.

［85］习近平．用好红色资源　赓续红色血脉　努力创造无愧于历史和人民的新业绩［J］．求是，2021（19）：4-9.

［86］张洪玮，王慧姝．东北抗联精神赓续传承的价值意蕴［J］．社会科学战线，2022（02）：252-256.

［87］李树荣．基于红色文化资源的小学德育校本课程开发研究［J］．新课程，2022（03）：15.

［88］周士权，高翔莲．新时代大学生红色研学现状分析［J］．学校党建与思想教育，2022（04）：72-74.

［89］刘静涵．东北抗战时期中国共产党党的建设研究［J］．东北师大学报（哲学社会科学版），2022（04）：32-41.

［90］森田孝．滿洲國の國語政策と日本語の地位［J］．日本语 2（5），1942（05）：80.

［91］钉本久春．日本語教育の基礎［J］．日本语 2（9），1942（09）：4-13.

［92］西尾实．日本語總力戰體制の樹立［J］．日本语 3（1），1943（01）：20-22.

［93］河村一夫．駐清公使時代の矢野竜渓氏［J］．成城文芸，1967（46）：68-69.

［94］小谷野邦子．「満州」における教員養成［J］．茨城キリスト教大学紀要社会科学，2011（45）：245-259.

［95］See Elliot，J. A. A Curriculum for the Study of Human Affairs：the Contribution of Lawrence Stenhouse. ［J］. *Journal of Curriculum Studies*，Vol. 15，No. 2：112.

三、报纸

［1］先发制人说［N］. 申报，1894-07-28.

［2］赵朗 . 揭开日本对华鸦片侵略的面纱［N］. 中国社会科学报，2014-05-16（A07）.

［3］庄严 . 弘扬伟大东北抗联精神［N］. 人民日报，2014-09-18（07）.

［4］习近平 . 在纪念中国人民抗日战争暨世界反法西斯战争胜利 75 周年座谈会上的讲话［N］. 人民日报，2020-09-03.

［5］福泽谕吉 . 脱亚论［N］. 时事新报，1885-03-16.

［6］小室重弘 . 支那の愛国者［N］. 自由党党报，1894-10-10，社论第 70 号（10-11）.

［7］清国之将来をとす［N］. 万朝报，1895-02-03，社论（1）.

后　记

十四年的艰苦抗日已过去近八十年，东北抗日联军用鲜血与生命谱写了中国人民艰苦抗日这部史诗中最悲壮惨烈、最让人动容的重要篇章。白山黑水、林海雪原间的一处处东北抗联密营是东北抗日联军重要的抗战堡垒，见证了东北抗日联军的铮铮铁骨。用鲜血与生命铸就的精神丰碑是东北抗日联军十四年艰苦抗战的集中展现，见证了中国共产党领导全国抗日的奋斗历程，是中华民族精神的重要组成部分，也是中国抗日精神的独立形态。赓续传承东北抗联红色血脉有助于提升东北抗日联军十四年艰苦抗日的历史地位，丰富抗战史研究；有助于证明中国共产党对抗日战争的正确领导，坚定新时代中国共产党的领导，增强道路自信；有助于充实实现中华民族伟大复兴中国梦的精神内容，增强民族文化自信。

课题组初入红石林深山处的杨靖宇密营已是深秋，萧瑟的秋风，飘落的红叶，刺骨的寒气迎面而来，密营废弃的沟壕、坑洞以及简陋的生活痕迹见证着这里曾经发生的血雨腥风。听着东北抗日联军蒿子湖密营纪念馆吴馆长对抗联史实专业的讲解，脑海里不停萦绕着如何从教育视角传承东北抗联英雄事迹，让东北抗联精神薪火相传这个问题。于是，基于实地深入调研与赓续东北抗联红色血脉的使命感，便有了跨学科探索开发东北抗联精神区域红色课程资源这一成果的诞生。

通过揭露日本侵华历史事实，展现东北抗联英勇事迹，释读东北抗联精神课程资源开发价值，调查东北抗联精神课程现实样态，探索东北抗联精神课程开发实践策略，有助于促进红色基因代代相传，避免东北抗联精神断层。从人才培养来看，红色资源蕴含着培养学生成人的重要教育内容，具有强大的吸引力和感染力，红色资源的多样性有利于丰富红色课程形态，在增强学生民族认同与文化自信方面具有不可替代的重要作用。基于此，本书以吉林省桦甸市抗日堡垒——杨靖宇密营为个案，对东北抗联精神红色区域课程资源开发进行了研究，冀为红色文化资源开发利用与学校课程资源开发提供些许借鉴启示。本书的完成不代表本研究的终结，接下来将在下述两个方面继续深化研究，以更好弘扬红色文化，传承革命精神。

第一，东北抗联精神是新民主主义革命时期中国共产党人精神谱系的一部分，与井冈山精神、红岩精神、沂蒙精神、苏区精神、长征精神、太行精神、老区精神等既有共性与联系，又有个性与不同。因此，需在今后研究中加强这些中国精神的对比，深入研究东北抗联精神与这些精神的异同，凸显东北抗联精神研究的独特价值与丰富意义。

第二，丰富东北抗联精神史料，加强史料的中外互证。东北抗联精神研究要将史料收集范围扩大到国外，既要从朝鲜、韩国、苏联这些同样遭受法西斯侵略的国家收集资料，也应从日本收集日本对东北抗日联军的史料以及学术研究资料，使国内外史料能够相互补充，相互印证。

在桦甸调研时，桦甸红石林区基层法院党组副书记、常务副院长厉彦杰全程冒雨陪同并安排深入调研，特此表示衷心的感谢。同时感谢蒿子湖密营纪念馆吴艳滨馆长专业的讲解与资料支持。感谢临江小学秦承和校长、聂宏教务主任以及各位教师为我们调研提供丰富的课例，并带领我们参观学校特色课程。在调研中有许多人协助调研团队深入调研，在此向大家表示深挚谢意。

在此书编撰过程中，我的研究生与课题组成员参与了本书资料的整理与部分文本内容的编写工作，他们为本书的出版付出了专业性的劳动。本书资料整理与编写具体分工如下：前言，李广、杨俊丽；绪论，李广、王美琦；第一章，李广、杨俊丽、宋佳珍、张福慧、王梦淮；第二章，李广、杨俊丽；第三章，李广、杨俊丽、李欣桐、靳婷婷、张瀚文、班龄茹；第四章，李广、王奥轩；第五章，李广、苑昌昊；第六章，李广、单思宇；第七章，李广、秦一铭；第八章，李广、杜磊娇。全书由李广、杨俊丽最终统稿。

感谢齐鲁书社对本书成果的修改与完善进行鼎力相助，为本书顺利出版做出大量卓有成效的工作，表现出了高度负责的职业精神和严谨认真的工作作风，在此表示深深的谢意。

希望这本书能够为红色旅游景区课程开发、学校校外课程资源利用、抗战精神研究提供抛砖引玉作用。由于本书是基于个案开展的研究，不能面面俱到，恳请相关专家与读者批评指正为盼。热切期待更多研究者参与到红色文化资源研究工作，共同守护红色血脉，传承中华民族红色基因。

李 广

2022 年 7 月